教育部哲学社会科学系列发展报告
MOE Serial Reports on Developments in Humanities and Social Sciences

中国都市化进程报告 2016

Report on Metropolitanization Advance in China 2016

刘士林 主编

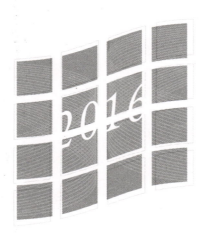

北京大学出版社
PEKING UNIVERSITY PRESS

图书在版编目(CIP)数据

中国都市化进程报告.2016/刘士林主编.—北京：北京大学出版社,2017.3
（教育部哲学社会科学系列发展报告）
ISBN 978-7-301-28115-4

Ⅰ.①中… Ⅱ.①刘… Ⅲ.①城市化进程—研究报告—中国—2016 Ⅳ.①F299.21

中国版本图书馆 CIP 数据核字(2017)第 032970 号

书　　　名	中国都市化进程报告 2016 ZHONGGUO DUSHIHUA JINCHENG BAOGAO 2016
著作责任者	刘士林　主编
责 任 编 辑	魏冬峰
标 准 书 号	ISBN 978-7-301-28115-4
出 版 发 行	北京大学出版社
地　　　址	北京市海淀区成府路 205 号　100871
网　　　址	http://www.pup.cn
电 子 信 箱	weidf02@sina.com
新 浪 微 博	@北京大学出版社
电　　　话	邮购部 62752015　发行部 62750672　编辑部 62750673
印 刷 者	三河市北燕印装有限公司
经 销 者	新华书店
	730 毫米×980 毫米　16 开本　16.5 印张　305 千字 2017 年 3 月第 1 版　2017 年 3 月第 1 次印刷
定　　　价	48.00 元

未经许可，不得以任何方式复制或抄袭本书之部分或全部内容。
版权所有，侵权必究
举报电话：010-62752024　电子信箱：fd@pup.pku.edu.cn
图书如有印装质量问题，请与出版部联系，电话：010-62756370

《中国都市化进程年度报告》编委会

顾　　问　张　杰　李朴民
主　　任　范恒山
委　　员　（以姓氏笔画为序）
　　　　　于　炜　马　娜　孔　铎　王　军　王　郁　王晓红
　　　　　王晓静　宁越敏　冯　奎　司劲松　向德平　刘士林
　　　　　刘新静　刘学华　朱宁嘉　朱逸宁　汤莉华　杨荫凯
　　　　　张立群　张书成　张东强　张克林　张懿玮　张鸿雁
　　　　　苏晓静　林家彬　罗守贵　杨　滔　桑大伟　耿　波
　　　　　高小康　唐亚林　诸大建　谈　毅　谈佳洁　常河山
　　　　　盛　蓉　蒋　宏　蔡继明　潘玛莉
主　　编　刘士林
主编助理　孔　铎

主编简介

刘士林,博士,教授,博导,上海交通大学城市科学研究院院长、首席专家,主要从事城市科学、文化战略、智慧城市、城市文化研究。兼任国家"十三五"发展规划专家委员会委员,文化部文化产业专家委员会委员,教育部中国都市化进程年度报告负责人,光明日报城乡调查研究中心副主任,国家文化软实力研究协同创新中心城市文化分中心主任,国家教育国际化试验区指导委员会委员,《中国都市化进程年度报告》主编,《中国城市群发展年度报告》主编,《中国城市科学》集刊主编,同济大学《城市规划学刊》编委会委员,中国文化传媒集团大运河文化研究院副院长,西南财经大学金融研究院副院长,中国行政体制改革研究会行政文化委员会理事,中华美学学会理事等。

内 容 简 介

  由上海交通大学城市科学研究院主持的《中国都市化进程年度报告》是国内外唯一以中国都市化进程为观察与研究对象的年度报告,以"记录关键要素、再现本土经验、分析内在矛盾、阐释深层结构、创新发展理念、推动城市转型"为主旨,全景展示和重点解读中国城市化进程的宏观进程和深层逻辑,深度梳理和理性阐释中国城市发展的主要矛盾与关键问题,倾力探索传统城市研究升级路径和切实推动城市科学新兴交叉学科建设,为提升我国城镇建设质量和开展全球城市社会治理,奉献具有鲜明中国话语特色和价值立场的理性思考与人文关怀。

目　录

前沿观察 ……………………………………………………………………… 1
　　全面深化改革重塑中国城市 ………………………………………………… 3
　　五大发展理念引领上海全面和更高水平发展 ……………………………… 8

主题报告 ……………………………………………………………………… 13
　　2016 中国大都市发展指数报告 …………………………………………… 15

专题报告 ……………………………………………………………………… 41
　　2016 中国大都市治理与公共政策报告 …………………………………… 43
　　2016 世界设计之都创新发展报告 ………………………………………… 64
　　2016 智慧城市全球发展态势分析报告 …………………………………… 78
　　2016 上海城市区域创新创业生态指数报告 ……………………………… 94
　　2016 上海市都市旅游品牌资产评估报告 ………………………………… 119
　　2016 世界都市文化发展报告 ……………………………………………… 151

决策咨询 ……………………………………………………………………… 161
　　关于上海放弃使用"大都市"概念的建议 ………………………………… 163
　　警惕文化产业"浮夸误国" ………………………………………………… 167
　　关于"中国传统村落"保护发展的对策建议 ……………………………… 170

资源报告 ……………………………………………………………………… 175
　　长江经济带三大城市群现状与问题研究 ………………………………… 177
　　新中国城市化及其政策演变所处阶段与趋势 …………………………… 188

传统村落保护的动态监控体系建构研究 …… 198
国外小城镇建设模式及其对国内的启示 …… 210

热点扫描 …… 227
全景展示中国新城新区发展进程 …… 229
气候适应性城市与人文城市的殊途同归 …… 231
工业遗产资源的文化价值及管理 …… 233
关于城市文化政策与跨文化研究的对话 …… 238
城市社区治理应深挖文化内涵 …… 241

学术史料 …… 243
建设中国城市科学,服务人类城市时代
　　——上海交通大学城市科学研究院建院5周年纪念(附二则) …… 245

后　记 …… 253

前沿观察

全面深化改革重塑中国城市

一、全面深化改革的关键是城市全面深化改革

1978年,十一届三中全会终结了"以阶级斗争为纲",实现了全党工作重心向经济建设的转移。2013年,十八届三中全会研究部署全面深化改革重大问题,提出经济体制、政治体制、文化体制、社会体制、生态文明体制五大改革任务。对于中华民族的现代化进程而言,两个"三中全会"无疑都具有划时代的重大历史意义,不同的只是改革的环境、主体和任务。1978年,我国城市化率仅为17.92%,当时的中国还是一个"乡土中国",所以十一届三中全会的重点是"尽快把农业搞上去"。2013年,我国城市化率已达到53.73%,"乡土中国"一变为"城市中国",城市成为落实深化改革的"主体"和"主战场"。为此2015年中央城市工作会议明确提出"城市是我国经济、政治、文化、社会等方面活动的中心,在党和国家工作全局中具有举足轻重的地位"。城市既是全面深化改革的"主体",也是全面深化改革的"对象",全面深化改革的关键就是城市全面深化改革,城市全面深化改革的质量和成败决定着国家全面深化改革的质量和成败。

十八届三中全会以来,我国正步入全面深化改革的新时期。以往在经济高速发展中累积和被遮蔽的问题、矛盾和后遗症,在经济新常态中迅速抬头并集中表现为"城市问题"和"城市病",即使如"半城市化""农村空心化""留守儿童"等,也都是由城镇化进程一手导致的。为应对这些问题、矛盾和挑战,党中央和国务院密集推出一系列的新政策和新实践。从内容上看,有的是全局性的(如《国家新型城镇化规划》《生态文明体制改革总体方案》等),有的是重点战略(如"一带一路""京津冀协同发展""长江经济带"等),也有一些是专项工作的(如"二胎"政策、户籍制度改革、农村土地流转、特色小镇等);从性质上看,有的属于转型升级,有的属于补短板,有的属于创新实践;从实施效果上看,有些属于立竿见影,有些属于"小火温补",有些目前还不是很明显。但都是为了应对城市化挑战、促进城市健康和可持续发展而谋划、布局和推进的。进一步说,以2013年中央城镇化工作会议、2014年《国家新型城镇化规划》和2015年中央城市工作会议为代表,在以习近平同志为总书记的党中央的治国理政新实践中,包含和运用了丰富的城市政治学、城市经济学、城市生态学、城市规划学、城市社会学、城市管理学、城市文化学等新理论和新方法,并在不断的融会贯通中建构出中国特色城市科学理论体系,揭示了中国特色城市发展道路的基本框架和发展路径。而这些"始于中国城市,

用于中国城市"的新的理念、政策和实践,在自身不断完善的同时也全面深刻地重塑着中国城市的形态、功能和性格。

二、国家治理和发展新理念扭转城市发展总体战略思路

新中国的城市化进程,大体上走过了两个阶段。新中国成立以来的30年,政治型城市化是主导模式。这是一种以政治理念和意识形态需要为中心、一切服从于国家政治需要与政治利益的城市化模式。改革开放以来的30年,经济型城市化成为主导模式。这是一种以GDP为中心、一切服从于发展经济生产力的城市发展模式。平心而论,这两种模式各有各的历史合理性,同时也有各自的局限性。政治型城市化成就了社会主义新中国,这是后来一切事业和奋斗的基础和母体。但其问题在于"政治"压抑了"经济",导致了城市人口减少、生产凋敝、城乡分化加剧、人民物质和精神生活普遍窘迫与贫困。经济型城市化最大的"得"是我国GDP总量跃升世界第二,极大地提升了综合国力和城市竞争力。但最大的"失"是愈演愈烈的环境资源问题和社会人文问题,前者严重威胁到城市可持续发展"物质条件",后者严重威胁到城市健康发展的"主体条件"。政治型城市化最大的后遗症是"政治与经济""政府与市场"在边界上的不清晰和功能上的错位,而经济型城市化最突出的问题则是导致了"客观方面的环境资源紧张"和"主观方面的人文价值贫乏",这些问题和矛盾在当下相互缠绕在一起,是造成我国城市病大面积、集中性爆发的深层原因,也是全面深化改革必须予以解决的主要矛盾和突出问题。

这些长期累积、错综复杂的问题和矛盾,不可能以"头痛医头脚痛医脚"的方式解决。十八届三中全会以来,以习近平同志为总书记的党中央在治国理政新实践中,深刻把握住影响中国城市发展的主要矛盾和关键问题,并以建构国家治理和发展新理念的方式寻求我国城市问题的根本解决之道。首先,以理顺和协调"政府"和"市场"关系为核心,解决政治型城市化的后遗症。2013中央城镇化工作会议指出,推进城镇化要注意处理好市场和政府的关系,并确立了"既坚持使市场在资源配置中起决定性作用,又更好发挥政府在创造制度环境、编制发展规划、建设基础设施、提供公共服务、加强社会治理等方面的职能"的大政方针。其次,以生态文明建设和文化强国建设为抓手,全面应对经济型城市化造成的各种顽疾和并发症。十八届三中全会提出加快建立系统完整的生态文明制度体系。2015年5月,中共中央、国务院发布《关于加快推进生态文明建设的意见》,首次提出"绿色化"概念,并将其与新型工业化、城镇化、信息化、农业现代化并列。在文化建设上,继十七届六中全会提出"文化强国"建设目标后,习近平总书记近年来相继主持召开文艺工作、社会科学工作等多个座谈会,极大地推进了我国文化领域在全面深化改革中形成共识、统一思想和协调发展。再次,2015年十八届五中全会提

出"创新、协调、绿色、开放、共享"五大发展理念,同年召开的中央城市工作会议明确提出在我国城市工作中贯彻五大发展理念,走出一条中国特色城市发展道路。五大发展理念是改革开放以来我国发展观念和发展方式的系统集成与理论自觉,为城市全面深化改革、实现健康发展提供了总体战略思路和科学评价标准。

三、以重建干部政绩考核标准引领城市发展方式转换

改革开放以来,在全党工作重心转向经济建设的大背景下,我国城市迅速走上了一条经济型城市化发展道路。"以GDP论英雄"成为考察干部工作政绩及评价城市竞争力的主要标准,并在激烈的市场竞争中走向极端,由此造成了越来越严重的负面影响,一方面,以GDP增长考核干部的业务水平与绩效,必然逼迫各级干部把单纯的经济目标作为唯一追求,而很少考虑环境是否友好、资源是否节约、能耗是否降低、产业是否先进、历史文化是否传承、社会是否能够承受、普通市民是否共享等问题,另一方面,以GDP为核心的政绩考核机制,还使在改革开放中逐渐淡出的政治型城市化卷土重来,相关城市管理部门和各级领导干部不仅不愿意放弃各种权力,还会把城市发展的主要资源如土地、财政、项目审批等抓得更紧,这就是在社会主义市场经济大潮中为什么还会出现政府"该管的不管,不该管的乱管",以及我国城市化速度和质量不对等、规模和内涵不协调、面子和里子不匹配等问题的根本原因。建立科学的符合我国城市规律的干部政绩考核体系,以此为"指挥棒"引领城市管理者改变思维方式和政绩观,进而推动粗放型城市发展方式的转型,实际上已成为全面深化改革的必由之路。

十八届三中全会以来,以习近平同志为总书记的党中央在治国理政新实践中,透过城市管理的复杂表象,洞悉其错综复杂的内在机制,旗帜鲜明地提出"不以GDP论英雄"。把复杂的城市发展简化为单纯的经济发展,是一切问题的核心和关键,这个问题如果不能得到彻底改变,实际上其他问题也是推不动的。十八届三中全会明确要"纠正单纯以经济增长速度评定政绩的偏向"。2013年底,中组部印发《关于改进地方党政领导班子和领导干部政绩考核工作的通知》,规定各类考核考察不能仅把地区生产总值及增长率作为政绩评价的主要指标,同时明确要求加大资源消耗、环境保护等指标的权重。所谓"不破不立",在解除了牢牢套在头上的"紧箍咒"的同时,以习近平同志为总书记的党中央还把对干部的政绩考核与绿色发展等紧密结合起来。十八届四中全会明确提出要用严格的法律制度保护生态环境,引领形成新的发展观、政绩观。2015年,习近平在为《福州古厝》作序时指出:发展经济是领导者的重要责任,保护好古建筑,保护好传统街区,保护好文物,保护好名城,同样也是领导者的重要责任,二者同等重要。把政绩考核从单一的经济指标拓展到环境、民生、文化等方面,对于纠正一个时期以来以"唯GDP

化""房地产化"和"政绩工程化"为代表的城市粗放发展方式起到了拨乱反正的重要作用。

四、以"知行合一"的弘毅精神力推中国城市全面深化改革

中国古代向来有"知易行难"之论,西方也有"理论上的巨人,行动上的矮子"的说法。可知比"知"更重要的是"行",比"理论"更重要的是"实践"。十八届三中全会以来,以习近平为总书记的党中央在经济建设、政治建设、文化建设、社会建设、生态文明建设五大发展目标之后,又特别提出了第六个建设目标——党的建设。按照一般的理解,城市化主要包括环境、人口、经济、社会和文化,全面深化改革的新政涉及经济体制、政治体制、文化体制、社会体制和生态文明,基本上实现了对城市发展主要领域的全覆盖。在蓝图设计好之后,最关键的是要有人去做。历史上的任何伟大事业,从一开始都会面临三个问题:一是时间问题,它的本质是"来不来得及做"或"有没有时间去完成某件事"? 二是空间问题,它的本质是"有没有条件和资源做"或"具备不具备做某件事的历史条件或社会土壤"? 三是人的问题。这个问题的本质是"有没有合适的人去做"或"这样一群人能否完成历史赋予他们的艰巨任务"? 历史经验告诉我们,无论现实条件怎样的贫瘠和恶劣,只要有一大批不辱使命的"主体",就可以创造任何人间奇迹。因此要彻底解决我国城市化各种久治不愈的顽疾,关键是要有一大批能够承担使命、无往不胜的人。

围绕人这个核心中的核心,以习近平为总书记的党中央从严治党、从严整肃干部队伍,以扭转先锋队工作作风为抓手,迅速在整体上提升了我国城市建设者的战斗力。很多长期以来相互推诿扯皮的"老大难"问题出现转机或被彻底解决。如京津冀的一体化进程。在过去,落后地区有热情但没有能力,而发达地区有能力却没有热情。但 2014 年以来情况正在发生"质"的变化。如天津自贸区的京津冀海关区域通关一体化、检验检疫通关业务一体化改革等。在城市环境方面,如河北省的张家口市、固安县等已开始采用首都环卫标准。如《京津冀及周边地区大气污染联防联控 2015 年重点工作》,就涉及北京、天津及河北省的唐山、廊坊、保定、沧州等城市。再如城市规划问题。在过去,各部门为了各自的利益,一直是"自说自话""互不买账",重复规划和各种规划相互打架的情况十分普遍,对很多城市已造成无法挽回的破坏与损失。2014 年 2 月,习近平在北京考察工作时强调:"规划科学是最大的效益,规划失误是最大的浪费,规划折腾是最大的忌讳。"在 2015 年的中央城市工作会议提出促进"多规合一"后,不仅各部门纷纷响应,同时相关的试点工作已迅速展开。

"罗马城不是一天建成的"。我国全面深化改革的道路也不会一帆风顺。特别是中国的城市化不仅涉及环境资源、人口、经济、社会、文化等多种要素,也由于

其体量巨大、关系众多和层级复杂等原因,在实际建设过程中出现摇摆、反复甚至局部的倒退也都是正常和无可避免的,对此既不要"一叶障目",也无须"大惊小怪"。对于所有"全面深化改革中的城市问题",只要我们秉承"知行合一"的弘毅精神,保持足够的战略定力,坚持高度的文化自信和道路自觉,就一定会为我们这个传统的农业民族创造出一个更加美好的城市家园。

五大发展理念引领上海全面和更高水平发展

一、中国发展观念的系统集成与理论自觉

党的十八届五中全会公报提出:"实现'十三五'时期发展目标,破解发展难题,厚植发展优势,必须牢固树立并切实贯彻创新、协调、绿色、开放、共享的发展理念",对仍处于重要战略机遇期的国民经济和社会发展具有重大现实意义和深远历史意义。

五大发展理念各有所侧重,又互为一有机整体。"创新发展"处在"国家发展全局的核心位置",是实现加快经济发展方式转型、加快社会治理体系建设、加快文化创新体系建设的核心动力机制,没有理论、制度、科技、文化上的全面创新,就不可能在"新中国"基础上再建一个"创新型中国"。"协调发展"事关"中国特色社会主义事业总体布局",我们的社会主义事业一直在各种风浪中探索前行,并由于条件和资源的局限而不得不采取一些权宜之计,在快速发展中出现一些局部的不均衡、不协调也在情理之中,关键是在发展的高级阶段不能遗忘"补齐短板",这是在风云变幻的世界中"坚持稳中求进工作总基调"必下的"后手棋"。"绿色发展"基于"节约资源和保护环境的基本国策",深刻再现了建设生态文明建设的迫切需要,为在新形势下重建"人与自然"的和谐关系确立了基本原则。"开放发展"愿意"顺应我国经济深度融入世界经济的趋势"的现实需要,在经济全球化背景下,中国不可能再"闭关锁国"搞建设,只有更加主动把握和利用国际资源及市场,才能不断稳固改革开放以来形成的对外开放格局和不断完善中国特色开放型经济体系,并在新的历史条件下做到"己欲达而达人"。"共享发展"以"坚持发展为了人民、发展依靠人民、发展成果由人民共享"为核心,体现了中国特色社会主义道路的本质要求,也是"以人为本"的深化和"解决贫富差距、实现公平正义"的制度安排,体现出一个负责任的政党和政府的责任和担当。

五大战略理念是改革开放以来我国发展观念和发展方式的系统集成与理论自觉,为我国未来五年全面深化改革、实现第一个百年奋斗目标提供了顶层设计。上海作为"全国改革开放排头兵、创新发展先行者",对此在思想上有更高的认识自觉并在实践上有更积极的作为。

二、"十二五"时期的回顾与"十三五"时期的前瞻

上海曾是"近代远东第一大都市"和"现代中国工业中心城市",改革开放以

来,以浦东新区、自贸区模式等"上海经验"为标识,上海在坚持社会主义发展道路,探索"中国式现代化"模式与路径上不断取得重要进展,为我国其他地区和城市的改革开放发展提供了有益的思路、经验、做法和模板,可以说为形成五大战略理念做出了应有的贡献。但与五中全会提出的"四大战略布局"相比,还存在着一些问题和不足。"十三五"的号角已经吹响,对照五大发展理念及其目标要求,认真总结上海"十二五"时期的经验和问题,在全面建成小康社会、全面深化改革、全面依法治国、全面从严治党的新征程中继续做好"排头兵"和"先行者",上海不仅有这个实力与条件,也是历史赋予这座伟大城市的新使命。

创新发展是上海最突出的城市精神和实践风格。这既与上海在科学研究、产业技术、中国制造和上海品牌等方面的百年积淀密切相关,也是由当今上海所承担的国家战略任务和转变城市发展方式两方面所决定的。按照国务院最新颁布的城市划分标准,上海已不再是"特大城市",而是属于为数不多的"超大城市"之一。在经历了前些年的高速发展后,上海的各种资源与环境条件已濒临红线,大城市病日益严重。2014年5月24日,习近平总书记在上海考察调研时对上海提出"加快向具有全球影响力的科技创新中心进军"的新要求。2015年,"大力实施创新驱动发展战略,加快建设具有全球影响力的科技创新中心"作为上海"一号课题"加速研究和布局,在随后出台的加快建设科创中心"22条意见"中,明确提出把上海建设成为"综合性开放型科技创新中心"并"跻身全球重要创新城市行列"的目标。在此目标下,上海的科研投入不断加大,2014年已相当于发达国家水平。同时创新资源迅速集聚,目前"大张江"已集结了全市80%以上的科技创新资源。但也存在体制机制不健全、"颠覆性创新"少、创新商务成本偏高等问题。如何把"创新发展"理念与"科创中心"建设更密切地结合起来,应成为上海"十三五"规划编制的重中之重。

协调发展既是上海一直在努力追求的目标,也是目前面临的比较突出的问题。"城市病"的主要原因是城市发展的不平衡和不协调。为了促进城市健康和可持续发展,上海一直在调整城市战略定位。1990年代以前,上海的目标是"经济中心",2000年以后,变为以"四个国际中心"为基本框架的"国际大都市",但仍局限在"硬件"上,2007年上海提出建设"文化大都市",补齐短板,走过了一条从"一个中心"到"四个中心",从"一个城市"到"两个城市"(国际大都市+文化大都市)的探索道路。但这主要是在顶层设计上完成了对城市主要功能和目标的协调,在实际的发展过程中仍存在一些问题。与西方同级的大都市相比,上海最大的差距不在硬实力上,而在软实力和软环境。在长三角城市群内部,产业竞争、交通联动、环境保护、社会服务等协调问题依然艰巨。在"四个中心"方面,航运中心进展相对滞后,而金融中心尚未取得重大突破。在城乡一体化方面,一些珍贵的传统村落未能得到有效的保护。这些都是"十三五"时期需要重点抓紧落实的紧迫性工作。

资源不足是上海发展的最大瓶颈,绿色发展成为上海发展的当务之急。上海是个美丽的海滨城市。但由于自然资源匮乏,生物资源匮乏,植物群落结构简单,林木资源有限等,同时由于过度的利用和污染,上海目前已成为水质型缺水城市,这些问题严重威胁着上海发展的自然资源与环境条件。上海的建设目标是国际大都市和文化大都市,人口和空间是城市发展的两大基本问题,前者需要宜居的城市环境,后者需要有足够的土地发展经济。但上海在这两方面均不乐观。首先,上海市区土地严重超过负载能力。截止2014年底,全市建成区面积3124平方公里,超过市域陆地面积的45%,已逼近规划规模3226平方公里。所以在新一轮城市规划编制中,已设立了城市建设用地"零增长"的红线。其次,上海市区土地规划建设严重不均衡。其中最突出的是工业用地比重过大,高达27%。而公共设施和绿地的用地比例偏低,如人均公共绿地仅为7.1平方米,而养老及社区文化、体育等公共服务设施也相对不足。其他还包括大幅降低能耗和碳排放等。如何以节约资源、提高技术、改善环境等为主要手段,平衡好人口膨胀、资源约束、生态环境压力加大的矛盾,推动城市经济增长、社会进步,也是上海在"十三五"时期必然面临的"大考"和"难题"。

开放发展是上海城市的优良历史传统,也是中国开放发展水平最高的大都市。在宋代,上海一带已有日本、新罗等国的海船进行官方贸易。1842年《中英南京条约》的签订和上海首先开埠通商,是上海在近现代迅速崛起的决定性条件。2001年5月,国务院在批复《上海市城市总体规划(1999—2020)》时提出把上海建设成为经济繁荣、社会文明、环境优美的国际大都市,曾引发国内180多个城市竞相提出建设国际化大都市。在"发展更高层次的开放型经济"的时代大潮中,2013年8月国家在上海设立了首个自贸区。截至目前,上海自贸区前后两批54项开放措施,有近900个项目落地。在第二批31项开放措施中,也有多个项目落地。此外,新修订的《外商投资产业指导目录》、新出台的《上海自贸区中外律师事务所互派律师担任法律顾问的实施办法》和《上海自贸区中外律师事务所联营的实施办法》等,一方面大幅减少了国际投资贸易的限制性措施,另一方面也为"提高我国在全球经济治理中的制度性话语权"做出了积极的尝试,不断刷新着上海作为国际大都市的"开放"内涵。但坦率而言,上海在开放型经济体制建设上还存在不少薄弱环节,如人口的国际化程度较低、与国际投资贸易通行规则相衔接的制度框架尚未真正建立、服务业开放程度不高、外资管理审批环节多等。展望"十三五"时期,上海作为长江经济带和21世纪海上丝绸之路的核心城市,在"开创对外开放新局面"中应有更大的手笔和更良好的表现。

共享发展是社会主义制度的本质要求,也是实现"城市让生活更美好"的基本内涵。实际上,上海差不多是中国最富裕的城市,在共享发展方面可以说走在国内前列。一是目标领先。上海市提出到2020年在全市建立起比较完善的政府购买服务制度,形成与城市相匹配的公共服务资源配置和供给体系,公共服务水平和质量显著提高。还有上海市将于2016年实施《上海市城乡居民基本医疗保险办法》,建立城乡居民统一的基本医疗保险制度等。二是成绩显著。和一般城市的"一小时服务圈""半小时服务圈"不同,目前上海已建成10—15分钟的社区养老服务圈,到2020年底将实现全市街镇与基本管理单元的全覆盖。但也有不足。以社区文化活动中心为例,在徐汇区、静安区等中心城区,平均每4平方公里就有一个,而郊区平均每30平方公里才有一个,个别的如奉贤区奉城镇,100平方公里只有1个。不仅数量分布不均,服务水平差别也比较大,在个别地方还存在社区文化中心被挤占、挪用等问题。如何结合特大型城市的海量需求和特点,由政府牵头,广泛动员市场和社会力量,参与建设城市共享发展新格局,也是上海在"十三五"时期需要重点规划和布局的。

三、努力和加快实现上海全面和更高水平的发展

作为"全国改革开放排头兵、创新发展先行者",上海应在牢固树立并切实贯彻五大发展理念的前提下,充分结合自身的积累和优势,把"全面发展"和"更高水平发展"作为对自己的更高要求,以自身的全面深化改革和更高水平的开放创新,不断丰富和拓展"创新、协调、绿色、开放、共享"的内涵,为我国其他地区和城市的发展提供可复制的发展模式。

为加快实现上海全面和更高水平的发展,在上海率先建成"更高水平、更高质量"的全面小康社会,建议在"十三五"时期重点做好一个中心的顶层设计和三大领域的战略研究。

一个中心的顶层设计是"科技创新中心城市"。2015年1月26日,市委书记韩正在上海市政协举办的专题会议上提出"建设具有竞争力的科技创新中心城市"。在"十三五"时期,上海应以此为战略核心,研究、规划和建设"全球科技创新中心城市",为推进五个发展理念在上海实施提供巨型城市平台。创新发展是一个整体,也需要系统性的支持,而城市就是这个整体和系统。这是在经济全球化和世界城市化背景下,从战略角度发现和创造未来的上海。

三大领域的战略研究主要包括中国语境、社会土壤和主体条件。在某种意义上,创新、协调、绿色、开放、共享的发展理念,既是中国特色社会主义发展理念的系统集成,同时也借鉴吸收了当今世界的发展理论和思想智慧。由于后者的原因,在研究和认识上就难免出现"不同阐释",在建设和实践中也必然存在着不同

的标准与评估,这些问题不能得到有效和较好地解决,既会在思想舆论中产生混乱,也会因此影响到实践进程。所谓中国语境,是立足于中国特色社会主义发展道路研究五大发展理念,建构具有中国话语特色和现实需要的创新、协调、绿色、开放、共享理论体系,为中国和上海提供坚实和科学的理论支持系统。所谓社会土壤,是要充分结合上海作为国际大都市的城市特点和发展需要,研究和制定具有"接地气"和"看得见"的具体可行的指标体系,为五大发展理念从"抽象"走向"现实"建立中介和桥梁。所谓主体条件,就是要及早考虑培养一批能承担起贯彻落实五大发展理念的"人"。目前中国和上海的经济都在经历增速放缓、转型调整的阵痛,具体的挑战会有很多。但从战略研究角度,主要是人的问题。人的问题的本质是"有没有合适的人去做"或"这样一群人能否完成历史赋予他们的艰巨任务"?历史经验告诉我们,无论历史进程会出现什么意想不到的风雨,也不论现实条件怎样的贫瘠和恶劣,只要有一大批不辱使命的"主体",就可以创造任何人间奇迹。这是在中国特色社会主义五大发展理念的总体框架下,努力和加快实现上海全面和更高水平发展的关键所在。

主题报告

2016中国大都市发展指数报告

自2015年以来,我国城市领域的热点主要表现在四个方面:"一带一路"、京津冀协同发展、长江经济带三大战略和特色小镇。而长期以来备受关注的大都市,反而呈现出了波澜不惊的新常态。但这只是表面现象,无论是国家三大区域发展战略,还是异军突起的特色小镇,实际上都是无法脱离大都市的存在而独立发展的。大都市不仅是区域和城市发展的核心和磁极,其中最突出的是区域中心城市纷纷角逐"国家中心城市",同时也是特色小镇建设最强有力的支撑和依靠,所以特色小镇在功能上不仅直接模仿都市也主要是为都市人服务的。这是我们在当下关注和研究中国都市化进程的基本语境和历史处境。

一、研究背景

关于大都市在我国城市化进程中的核心地位和引擎功能,可以从理论、政策和现实三方面加以了解和讨论。

1. 理论背景

在西方城市科学研究中,如中心地理论、增长极理论、点轴理论和网络开发模式理论等,其共同点都在于一致强调中心城市的重要作用:在区域经济起步阶段,资源和经济设施通过交通线等向"点"集聚形成了中心城市;在区域经济发展阶段,中心城市的溢出效应造就了更多的"点"(各级城市)和轴线,促使中心城市升级为大都市并成为区域发展的"龙头";在发展到城市群阶段,作为首位城市的大都市成为区域的服务中心和资源控制、分配中心,承担着区域协调、组织、控制和指挥等核心职能,其中心性和控制力决定了城市群的发育程度和水平。

由此可知,无论是城镇化发展的任何一个阶段,大都市或作为其前身的中心城市都扮演着无可替代的重要角色,相关的理论研究也已相当丰富和完备,也是大家普遍的共识。但就理论研究而言,定量研究多数集中在单体大都市发展状况的探讨,或是就某一方面如产业结构、空间结构等的专题研究,对我国大都市群体的综合定量研究,在总体上仍比较欠缺。

2. 政策背景

"十八大"以来,国家层面相继出台了"一带一路"、京津冀协同发展、长江经济带三大区域发展战略。2016年住房和城乡建设部、国家发展和改革委员会、财政部联合下发文件,开展我国特色小镇的试点和培育工作,显示出我国新型城镇化要从两极(最高级城市群和最低级小城镇)来提升我国城镇建设质量和发展水平的新思路和新路径。

但无论是最高级别的城市群还是最低级的小城镇,其发展实际上都离不开都市化语境。如2016年9月份印发的《长江经济带发展规划纲要》提出要打造长三角城市群、长江中游城市群和成渝城市群三大增长极,同时指出要"发挥上海、武汉、重庆等超大城市和南京、杭州、成都等特大城市引领作用,发挥合肥、南昌、长沙、贵阳、昆明等大城市对地区发展的核心带动作用,加快发展中小城市和特色小城镇,培育一批基础条件好、发展潜力大的小城镇"。其中提到的三个超大城市、三个特大城市和五个大城市等,都属于本报告研究中的"大都市"成员,它们的引领作用和核心带动作用是相关城市群发展的关键因素,也是其辐射范围内中小城市和小城镇发展的重要保障。

3. 现实背景

从我国城镇化的发展现状看,大都市已当仁不让地成为影响区域乃至全国的"主力军"。在经济上看,2015年全年国内生产总值(GDP)为67.67万亿元,而我国36个大都市的国内生产总值就达到277824.94亿元,占全国国内生产总值的41.06%。在人口上看,目前我国总人口近13.7亿,而36个大都市2015年的常住人口高达30913.08万人,占到全国总人口的22.56%。在城市建成区面积上看,目前全国城市建成区面积共计为39478平方公里,而36个大都市的建成区面积高达19060平方公里,占到全国城市建成区面积的48.28%。

事实上,由于本次研究对象的选择标准是副省级以上城市,像苏州、无锡等学界和民众认可的大都市尚未列入统计范围,如果将这些城市列入统计研究之中,我们大都市的影响和在各个领域的占比将会更高。因此大都市的建设质量和发展水平关乎我国新型城镇化的成败,必须要认真梳理和深入研究。

综上,上海交通大学城市科学研究院在《中国大都市发展指数报告2015》的基础上,对《中国大都市发展指数框架》进行优化和提升,进一步扩大了大都市的研究范围,研制和完成了《2016中国大都市发展指数报告》。

二、研究对象

根据我国城市发展的具体情况,国家将其划分为直辖市、副省级市、地级市、县级市等,同时结合上海交通大学城市科学研究院关于大都市的理论研究,本报告中的"大都市"主要包括直辖市、副省级市和省会城市三类,具体研究对象包括北京、上海、天津、重庆4个直辖市和哈尔滨、长春、沈阳、大连、济南、青岛、南京、杭州、宁波、福州、厦门、广州、深圳、呼和浩特、石家庄、郑州、合肥、南昌、南宁、武汉、长沙、贵阳、西安、兰州、银川、西宁、乌鲁木齐、拉萨、昆明、成都、太原、海口 32 个省会城市或副省级城市，共计 36 个城市。

表 1　中国大都市发展的基本情况（2015 年）①

城市	GDP（亿元）	增长率（%）	人均 GDP（元）	增长率（%）	常住人口（万人）	增长率（%）	2014 年建成区面积（平方公里）
北京	22968.6	6.9	106284	6.3	2170.5	0.9	1386
广州	18100.41	8.4	134066	4.3	1350.11	3.2	1035
深圳	17502.99	8.9	157985	5.2	1137.89	5.6	890
上海	24964.99	6.9	103100	5.9	2415.27	−0.4	3124
武汉	10905.6	8.8	104132	6.8	1060.77	2.6	553
南京	9720.77	9.3	118171	9.9	823.59	0.24	734
济南	6100.23	8.1	85919	7.0	713.2	9.07	383
西安	5810.03	8.2	66739	4.6	870.56	0.9	440
海口	1161.28	7.5	52501	6.4	222.3	1.0	152
贵阳	2891.16	12.5	63003	11.3	462.18	1.4	320
太原	2735.34	8.9	63483	8.4	431.87	0.5	330
长沙	8510.13	9.9	115443	8.4	743.18	1.6	336
呼和浩特	3090.5	8.3	101010	5.3	305.96	1.0	230
兰州	2095.99	9.1	56972	8.4	369.31	0.76	221
南昌	4000.01	9.6	75879	8.3	520.38	0.51	262
乌鲁木齐	2680	10.5	74000	6.3	355	0.57	412
成都	10801.2	7.9	74273	6.6	1465.8	1.6	604
拉萨	376.73	11.2	59223	7.3	53.03	0.57	66
昆明	3970	8	59686	7.2	667.7	0.8	407
杭州	10053.58	10.2	112268	9.1	901.8	1.4	495
重庆	15719.72	11	52330	10.1	3016.55	0.84	1251
天津	16538.19	9.3	106908	1.6	1546.95	2	738
沈阳	7280.5	3.5	87833	3.2	829.1	0.05	465
西宁	1131.62	10.9	49200	9.9	231.1	0.88	90
厦门	3466.01	7.2	90378	5.3	386	1.3	301
合肥	5660.27	10.5	73102	8.0	779	1.2	403
南宁	3410.09	8.6	46068	6.4	740.23	1.45	285
哈尔滨	5751.2	7.1	59027	8.9	961.4	−2.8	401
银川	1480.73	8.3	68983	6.2	216.41	1.7	149

---

① 数据来源：各市 2015 年国民经济和社会发展统计公报，其中长春市的数据来源于 2014 年国民经济与社会发展统计公报。

（续表）

城市	GDP（亿元）	增长率（%）	人均GDP（元）	增长率（%）	常住人口（万人）	增长率（%）	2014年建成区面积（平方公里）
青岛	9300.07	8.1	102519	6.2	907.7	0.56	491
长春	5530	3.5	72592	4.2	754.5	0.2	470
石家庄	5440.6	7.5	50839	3.8	1070.16	0.8	264
福州	5618.1	9.6	75259	8.4	750	0.94	254
郑州	7315.2	10.1	77217	7.9	956.9	2	413
宁波	8011.5	8	102475	4.2	782.5	0.18	309
大连	7731.6	4.2	110673	0.7	698.7	−4.4	396

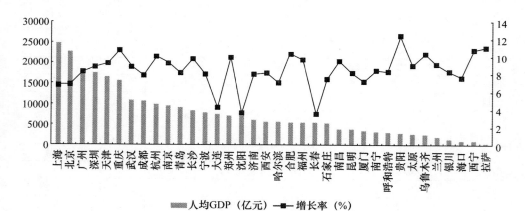

图1 中国大都市2015年GDP和增长率示意图

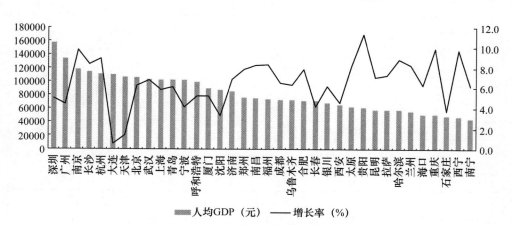

图2 中国大都市2015年人均GDP和增长率示意图

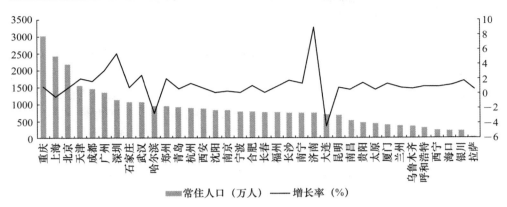

图 3 中国大都市 2015 年常住人口和增长率示意图

据表1、图1、图2和图3,可以得出中国大都市 2015 年的基本态势:

1. 在经济总量方面,上海、北京和广州占据前三甲,但经济增长速度明显放缓,尤其是上海和北京的数值,与我国 2015 年 GDP(6.9%)增速基本持平,相反却是贵阳、拉萨、乌鲁木齐和合肥的经济增速占据了前三名(乌鲁木齐和合肥并列第三)。同时,值得注意的是东北地区的大连、沈阳、长春三座城市经济增速不仅在大都市群体中排名垫底,还远低于全国的 GDP 增速,意味着东北经济振兴依然任重道远。

2. 在人均 GDP 方面,深圳、广州、南京领跑 36 个中国大都市,依次为 157985 元、134066 元和 118171 元;排在最后的三个城市分别是海口、兰州和哈尔滨,分别是 52501 元、56972 元和 59027 元。北京和上海分列第八和第十,分别为 106284 元和 103100 元,这也是很值得关注和反思的。在人均 GDP 增速方面,贵阳、重庆、西宁和南京(西宁和南京并列第三)表现最佳,而大连、天津和沈阳则排在了最后的位置。

3. 在人口总量方面,重庆、上海和北京毫无悬念地位列前三,其 2015 年底常住人口依次为 3015.55 万人、2415.17 万人和 2170.5 万人。拉萨、银川和海口的人口总量最少,分别为 53.03 万人、216.41 万人和 222.3 万人。在人口增速方面,济南、深圳、广州增长最快,大连、哈尔滨和上海排名最后并均出现了负增长。

三、指数框架和数据来源

1. 指数框架

在指数框架上,我们在对《中国大都市发展指数框架(2015 版)》修订和精简的基础上,形成了《中国大都市发展指数框架(2016 版)》,以期指标体系更加科学和更符合我国大都市的发展进程。具体修订如下:

(1)一级指数从 5 个缩减为 4 个,分别是都市人口指数、都市经济指数、都市生活质量指数和都市文化指数,去除了2015版报告中的都市智慧指数,主要是因为数据缺失和统计口径不统一。

(2)二级指数由15个缩减为12个,主要是删除了一级指数都市智慧指数之下的网络设施、智慧产业和智慧民生3个二级指数。

(3)三级指数由47个精简为31个,除了删除一级指数都市智慧指数之下的8个三级指数外,还删除了文盲率、人均预期寿命、每十亿元产出耗电量、CPI、恩格尔系数、婴儿死亡率、文化产业收入、卫视收视率排名等8个三级指数。

原因在于:第一,有些指数的数据变动很小,如文盲率,随着我国义务教育的普及,文盲率呈现稳定状态,尤其是文盲率对大都市发展的影响更小,而高等教育学历人数更具有显示度;第二,有些指数没有官方统计数字,如卫视收视率排名,目前没有统一和权威的统计数据可以采信;第三,有些指数的数据相对滞后,如人均预期寿命,每个城市没有年度统计数字,而只有人口普查的数据,这些数据不能很好地说明当下的情况。

基于以上原因,《2016中国大都市发展指数报告》对指数框架进行了部分修改,我们想说的是,该指数框架本身就是一种开放式框架,在今后依然会根据实际情况进行增删和调整。

表2 中国大都市发展指数框架(2016版)

一级指数	二级指数	三级指数	序号
都市人口指数	都市优质人口指数	在校大学生数与总人口比	1
		在岗职工平均人数	2
	都市职业人口指数	从业人口数比	3
		第三产业从业人口数比	4
		年末登记城镇失业人员数	5
	都市人口生态指数	城区人口密度	6
		自然增长率	7
都市经济指数	都市经济增长指数	人均GDP	8
		占全国比重	9
		年均增长率	10
	都市第三产业发展指数	第三产业占GDP的比重	11
		第三产业增长率	12
		金融业增长率	13
	都市可持续增长指数	工业二氧化硫排放量	14
		工业废水排放量	15
		工业固体废物利用率	16
		建成区绿化覆盖率	17

(续表)

一级指数	二级指数	三级指数	序号
都市生活质量指数	都市生活成本指数	职工平均工资	18
	都市生活便捷指数	人均道路面积	19
		人均绿地面积	20
		生活垃圾处理率	21
	都市教育卫生服务指数	义务教育阶段师生比	22
		教育经费占 GDP 比例	23
		每千人拥有医生数	24
都市文化指数	都市文化资本指数	文化、体育、娱乐业从业人数	25
		国家文化产业示范园区拥有量	26
	都市文化魅力指数	年接待游客数量	27
		世界遗产项目拥有量	28
	都市文化创新指数	文化产业 30 强数	29
		专利授权量	30
		世界品牌 500 强拥有量	31

2. 数据来源

《2016 中国大都市发展指数报告》所采用的各项数据，均来源于上海交通大学城市科学研究院自主建设的《中国大都市数据库（2016 版）》，该数据库以"都市化进程理论"和"中国大都市发展模式"为理论指引，以 2009 年至 2015 年的《中国城市统计年鉴》《中国城市年鉴》及 36 个中国大都市的城市统计年鉴（如《上海年鉴》《天津年鉴》等）及相关城市的政府统计公报为"原始素材"，适当吸收了城市科学研究院及相关战略合作伙伴的第一手调研数据资源，并在充分考虑"大数据技术"和"互联网＋"时代城市研究和决策咨询的需求需要的基础上，自主研发建设了标准统一、规模庞大、技术先进、安全高效、服务便捷的数据库，为开展中国大都市理论研究和战略规划提供精准和全面的信息服务。

四、研究方法

本研究报告采用的是 TOPSIS（Technique for order preference by similarity to ideal solution）研究方法，这是由 Hwang 和 Yoon 在 1981 年提出的一种多目标决策分析方法。它通过计算各指标值与正理想值和负理想值的距离，实现对方案的优劣排序，从而找出最优方案和最劣方案。TOPSIS 是一种基于理想解的排序方法，其基本原理可以表述为，如果评价对象在距离上最接近正理想解，但同时又最远离负理想解，那么该评价对象即为最优。由于 TOPSIS 方法简单易行，因而成为实施综合评价的一种最常用的方法。

TOPSIS 方法的基本步骤是：

1. 对数据规范化处理。数据类型上有效益型、成本型、中间型的区别，效益型数据表示越大越好，而成本型数据则相反。因为量纲不同，需要对数据进行归一化处理，对于中间型数据，可以通过减去标准中值后进行相应转换。

$$效益型：Z_{ij} = \frac{y_{ij} - y_j^{\min}}{y_j^{\max} - y_j^{\min}} \quad 成本型：Z_{ij} = \frac{y_j^{\max} - y_{ij}}{y_j^{\max} - y_j^{\min}}$$

得到标准化矩阵 Z：

$$Z = \begin{bmatrix} Z_{11} & Z_{12} & \cdots & Z_{1n} \\ Z_{21} & Z_{22} & \cdots & Z_{2n} \\ \vdots & \vdots & \vdots & \vdots \\ Z_{m1} & Z_{m2} & \cdots & Z_{mn} \end{bmatrix}$$

2. 计算各指标的权重。计算权重的方法多种多样，本研究主要是采用熵值赋权法来确定指标权重，作为一种成熟的客观赋权方法，可以避免主观赋权中人为的不利影响。在信息系统中，信息熵用于测量信息的无序程度，熵值越小，信息无序程度就越低，信息的效用值也就越大。反之，熵值越大，信息无序程度就越高，信息的效用值也就越小。当熵值等于 1 时，信息完全无序，信息效用则为 0。用熵值计算权重，实际上就是以信息效用值来计算权重，反映的是信息差异越大，信息效用值越高，权重也就越大。

为避免求对数时无意义，对数据进行平移，得到矩阵 A：

$$A = Z + I = \begin{bmatrix} X_{11} & X_{12} & \cdots & X_{1n} \\ X_{21} & X_{22} & \cdots & X_{2n} \\ \vdots & \vdots & \vdots & \vdots \\ X_{m1} & X_{m2} & \cdots & X_{mn} \end{bmatrix}$$

第 j 项指标下第 i 个样本占该项指标的比重为：

$$P_{ij} = \frac{X_{ij}}{\sum_{i=1}^{m} X_{ij}}$$

第 j 项指标的熵值为 H_j，表示所有评估对象对指标 X_j 的贡献总量，当 H_j 趋于 1 时，表示各评估对象的贡献度趋于相同，则权重趋近于零。当所有评估对象在某指标上完全一致时，权重则为 0，也就完全不需要考虑该指标的影响。

$$H_j = -K \sum_{i=1}^{m} P_{ij} \ln(P_{ij})$$

其中 $K = 1/\ln(m), 0 \leq H_j \leq 1$。

定义 $g_j = 1 - H_j$，表示 g_j 越大，指标越重要。

权重 $W_j = \dfrac{g_j}{\sum\limits_{j=1}^{n} g_j}$

3. 构建加权的规范化矩阵 V：

$$V = ZW = \begin{bmatrix} Z_{11} & Z_{12} & \cdots & Z_{1n} \\ Z_{21} & Z_{22} & \cdots & Z_{2n} \\ \vdots & \vdots & \vdots & \vdots \\ Z_{m1} & Z_{m2} & \cdots & Z_{mn} \end{bmatrix} \begin{bmatrix} W_1 & 0 & \cdots & 0 \\ 0 & W_2 & \cdots & 0 \\ \vdots & \vdots & \vdots & \vdots \\ 0 & 0 & \cdots & W_n \end{bmatrix}$$

$$= \begin{bmatrix} V_{11} & V_{12} & \cdots & V_{1n} \\ V_{21} & V_{22} & \cdots & V_{2n} \\ \vdots & \vdots & \vdots & \vdots \\ V_{m1} & V_{m2} & \cdots & V_{mn} \end{bmatrix}$$

4. 确定正理想值和负理想值分别为：

$$V^+ = \{\max V_{ij} \mid i = 1, 2, \cdots, m\}$$
$$V^- = \{\max V_{ij} \mid i = 1, 2, \cdots, m\}$$

5. 计算各指标值到理想值的欧式距离,分别为：

$$D_i^+ = \sqrt{\sum_{j=1}^{n}(V_{ij} - V^+)^2}$$
$$D_i^- = \sqrt{\sum_{j=1}^{n}(V_{ij} - V^-)^2}$$

6. 计算 TOPSIS 评价值 Y_i：

$$Y_i = \dfrac{D_i^-}{D_i^+ + D_i^-}$$

利用 Y_i 对评价对象进行综合评定, Y_i 越大,表明排名越高。

五、2016 中国大都市得分及排名情况

利用 TOPSIS 研究方法,得到《中国大都市发展指数框架(2016 版)》的"评价指标权重"(见表 3),同时对相关城市数据进行处理,最终得出了《中国都市化进程报告 2016》的"TOPSIS 评价值"(见表 4)。[①]

---

① 长春和拉萨两城市分别在"每万人专利授权量"和"生活垃圾处理率"两项指标存在三年缺失情况,因此,分别以两地所在的东北地区和西部地区城市的中位数替代。

表3　中国大都市发展指数评价指标的权重

指标	权重	指标	权重
在校大学生数与总人口比(%)	0.07	建成区绿化覆盖率(%)	0.02
在岗职工平均人数(万人)	0.04	职工平均工资	0.03
从业人口数比(%)	0.03	人均道路面积(市辖区)(平方米)	0.02
第三产业从业人口数比(%)	0.04	人均绿地面积(市辖区)(平方米)	0.04
年末登记城镇失业人员数(人)	0.03	生活垃圾处理率(%)	0.02
城区人口密度(万人/平方公里)	0.03	教育经费占GDP比例(%)	0.02
自然增长率(‰)	0.03	义务教育师生比	0.02
人均GDP(元)	0.02	每千人拥有医生数	0.04
占全国比重(%)	0.06	文化、体育、娱乐业从业人数(万人)	0.03
年均增长(%)	0.02	国家文化产业示范园区拥有量	0.04
第三产业占GDP的比重(%)	0.05	年接待游客数量(万人次)	0.05
第三产业增长率(%)	0.02	世界遗产遗产点数	0.04
金融业增长率(%)	0.02	文化产业30强数(个)	0.04
工业二氧化硫排放量(吨)	0.02	每万人专利授权量	0.04
工业废水排放量(万吨)	0.04	世界品牌500强拥有量	0.03
工业固体废物利用率(%)	0.03		

1. 2016中国大都市综合评价指数排名

通过TOPSIS方法，综合都市人口指数、都市经济指数、都市生活质量指数和都市文化指数4个一级指数和2012—2014中国大都市的三年数据，得出中国36个大都市的综合评价和指数排名(见表4和图4)。

2012年的前十名依次是北京、广州、深圳、上海、武汉、南京、济南、西安、海口和贵阳，后十名是大连、宁波、郑州、福州、石家庄、青岛、长春、银川、哈尔滨和南宁。

2013年的前十名依次为北京、广州、深圳、上海、南京、武汉、海口、济南、兰州和西安，后十名分别为大连、宁波、石家庄、福州、西宁、长春、银川、青岛、南宁和合肥。

2014年的前十名依次是北京、广州、上海、深圳、南京、武汉、海口、西安、杭州和济南，后十名分别是大连、石家庄、宁波、福州、西宁、青岛、长春、哈尔滨、沈阳和银川。

表 4 中国大都市发展水平综合评价表

排名	年份	城市	评价	年份	城市	评价	年份	城市	评价
1	2012	北京	0.593	2013	北京	0.609	2014	北京	0.627
2	2012	广州	0.462	2013	广州	0.479	2014	广州	0.484
3	2012	深圳	0.446	2013	深圳	0.455	2014	上海	0.466
4	2012	上海	0.439	2013	上海	0.455	2014	深圳	0.449
5	2012	武汉	0.405	2013	南京	0.437	2014	南京	0.444
6	2012	南京	0.400	2013	武汉	0.421	2014	武汉	0.431
7	2012	济南	0.390	2013	海口	0.410	2014	海口	0.421
8	2012	西安	0.381	2013	济南	0.409	2014	西安	0.420
9	2012	海口	0.372	2013	兰州	0.405	2014	杭州	0.416
10	2012	贵阳	0.371	2013	西安	0.385	2014	济南	0.409
11	2012	太原	0.370	2013	呼和浩特	0.385	2014	兰州	0.395
12	2012	长沙	0.369	2013	成都	0.384	2014	太原	0.393
13	2012	呼和浩特	0.367	2013	长沙	0.379	2014	天津	0.387
14	2012	兰州	0.366	2013	太原	0.377	2014	成都	0.383
15	2012	南昌	0.358	2013	乌鲁木齐	0.364	2014	呼和浩特	0.382
16	2012	乌鲁木齐	0.353	2013	天津	0.362	2014	长沙	0.376
17	2012	成都	0.353	2013	杭州	0.360	2014	乌鲁木齐	0.375
18	2012	拉萨	0.352	2013	贵阳	0.358	2014	贵阳	0.372
19	2012	昆明	0.350	2013	南昌	0.356	2014	重庆	0.370
20	2012	杭州	0.348	2013	重庆	0.353	2014	昆明	0.357
21	2012	重庆	0.346	2013	昆明	0.346	2014	拉萨	0.357
22	2012	天津	0.340	2013	拉萨	0.336	2014	南昌	0.349
23	2012	沈阳	0.336	2013	厦门	0.335	2014	厦门	0.346
24	2012	西宁	0.335	2013	郑州	0.335	2014	合肥	0.337
25	2012	厦门	0.332	2013	哈尔滨	0.326	2014	郑州	0.334
26	2012	合肥	0.326	2013	沈阳	0.325	2014	南宁	0.331
27	2012	南宁	0.318	2013	合肥	0.321	2014	银川	0.329
28	2012	哈尔滨	0.313	2013	南宁	0.320	2014	沈阳	0.329
29	2012	银川	0.309	2013	青岛	0.316	2014	哈尔滨	0.325
30	2012	青岛	0.306	2013	银川	0.313	2014	长春	0.320
31	2012	长春	0.304	2013	长春	0.308	2014	青岛	0.320
32	2012	石家庄	0.304	2013	西宁	0.306	2014	西宁	0.314
33	2012	福州	0.302	2013	福州	0.303	2014	福州	0.313
34	2012	郑州	0.299	2013	石家庄	0.300	2014	宁波	0.301
35	2012	宁波	0.293	2013	宁波	0.297	2014	石家庄	0.284
36	2012	大连	0.277	2013	大连	0.277	2014	大连	0.273

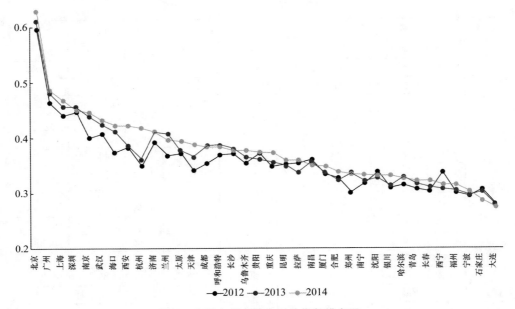

图 4　中国大都市综合评价指数排名图

2. 中国大都市都市人口指数排名

通过 TOPSIS 方法,以都市人口指数为一级指数,结合 2012—2014 中国大都市的三年人口数据,得出中国 36 个大都市的都市人口评价和指数排名(见表 5 和图 5)。

2012 年前十名依次为广州、北京、武汉、济南、呼和浩特、南京、贵阳、南昌、西安和兰州,后十名为宁波、青岛、福州、西宁、大连、重庆、天津、银川、哈尔滨和南宁。

2013 年前十名依次为广州、南京、北京、武汉、兰州、济南、呼和浩特、海口、西安和太原,后十名是宁波、青岛、大连、西宁、福州、长春、重庆、合肥、天津和拉萨。

2014 年前十名依次是广州、南京、武汉、北京、海口、济南、太原、兰州、呼和浩特和西安,后十名是宁波、青岛、福州、西宁、大连、长春、重庆、南宁、沈阳和石家庄。

表 5　中国大都市人口指数评价表

排名	年份	城市	评价	年份	城市	评价	年份	城市	评价
1	2012	广州	0.550	2013	广州	0.564	2014	广州	0.598
2	2012	北京	0.527	2013	南京	0.554	2014	南京	0.549

(续表)

排名	年份	城市	评价	年份	城市	评价	年份	城市	评价
3	2012	武汉	0.523	2013	北京	0.533	2014	武汉	0.541
4	2012	济南	0.495	2013	武汉	0.532	2014	北京	0.536
5	2012	呼和浩特	0.485	2013	兰州	0.528	2014	海口	0.516
6	2012	南京	0.483	2013	济南	0.525	2014	济南	0.513
7	2012	贵阳	0.463	2013	呼和浩特	0.491	2014	太原	0.498
8	2012	南昌	0.462	2013	海口	0.488	2014	兰州	0.495
9	2012	西安	0.460	2013	西安	0.473	2014	呼和浩特	0.490
10	2012	兰州	0.450	2013	太原	0.468	2014	西安	0.490
11	2012	太原	0.448	2013	南昌	0.461	2014	上海	0.468
12	2012	长沙	0.416	2013	长沙	0.440	2014	南昌	0.467
13	2012	海口	0.397	2013	郑州	0.432	2014	贵阳	0.442
14	2012	上海	0.396	2013	上海	0.432	2014	郑州	0.434
15	2012	杭州	0.394	2013	贵阳	0.410	2014	长沙	0.424
16	2012	石家庄	0.379	2013	成都	0.403	2014	昆明	0.405
17	2012	郑州	0.371	2013	杭州	0.395	2014	杭州	0.398
18	2012	昆明	0.367	2013	昆明	0.387	2014	深圳	0.394
19	2012	厦门	0.366	2013	石家庄	0.387	2014	厦门	0.386
20	2012	深圳	0.350	2013	深圳	0.378	2014	乌鲁木齐	0.384
21	2012	沈阳	0.349	2013	厦门	0.376	2014	成都	0.375
22	2012	成都	0.346	2013	乌鲁木齐	0.360	2014	拉萨	0.373
23	2012	拉萨	0.346	2013	南宁	0.356	2014	银川	0.371
24	2012	乌鲁木齐	0.342	2013	沈阳	0.327	2014	天津	0.353
25	2012	合肥	0.327	2013	哈尔滨	0.324	2014	合肥	0.340
26	2012	长春	0.322	2013	银川	0.322	2014	哈尔滨	0.334
27	2012	南宁	0.321	2013	拉萨	0.321	2014	石家庄	0.323
28	2012	哈尔滨	0.318	2013	天津	0.314	2014	沈阳	0.322
29	2012	银川	0.309	2013	合肥	0.309	2014	南宁	0.319
30	2012	天津	0.296	2013	重庆	0.305	2014	重庆	0.312
31	2012	重庆	0.294	2013	长春	0.298	2014	长春	0.308
32	2012	大连	0.272	2013	福州	0.284	2014	大连	0.283
33	2012	西宁	0.266	2013	西宁	0.279	2014	西宁	0.280
34	2012	福州	0.266	2013	大连	0.268	2014	福州	0.279
35	2012	青岛	0.244	2013	青岛	0.250	2014	青岛	0.262
36	2012	宁波	0.204	2013	宁波	0.210	2014	宁波	0.212

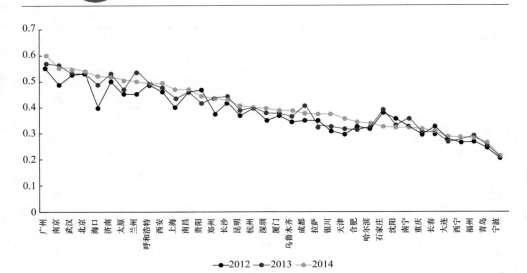

图 5 中国大都市人口指数评价图

3. 2016 中国大都市都市经济指数排名

通过 TOPSIS 方法,以都市经济指数为一级指数,结合 2012—2014 中国大都市的三年经济数据,得出中国 36 个大都市的都市经济评价和指数排名(见表 5 和图 5)。

2012 年前十名依次是北京、广州、深圳、上海、天津、海口、成都、乌鲁木齐、青岛和济南,后十名是石家庄、郑州、银川、大连、厦门、南昌、杭州、宁波、南宁和西宁。

2013 年前十名依次是北京、广州、深圳、上海、天津、海口、成都、青岛、乌鲁木齐和济南,后十名是石家庄、厦门、银川、郑州、大连、南昌、宁波、杭州、长春和西宁。

2014 年前十名依次是北京、广州、上海、深圳、天津、海口、成都、南京、西安和乌鲁木齐,后十名是大连、郑州、石家庄、银川、南昌、厦门、宁波、长春、合肥和拉萨。

表 6 中国大都市经济指数评价表

排名	年份	城市	评价	年份	城市	评价	年份	城市	评价
1	2012	北京	0.738	2013	北京	0.751	2014	北京	0.750
2	2012	广州	0.609	2013	广州	0.651	2014	广州	0.620
3	2012	深圳	0.585	2013	深圳	0.590	2014	上海	0.602

(续表)

排名	年份	城市	评价	年份	城市	评价	年份	城市	评价
4	2012	上海	0.584	2013	上海	0.583	2014	深圳	0.572
5	2012	天津	0.515	2013	天津	0.515	2014	天津	0.518
6	2012	海口	0.485	2013	海口	0.495	2014	海口	0.514
7	2012	成都	0.469	2013	成都	0.476	2014	成都	0.471
8	2012	乌鲁木齐	0.464	2013	青岛	0.463	2014	南京	0.467
9	2012	青岛	0.457	2013	乌鲁木齐	0.459	2014	西安	0.466
10	2012	济南	0.452	2013	济南	0.450	2014	乌鲁木齐	0.464
11	2012	西安	0.442	2013	哈尔滨	0.447	2014	济南	0.464
12	2012	哈尔滨	0.442	2013	南京	0.447	2014	青岛	0.460
13	2012	南京	0.427	2013	呼和浩特	0.444	2014	哈尔滨	0.447
14	2012	沈阳	0.425	2013	西安	0.442	2014	呼和浩特	0.446
15	2012	武汉	0.423	2013	武汉	0.435	2014	武汉	0.442
16	2012	长沙	0.422	2013	贵阳	0.429	2014	兰州	0.437
17	2012	呼和浩特	0.422	2013	兰州	0.419	2014	贵阳	0.435
18	2012	贵阳	0.416	2013	长沙	0.418	2014	福州	0.424
19	2012	福州	0.410	2013	福州	0.416	2014	重庆	0.422
20	2012	兰州	0.410	2013	拉萨	0.413	2014	长沙	0.421
21	2012	长春	0.406	2013	沈阳	0.408	2014	杭州	0.416
22	2012	拉萨	0.406	2013	重庆	0.398	2014	太原	0.413
23	2012	太原	0.406	2013	合肥	0.396	2014	沈阳	0.410
24	2012	重庆	0.399	2013	南宁	0.395	2014	南宁	0.404
25	2012	昆明	0.396	2013	昆明	0.393	2014	昆明	0.400
26	2012	合肥	0.395	2013	太原	0.392	2014	西宁	0.398
27	2012	西宁	0.395	2013	西宁	0.390	2014	拉萨	0.396
28	2012	南宁	0.386	2013	长春	0.389	2014	合肥	0.392
29	2012	宁波	0.377	2013	杭州	0.388	2014	长春	0.391
30	2012	杭州	0.374	2013	宁波	0.372	2014	宁波	0.380
31	2012	南昌	0.374	2013	南昌	0.372	2014	厦门	0.373
32	2012	厦门	0.364	2013	大连	0.368	2014	南昌	0.371
33	2012	大连	0.362	2013	郑州	0.368	2014	银川	0.357
34	2012	银川	0.360	2013	银川	0.360	2014	石家庄	0.355
35	2012	郑州	0.319	2013	厦门	0.353	2014	郑州	0.335
36	2012	石家庄	0.319	2013	石家庄	0.333	2014	大连	0.323

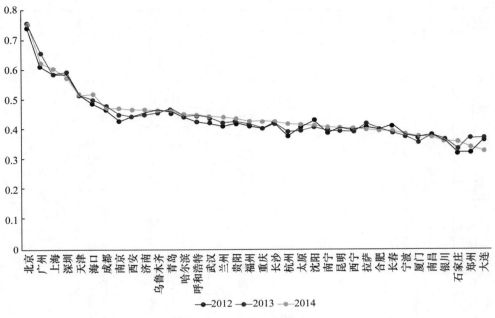

图6 中国大都市经济指数评价图

4. 2016 中国大都市生活质量指数排名

通过TOPSIS方法,以都市生活质量指数为一级指数,结合2012—2014中国大都市的三年大都市生活质量数据,得出中国36个大都市的都市生活质量评价和指数排名(见表7和图7)。

2012年前十名依次为深圳、北京、拉萨、西宁、昆明、广州、上海、厦门、太原和南京,后十名为哈尔滨、郑州、长春、福州、大连、成都、济南、南昌、重庆和石家庄。

2013年前十名依次为深圳、北京、广州、上海、拉萨、海口、太原、厦门、杭州和乌鲁木齐,后十名为石家庄、长春、郑州、南昌、哈尔滨、西宁、福州、大连、重庆和呼和浩特。

2014年前十名依次为深圳、北京、广州、拉萨、上海、南京、厦门、太原、杭州和天津,后十名为石家庄、哈尔滨、大连、郑州、西安、重庆、西宁、呼和浩特、南昌和长春。

表7 中国大都市生活质量指数评价表

排名	年份	城市	评价	年份	城市	评价	年份	城市	评价
1	2012	深圳	0.587	2013	深圳	0.619	2014	深圳	0.606
2	2012	北京	0.481	2013	北京	0.503	2014	北京	0.531

(续表)

排名	年份	城市	评价	年份	城市	评价	年份	城市	评价
3	2012	拉萨	0.439	2013	广州	0.439	2014	广州	0.428
4	2012	西宁	0.430	2013	上海	0.406	2014	拉萨	0.423
5	2012	昆明	0.409	2013	拉萨	0.406	2014	上海	0.415
6	2012	广州	0.391	2013	海口	0.367	2014	南京	0.384
7	2012	上海	0.362	2013	太原	0.361	2014	厦门	0.380
8	2012	厦门	0.349	2013	厦门	0.358	2014	太原	0.377
9	2012	太原	0.349	2013	杭州	0.355	2014	杭州	0.377
10	2012	南京	0.338	2013	乌鲁木齐	0.345	2014	天津	0.373
11	2012	天津	0.332	2013	南京	0.341	2014	乌鲁木齐	0.362
12	2012	杭州	0.328	2013	银川	0.330	2014	宁波	0.352
13	2012	乌鲁木齐	0.322	2013	天津	0.330	2014	济南	0.343
14	2012	银川	0.310	2013	宁波	0.328	2014	成都	0.342
15	2012	宁波	0.308	2013	成都	0.328	2014	昆明	0.339
16	2012	沈阳	0.303	2013	昆明	0.325	2014	青岛	0.339
17	2012	青岛	0.296	2013	青岛	0.323	2014	银川	0.335
18	2012	兰州	0.294	2013	武汉	0.314	2014	武汉	0.333
19	2012	海口	0.291	2013	沈阳	0.310	2014	长沙	0.322
20	2012	长沙	0.286	2013	长沙	0.307	2014	贵阳	0.321
21	2012	合肥	0.282	2013	南宁	0.302	2014	海口	0.320
22	2012	南宁	0.272	2013	济南	0.302	2014	沈阳	0.317
23	2012	武汉	0.271	2013	西安	0.294	2014	合肥	0.308
24	2012	贵阳	0.268	2013	合肥	0.291	2014	南宁	0.305
25	2012	呼和浩特	0.267	2013	贵阳	0.289	2014	兰州	0.298
26	2012	西安	0.263	2013	兰州	0.283	2014	福州	0.298
27	2012	石家庄	0.261	2013	呼和浩特	0.272	2014	长春	0.297
28	2012	重庆	0.260	2013	重庆	0.262	2014	南昌	0.277
29	2012	南昌	0.253	2013	大连	0.252	2014	呼和浩特	0.277
30	2012	济南	0.251	2013	福州	0.244	2014	西宁	0.276
31	2012	成都	0.247	2013	西宁	0.238	2014	重庆	0.269
32	2012	大连	0.235	2013	哈尔滨	0.206	2014	西安	0.255
33	2012	福州	0.182	2013	南昌	0.192	2014	郑州	0.251
34	2012	长春	0.179	2013	郑州	0.188	2014	大连	0.237
35	2012	郑州	0.177	2013	长春	0.169	2014	哈尔滨	0.202
36	2012	哈尔滨	0.173	2013	石家庄	0.113	2014	石家庄	0.109

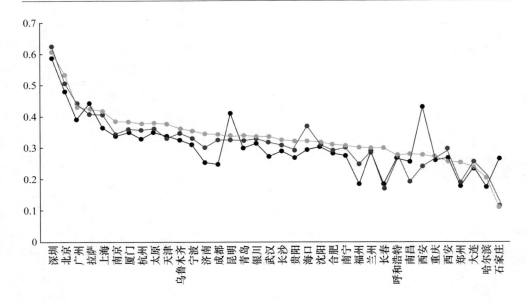

图 7　中国大都市生活质量指数评价图

5. 2016 中国大都市文化指数排名

通过 TOPSIS 方法,以都市文化指数为一级指数,结合 2012—2014 中国大都市的三年文化数据,得出中国 36 个大都市的都市文化评价和指数排名(见表 8 和图 8)。

2012 年前十名依次为北京、上海、重庆、深圳、宁波、成都、杭州、天津、武汉和南京,后十名是呼和浩特、兰州、南昌、太原、福州、石家庄、南宁、银川、西宁和拉萨。

2013 年前十名依次为北京、上海、重庆、深圳、成都、宁波、武汉、天津、杭州和南京,后十名是呼和浩特、海口、兰州、南昌、太原、福州、石家庄、西宁、银川和拉萨。

2014 年前十名依次为北京、重庆、杭州、上海、深圳、西安、成都、武汉、天津和长沙,后十名为呼和浩特、海口、兰州、南昌、银川、太原、西宁、拉萨、福州和石家庄。

表 8　中国大都市文化指数评价表

排名	年份	城市	评价	年份	城市	评价	年份	城市	评价
1	2012	北京	0.639	2013	北京	0.678	2014	北京	0.736
2	2012	上海	0.397	2013	上海	0.412	2014	重庆	0.422
3	2012	重庆	0.383	2013	重庆	0.396	2014	杭州	0.416
4	2012	深圳	0.348	2013	深圳	0.346	2014	上海	0.400
5	2012	宁波	0.231	2013	成都	0.251	2014	深圳	0.342
6	2012	成都	0.222	2013	宁波	0.229	2014	西安	0.321
7	2012	杭州	0.207	2013	武汉	0.227	2014	成都	0.266
8	2012	天津	0.204	2013	天津	0.223	2014	武汉	0.252
9	2012	武汉	0.199	2013	杭州	0.216	2014	天津	0.237
10	2012	南京	0.194	2013	南京	0.186	2014	长沙	0.190
11	2012	沈阳	0.168	2013	长沙	0.181	2014	宁波	0.190
12	2012	广州	0.165	2013	广州	0.170	2014	南京	0.184
13	2012	长沙	0.162	2013	西安	0.167	2014	广州	0.173
14	2012	西安	0.151	2013	沈阳	0.166	2014	沈阳	0.170
15	2012	哈尔滨	0.123	2013	哈尔滨	0.127	2014	昆明	0.132
16	2012	郑州	0.121	2013	昆明	0.126	2014	郑州	0.131
17	2012	昆明	0.118	2013	郑州	0.125	2014	哈尔滨	0.128
18	2012	厦门	0.102	2013	厦门	0.113	2014	厦门	0.120
19	2012	合肥	0.101	2013	合肥	0.109	2014	合肥	0.116
20	2012	长春	0.099	2013	长春	0.104	2014	长春	0.108
21	2012	大连	0.095	2013	大连	0.098	2014	大连	0.099
22	2012	济南	0.087	2013	乌鲁木齐	0.094	2014	乌鲁木齐	0.094
23	2012	青岛	0.080	2013	青岛	0.088	2014	贵阳	0.093
24	2012	贵阳	0.079	2013	济南	0.085	2014	青岛	0.092
25	2012	乌鲁木齐	0.073	2013	南宁	0.077	2014	济南	0.090
26	2012	海口	0.071	2013	贵阳	0.076	2014	南宁	0.089
27	2012	拉萨	0.069	2013	拉萨	0.069	2014	石家庄	0.080
28	2012	西宁	0.068	2013	银川	0.069	2014	福州	0.072
29	2012	银川	0.068	2013	西宁	0.068	2014	拉萨	0.071
30	2012	南宁	0.064	2013	石家庄	0.065	2014	西宁	0.069
31	2012	石家庄	0.059	2013	福州	0.061	2014	太原	0.069
32	2012	福州	0.056	2013	太原	0.059	2014	银川	0.068
33	2012	太原	0.051	2013	南昌	0.053	2014	南昌	0.065
34	2012	南昌	0.046	2013	兰州	0.048	2014	兰州	0.050
35	2012	兰州	0.045	2013	海口	0.038	2014	海口	0.039
36	2012	呼和浩特	0.023	2013	呼和浩特	0.028	2014	呼和浩特	0.032

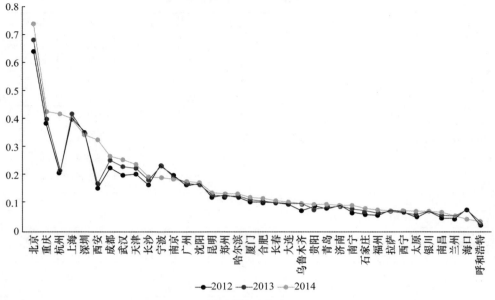

图 8　中国大都市文化指数评价图

六、2016 中国大都市得分及排名分析

综合 36 个大都市在 2012 至 2014 三年间的得分及排名,可发现中国大都市发展的总体态势及在人口、经济、生活和文化四个维度的发展趋势,具体表现在以下五个方面:

1. 中国大都市总体发展现状及趋势分析

(1) 从横向比较上看,我国 36 个大都市的差距很大。从综合得分和排名情况看,2012、2013 和 2014 年三年的第一名是北京而最后一名都是大连,其三年得分的差距分别为 0.316、0.332 和 0.354,不仅差距悬殊且逐年拉大,说明中国大都市内部的两极分化情况依旧相当严重。

(2) 从纵向比较上看,我国 36 个大都市的发展多数呈稳步上扬态势,除了个别城市,多数大都市的得分逐年提升。从 2012 年到 2014 年,北京的综合得分分别为 0.593、0.609、0.627,武汉的综合得分分别为 0.405、0.421、0.431,青岛的综合得分分别为 0.306、0.316、0.320 等。

(3) 从发展趋势上看,我国 36 个大都市的综合得分和排名情况出现了相对固化的特点。从 2012 年到 2014 年,这三年间的前六名均为北京、广州、深圳、上海、南京和武汉,且北京、广州连续三年居第一、第二名。与此同时,处在垫底位置的城市也基本固定,主要包括大连、宁波、福州、石家庄等。

(4) 从主要影响因素看,现行的城市行政级别对我国 36 个大都市发展的影响依然十分明显。如青岛、宁波、大连等副省级城市尽管与国内一般城市比,因拥有较多的资源和较高的级别而发展优势明显,但与拥有更多资源的省会城市、直辖市相比仍明显处于弱势,因此其综合排名都相对靠后。

2. 中国大都市人口发展现状及趋势分析

(1) 在人口发展指数上,广州、北京、南京和武汉的得分和排名比较突出,在 2012 到 2014 年的三年间,基本上牢牢占据了前四名。

(2) 一些综合实力很强的大都市在人口方面不容乐观,综合排名名列前茅的上海,其三年人口指数排名均未进入前十,而综合排名与上海处于伯仲之间的深圳,在人口指数方面的排名更是滑落至二十名左右,综合排名处于二十名左右的天津,在人口指数项的最差排名则跌至三十名。

(3) 人口发展指数拖累了一些大都市的整体发展。其中最明显的是青岛、宁波、大连这三座副省级城市。在四个一级指数中,它们其他三个二级指数得分和排名处于中上游水平,如宁波的都市文化指数排名在 2012 年进入前五名,都市生活指数 2014 年排在十二位,都市经济指数也在三十名左右,但由于人口指数得分和排名较差,其综合排名滑落至处于垫底位置的最后三名。

3. 中国大都市经济发展现状及趋势分析

(1) 在经济发展指数上,从 2012 到 2014 年的三年间,前七名被北京、广州、深圳、上海、天津、海口和成都包揽。且深圳 2012 年和 2013 年两年的得分均优于上海,只是在 2014 年,上海的得分和排名优于深圳并位列第三。

(2) 从 2012 到 2014 年的三年间,海口和成都两个经济总量并不突出的城市,在经济发展得分和排名上优于多个经济强市而位列第六、第七,原因在于其二级指数可持续增长指数的得分较高。

(3) 石家庄的经济发展指数处于垫底为准,是因其在经济总量、增长速度、产业结构和可持续增长等方面的综合影响而导致的。这种情况在我国有一定的代表性,应引起大家共同的关注和思考。

4. 中国大都市生活发展现状及趋势分析

(1) 关于西宁和拉萨的排名需要说明的是,由于这两座城市的部分数据缺失,只能以其所在的西部地区城市的中位数替代,所以其都市生活质量排名可能存在有误差。2013 年和 2014 年西宁的数据比较完整,其排名是比较客观和真实的,但基本是在三十名左右。

(2) 关于厦门、乌鲁木齐等城市,在都市生活指数方面的得分和排名明显优于其综合得分和排名,原因在于,其在此项指数中有多个指标表现突出,如人均道路面积、人均绿地面积和每千人拥有医生数等。由于这些数据的优异表现和明显优势,它们甚至可以超过北京、上海、天津等直辖市。

5. 中国大都市文化发展现状及趋势分析

(1)都市文化指数是中国大都市得分差距最大的指数项,在文化排名上,2014年排名第一的北京与排名最后一名的呼和浩特得分差为0.704,而在同一年的综合排名与人口、经济、生活单项排名上,第一名与最后一名的得分差分别为0.386、0.427、0.497,这说明我国36个大都市发展差距最大的是文化指标。

(2)在都市文化指数上,首都北京以其巨大优势蝉联三年冠军,从2012到2014年的三年间,北京的都市文化得分分别比第二名高出0.242、0.266、0.314,且这种差距呈现出逐年拉大的趋势。这说明了北京在文化资源与文化产业方面的集聚程度非常高,同时也不是其他大都市在短期内可以赶超的。

(3)从2012到2014年的三年间,我国大都市在都市文化上的得分呈现为金字塔式的分布格局,2014年,我国36个大都市文化得分在0.1以下的为16个,在0.1—0.2之间的为11个,在0.2—0.3之间的为3个、在0.3—0.4之间的为3个、在0.4—0.5之间的为2个、在0.5以上的为1个。这充分揭示出我国大都市在文化资源分布和均衡协调发展方面的现状和问题,也是未来国家文化政策和战略制定应重点应对和加以解决的。

七、中国大都市发展趋势预测及研判

在我国新型城镇化的战略实施中,尽管城市群是既定的"主体形态",而小城镇日益成为投资和建设的"热点",但在都市化进程的大背景下,它们的建设水平和发展质量,实际上都是不可能脱离大都市的。这是因为,任何一个城市群都需要有强大的中心城市支撑,而任何一个小城镇也都需要借助大都市的"余温"和"余热"。在中国城市进入了"全域管理"时代,大都市自身的发展态势和建设质量仍具有举足轻重的决定性意义。

依据2012、2013、2014年对我国36个大都市主要数据及数理统计分析,结合世界大都市的发展历程和我国当代城市化的主要经验,对我国大都市的发展可得出一些基本的预测和研判。

1. 北京、上海等大都市的发展将进入新常态

由于人口基数过大、生态环境承载力面临饱和等,北京、上海等超大城市的发展将从高速转向中高速发展阶段,其近期的主要任务是补短板和调整消化高速增长阶段累积的矛盾与问题,并在全球城市网络体系中努力争得一席之地。

2. 深圳、宁波等"新贵"将在局部赶超北京、上海等一线城市

截止到2015年,深圳、宁波等城市的经济增速、人均GDP和每万人专利授权量等多项指标已超越北京、上海,且因其人口基数较小、行政成本较低和城市本身处于快速上升期等有利因素,可以预见在今后一段时期内,深圳、宁波等"新贵"城市将在局部乃至更多方面赶超北京、上海等一线城市。

3. 都市发展与区域总体地位息息相关

近年来,东北地区的发展进入寒冬期,与此同时,大连、哈尔滨、长春等城市也进入了低谷期,在我国 36 个大都市中排名较差,其中沈阳排名相对较好,但也仅处于二十名左右。由此可以判断,未来都市发展与区域总体地位的联系将会更加紧密,而通过建设城市群提升区域竞争力则是必由之路。

4. "文化短板"是中国大都市的"通病"

在都市文化发展方面,除了北京因为天时地利的因素得分较高,其他城市的得分均差强人意。这说明改革开放三十年来,中国大都市的主要人力、物力和心力都投放在经济增长和城市硬件建设上,并一致忽略了城市软件和城市文化建设,导致了"文化短板"在各大都市中的普遍存在。因此,未来要提升大都市的发展水平和质量,首先应该从城市文化的"短板"做起。

5. "生态环境也是 GDP"的新标准呼之欲出

根据我们的大都市评价指数框架,尽管海口、成都等城市的经济总量和增速并不特别突出,但由于可持续增长指数的优势较为突出,因而使其总体排名和经济排名均跻身到中国大都市的前十名。在以往唯"GDP"论英雄的背景下,这些城市不会受到过多关注和褒奖,但随着绿色发展理念和生态文明建设的持续推进,一些城市特有的"青山绿水"资源,将切实转化为城市发展的不竭动力和能量,并对城市发展的方向和方式产生越来越重要的影响力。

6. 以"分类发展"统领中国大都市走向未来

从中国大都市的综合指数和专项指数看,可以清晰地发现,有的城市已处于生命周期的稳定阶段,有的正处于城市快速成长阶段,而有的才处于城市发展起步阶段。面对这种比较复杂的发展现状和多元的发展阶段,我们应认真研究并充分尊重城市发展规律,对我国的大都市既不能拔苗助长,也不能削足适履,而是要充分结合不同城市在不同阶段的发展需要,制定出具有"分类发展"性质的政策、战略和规划,引领中国大都市走向更加美好的未来。

附篇:中国大都市综合评价及分项评价热力图

中国 36 个大都市综合评价及分项评价热力图,主要根据颜色来判断其得分,在颜色上越趋于红黄色,表明其分值越高;而颜色比较淡或很淡的区域,则说明其分值也很低。通过热力图,可以很直观地展示中国 36 个大都市在综合发展水平指数、都市人口指数、都市经济指数、都市生活质量指数和都市文化指数的发展情况。

1. 中国36大都市综合评价热力图(2014)

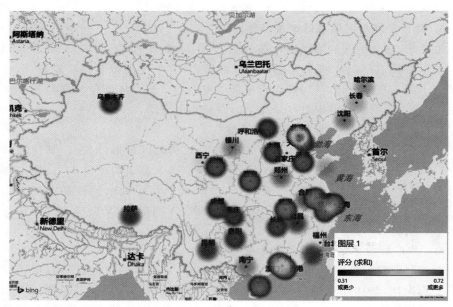

2. 中国36大都市人口指数热力图(2014)

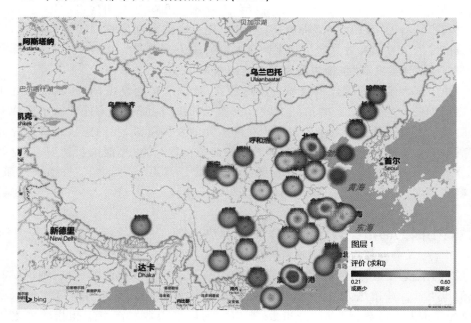

3. 中国 36 大都市经济指数热力图(2014)

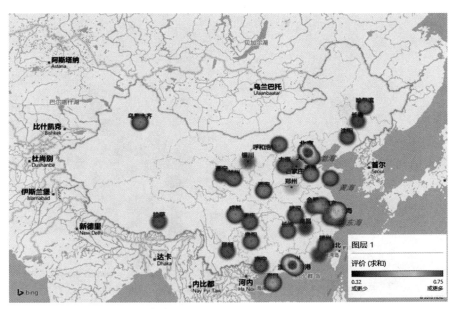

4. 中国 36 大都市生活指数热力图(2014)

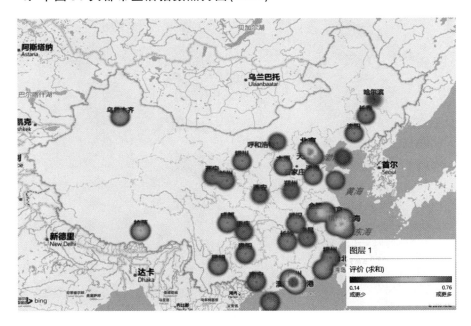

5. 中国36大都市文化指数热力图(2014)

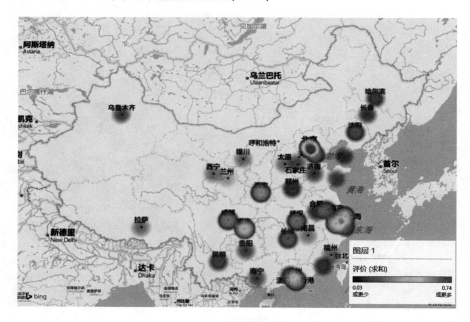

专题报告

2016中国大都市治理与公共政策报告

中国大都市的发展建设与转型升级已成为带动国家经济快速增长和参与国际经济合作与竞争的新动力,以大都市治理为核心的治理范式,越来越成为当代中国国家建设的主导范式。2015年的中国大都市治理出现了更多新机遇。在全球化和信息化的背景下,中国大都市建设呈现出国际化、区域化和创新化的趋势。中央政府从顶层设计的高度,制定了一系列国家重大战略政策,建构出中国大都市治理与公共政策的全新图景,为中国大都市发展注入了新动力。

值得注意的是,创新成为2015年中国大都市治理转型升级的核心要素。随着中国经济发展进入新常态,传统的要素驱动和资源消耗型发展方式难以为继,加快实施国家创新驱动发展战略、提升国家科技创新能力,成为中国经济转型升级的全新历史使命,要求上海加快建设具有全球影响力的科技创新中心、北京加强建设全国科技创新中心,服务国家发展大局。2016年正值上海自贸区成立三周年,自贸区制度创新经验和模式推广复制也成为年度亮点。这些变化都使中国的大都市治理与公共政策呈现出与以往不同的特点。通过分析总结北京、上海、广州和深圳等龙头城市的治理政策与治理经验,能够在战略与政策层面理解中国城镇化发展的关键问题和目标方向。

一、新格局:形成三大世界级都市圈与四大国家级城市群发展图景

在全球化和信息化时代背景下,当代中国的城市化已进入国际化、区域化和创新化转型升级的全新阶段。在全球范围内,以大城市为核心的城市群作为城市和区域经济发展到高级阶段的产物,已成为中国参与国际经济合作与竞争的主体形态。长三角、京津冀和珠三角是中国区域发展战略中优势地位最为突出的三大都市圈,具有突出的产业集聚功能和经济辐射带动效应,成为中国经济发展中最具活力和潜力的核心增长极,是中国参与全球竞争与国际分工的战略支撑点。同时,在三大都市圈继续引领与带动中国城市化进程的同时,进一步重视中西部地区城市的开发开放与均衡发展,以促进中国区域经济协调发展,拓展区域经济增长新空间。

1. 中国大都市治理新格局的形成

长三角、京津冀和珠三角三大城市群是引领我国经济参与全球竞争的重要载

体,深刻影响着国家建设全局。继 2010 年 6 月 7 日国家发展和改革委员会发布《关于印发长江三角洲地区区域规划的通知》(发改地区[2010]1243 号)、2015 年 4 月 30 日中共中央政治局审议通过《京津冀协同发展规划纲要》之后,2016 年 3 月 15 日国务院又印发了《关于深化泛珠三角区域合作的指导意见》(国发[2016]18 号)。这些规划清晰界定了三大都市圈的地域范围、战略定位和发展目标,强调增强三大都市圈的辐射力和影响力,从更高层次、更大范围对三大都市圈的经济增长、区域整合、社会建设和制度创新提出了具体要求。由此,泛长三角、京津冀、泛珠三角以世界级城市群为目标,以带动我国经济快速增长和参与国际经济合作与竞争的主要平台为主要任务,正式成为当代中国国家建设的主要内容。标志着以泛长三角、京津冀、泛珠三角为代表的新三大都市圈开始成为当代中国大都市治理的主战场。①

2015 年 4 月 13 日,国家发展和改革委员会发布了《关于印发长江中游城市群发展规划的通知》(发改地区[2015]738 号);2016 年 2 月 23 日,国务院印发了《关于哈长城市群发展规划的批复》(国函[2016]43 号);2016 年 4 月 15 日,国务院正式批复原则同意《成渝城市群发展规划》(国函[2016]68 号)。由 2014 年 3 月中共中央、国务院印发的《国家新型城镇化规划(2014—2020 年)》所规划的我国中西部地区四大国家级核心城市群——成渝城市群、中原城市群、长江中游城市群、哈长城市群,开始以建设具有国际竞争力的国家级城市群为目标,以成为支撑全国经济增长、促进区域协调发展、参与国际竞争合作的重要平台为主要任务,以城市群为主体形态、推动大中小城市和小城镇协调发展的新型城镇化战略格局为主要战略,掀开了统筹推进当代中国城乡一体化发展的新篇章。

由以世界级城市群为目标的新三大都市圈与以国家级城市群为目标的四大核心城市群共同构筑的当代中国城市发展新形态,不仅昭示着当代中国城市发展进入到了一个以世界级、国家级城市群为目标的大都市发展阶段,而且意味着以城市治理范式革命、以大都市治理范式建构为目标的当代中国国家治理主导范式的正式登场,同时还展示了呼应国内跨区域的"长江经济带"发展战略、国际跨国(地区)间的"一带一路"发展战略"两大新型国家发展战略",以东中西部联动发展带动全国均衡发展的当代中国立体化均衡发展战略新格局新图景的显现。②

2. 三大世界级都市圈的新使命

长三角、京津冀和珠三角地区基于其地理区位优势、资源禀赋和产业基础等条件,成为中国经济最为发达的三大都市圈。这一方面是长期的自然历史演进过

---

① 唐亚林:《当代中国大都市治理的范式建构及其转型方略》,《行政论坛》2016 年 4 月。
② 同上。

程和市场经济发展的双向互动结果,另一方面更是东部优先战略、京津冀一体化战略等国家发展战略主动设计与主动推动的实践成果。随着世界经济国际化、信息化和城市化进一步发展,中国从增强国家综合实力和提升国际竞争力的战略高度,提出了三大传统都市圈转型升级、实现历史性跨越、建设成为世界级城市群的新目标要求。

(1) 泛长三角:建设以上海为核心的世界级城市群

长三角地区是我国综合实力最强的区域,在中国现代化建设全局中具有重要的战略地位和突出的带动作用,成为带动全国经济发展的重要引擎。《长三角地区区域规划》统筹界定了包括上海市、江苏省和浙江省16个城市、辐射带动泛长三角21.07万平方公里的区域面积。长三角的优势条件包括经济基础雄厚、城镇体系完整、体制相对完善、一体化发展较好等,经济社会往来密切,已形成多层次、宽领域的合作交流机制,并且率先建立起开放性经济体系,形成了多方位、多层次、高水平的对外开放格局。[1]

上海作为长三角地区的核心城市,建设国际大都市目标明确,成为多项国家重大发展战略的重要交汇点和核心节点,在国际、国内、区域和城市自身四个层面皆有突出的发展定位,因此需要上海有效对接国际和区域合作等重大发展战略,深度协同整合国内外和区内外优势资源,实现上海城市发展转型升级。2016年8月22日,上海市城市总体规划编制工作领导小组出台了《上海市城市总体规划(2016—2040)》草案,提出了上海的城市建设目标:至2040年,将上海建设成为综合性的全球城市,国际经济、金融、贸易、航运、科技创新中心和国际文化大都市。规划强调进一步提升上海作为国际门户和国家交通枢纽的功能,提高对内对外的辐射服务能力,并充分发挥上海在"一带一路"和长江经济带等多项国家重大发展战略重点的支点作用,同时在区域内更好地促进长三角地区的协同发展,从而强化上海参与全球经济合作与竞争的能力和影响力,建立上海在世界城市体系中的领先地位。[2]

以上海为核心,杭州、南京、苏州、宁波等特大城市在区域乃至全国占有重要地位,各具特色,形成了经济实力强、社会发展水平高、投资环境优越的区域性大城市群,具备了建设具有国际竞争力的世界级城市群的基础条件。"一带一路"和长江经济带等宏大的国家战略在区域内交汇互联,需要这些区域性中心城市发挥自身优势,提升综合承载能力和服务功能,避免同质化的内耗性竞争,错位发展,实现多样化互补与共荣,型构区域治理优化新格局。

---

[1] 《长江三角洲地区区域规划》,中华人民共和国中央人民政府网2010年6月22日。
[2] 《上海市城市总体规划(2016—2040)》,上海市城市规划设计院网站。

(2) 京津冀:建设具重大国际影响力的新型现代化首都圈

京津冀地区具有重要的战略地位。2015年3月的《京津冀协同发展规划纲要》的出台,意味着京津冀协同发展顶层设计的完成。该纲要从重大国家战略的高度定位规划了京津冀城市群的功能定位及协同发展机制,其核心是有序疏解北京的非首都功能。①

京津冀都市圈以北京为核心,是中国经济最具活力、开放程度较高、创新能力强劲、吸纳人口最多的地区之一,同样是拉动我国经济发展的重要引擎,但一度面临区域功能布局不够合理、区域发展差距悬殊等突出问题。2013年,习近平总书记先后到天津、河北等地调研,强调要推动京津冀优势互补、协同发展;2014年,习近平总书记专题听取京津冀协同发展工作汇报,讲话强调实现京津冀协同发展是打造新型首都圈、推动区域发展体制机制创新的需要,是探索完善城市群布局和形态、实现京津冀优势互补的国家战略。② 2015年3月发布的《京津冀协同发展规划纲要》充分体现了有序疏解北京非首都功能、推动区域整体协同发展的原则。在长期发展过程中,北京集聚了过多的非首都功能,大城市病问题突出,体现在人口过度膨胀、交通日益拥堵、大气污染严重、房价持续高涨等一系列经济社会问题方面,同时资源环境超载矛盾严重、城镇体系结构严重失衡,特别是京津两市与河北发展水平差距较大,公共服务水平落差显著。新的规划将北京定位为"全国政治中心、文化中心、国际交往中心、科技创新中心",将天津定位为"全国先进制造研发基地、北方国际航运核心区、金融创新运营示范区、改革开放先行区",将河北省定位为"全国现代商贸物流重要基地、产业转型升级试验区、新型城镇化与城乡统筹示范区、京津冀生态环境支撑区"。这一区域规划突出了功能互补、错位发展、相辅相成的协同发展战略要求。

规划实施效果显著。北京市在2015年注重调整产业布局和发展重心,有序疏解非首都功能。2014年至2016年累计退出污染企业718家。严控高耗水农业发展,减少小麦生产面积19万亩,生猪、肉禽生产规模分别下降5%、10%。2014年拆除中心城商品交易市场36个,升级改造34家。2015年调整疏解150家商品交易市场,其中,清退拆除市场80个,涉及营业面积56万平方米、摊位1.2万个;对70个市场进行转型升级,涉及营业面积54万平方米、摊位9000余个。③

京津冀作为首都城市群承载着重要的国家发展目标。通过推动区域协同互利,京津冀区域一体化发展,缩小区域内发展差距,提升区域生态环境质量,均衡

---

① 《政治局会议审议通过〈京津冀协同发展规划纲要〉》,人民网2014年4月30日。
② 《习近平就京津冀协同发展提七点要求》,新华网2014年2月26日。
③ 《北京四部门发布新成果2030年全面实现1小时交通圈》,新华网2016年2月19日。

公共服务水平,使京津冀都市圈在引领和支撑全国经济社会发展中发挥更大作用,从而建设成为具有较强国际竞争力和影响力的重要都市圈。

(3) 泛珠三角:"一带一路"门户枢纽和海上合作战略支点

泛珠三角区域在国家区域发展总体格局中具有重要地位,是中国"一带一路"重大国家战略实施的关键区域。2016年3月国务院印发《关于深化泛珠三角区域合作的指导意见》明确界定泛珠三角区域包括福建、江西、湖南、广东、广西、海南、四川、贵州、云南等九省区(以下称内地九省区)和香港、澳门特别行政区(统称"9+2"),拥有全国约五分之一的国土面积、三分之一的人口和三分之一以上的经济总量,是我国经济最具活力和发展潜力的地区之一。[①] 新形势下深化泛珠三角区域合作,有利于深入实施区域发展总体战略,统筹东中西协调联动发展,加快建设统一开放、竞争有序的市场体系;有利于更好融入"一带一路"建设、长江经济带发展,提高全方位开放合作水平;有利于深化内地与港澳更紧密合作,保持香港、澳门长期繁荣稳定。结合全国建设大局,泛珠三角区域的战略定位是:全国改革开放先行区,全国经济发展重要引擎,内地与港澳深度合作核心区,"一带一路"建设重要区域和生态文明建设先行先试区。

泛珠三角区域具有连接南亚、东南亚和沟通太平洋、印度洋的突出区位优势,成为我国"一带一路"重大国家战略建设的重要功能区域。泛珠三角地区能够充分发挥福建省作为21世纪海上丝绸之路核心区的功能以及相关省区作为"一带一路"辐射中心和海上合作战略支点功能,并能够充分发挥连接港澳的独特作用。区域内具有广州、深圳这样的大城市为引领,在管理创新、科技进步、产业升级、绿色发展等方面具有辐射带动和示范作用,同时可以携手港澳共同打造粤港澳大湾区作为龙头,辐射东南亚、南亚重要经济带,建设世界级城市群。

3. 四大国家级城市群协调发展的新局面

随着区域协调发展战略和新型城镇化战略的深入实施,为促进区域均衡发展、开拓区域经济增长新空间,国家积极支持中西部城市群建设和东北地区城市群建设,以国家规划的形式确定了四大国家级核心城市群:成渝城市群、中原城市群、长江中游城市群和哈长城市群,以引领和带动中西部地区发展崛起。这些地区的共同点在于具有相对较好的经济基础,在区域内经济实力较强,城镇体系相对完备,中心城市辐射带动作用明显。这些2015年和2016年集中发布的国家级城市群建设新规划,建立在20世纪90年代以来西部大开发、东北振兴、中部崛起等原有国家发展战略的基础上,体现了政策的持续性,也意味着新城市群建设的规划升级。培育成渝、中原、长江中游和哈长等城市群,可以有效推动国土空间的

---

① 《国务院关于深化泛珠三角区域合作的指导意见》,新华网2016年3月15日。

均衡开发,承接国际及沿海地区产业转移,发展强化自身优势,加快新兴工业化进程。这些国家级新兴城市群的发展同时能够有效关联衔接"一带一路"和长江经济带等国家重大发展战略,作为沿线节点城市群推动形成国际国内区域经济一体化合作的新局面。

以长江中游城市群为例,在地理区位上承东启西、连南接北,是长江经济带的重要组成部分,也是实施中部崛起战略的重点区域,因此在我国区域发展格局中占有重要地位。以区域内直辖市、省会城市和经济中心城市为节点,长江中游城市群形成了以武汉城市群、长株潭城市群、环鄱阳湖城市群为主体的跨区域特大型城市群,面积约31.7万平方公里,交通条件优越,城镇化基础良好。规划注重统筹呈现发展,构建多中心协调发展的平衡局面,通过基础设施互联、产业协同发展共建和公共服务共享,实现更高水平、更高效率的跨区域资源要素优化配置。

中国城市群发展发育的客观传统动力主要包括自然资源禀赋、区位条件优势和社会文化发展等,政府的规划推动和战略决策进一步发挥了促进强化的关键作用。同时,经济全球化发展驱动中国城市群转型升级,积极参与国际竞争和世界分工,信息化技术又能够促进城市群信息资源整合和加速流动,这些都成为促进中国城市群发展的积极因素和新型驱动力。

二、新机遇:实现创新驱动发展转型,建设创新型大都市

随着创新成为 2015 年中国城市发展的核心关键词,城市竞争的关键从经济竞争、资本竞争前移到科技竞争、创新竞争。世界范围内出现了以科技创新为主导的新型国际创新城市。传统的国际化大都市也纷纷加大对科技创新的投入,利用自身人才和资源集聚的优势迅速转向创新城市建设。在新一轮科技革命和产业变革的重大机遇前,世界主要国家和地区对创新的重视程度不断升级,力求占据科技创新制高点,打造具有科技创新能力、科技成果转化能力的国际创新城市。国际竞争更加突出地体现为科技创新的竞争。在这一时代背景下,中国充分认识到建设科创中心的重要性和紧迫性,从国家战略的高度围绕科创中心建设出台了相关政策规划。随着中国经济发展进入新常态,传统的依靠土地、劳动力等要素驱动和资源消耗支撑的发展方式难以为继,唯有科技创新、创新驱动才能够推动中国经济向更高层次发展迈进,进入健康发展、可持续发展的转型升级阶段。

1. 全面规划提升国家科技创新能力

为加快实施国家创新驱动发展战略,国家出台多项宏观战略与发展政策进行了系统谋划和全面部署。2016 年 3 月 17 日发布的《中华人民共和国国民经济和社会发展第十三个五年规划纲要》发布,从国家战略高度确定实施创新驱动发展战略,要求强化科技创新的引领作用,深入推进大众创业万众创新,构建激励创新

的体制机制,实施人才优先发展战略,拓展发展动力新空间。《纲要》首次将创新驱动作为一个大类,并增加了创新驱动指标作为十三五时期经济社会发展的主要指标,从研发经费投入强度、每万人口发明专利拥有量、科技进步贡献率和互联网普及率四个方面量化评估创新驱动成效,综合评价我国创新型国家建设进展。[①]

2016年5月19日,中共中央、国务院印发《国家创新驱动发展战略纲要》,再次强调科技创新是提高综合国力的战略支撑,是立足全局的国家重大发展战略。中国的创新驱动发展转型已经具备了良好的基础,庞大的市场规模、完备的产业体系、多样化的消费需求和互联网时代创新效率的提升相结合,都为创新提供了广阔空间。纲要的亮点之一在于对原始创新的强调,要求面向国家战略需求进行基础前沿和高技术研究,围绕涉及长远发展和国家安全的"卡脖子"问题,加强基础研究前瞻布局,加大对空间、海洋、网络、核、材料、能源、信息、生命等领域重大基础研究和战略高技术攻关力度,实现关键核心技术安全、自主、可控,大力支持自由探索的基础研究。面向科学前沿加强原始创新,力争在更多领域引领世界科学研究方向,提升我国对人类科学探索的贡献。这反映出随着中国国力增强,产业关键核心技术已经很难再靠引进,需要加强自身的基础研究积累和原始技术创新,才能突破核心技术瓶颈和实现产业转型升级。纲要亮点之二在于重视科技体制改革和经济社会领域改革同步,强化科技与经济对接,破除制度障碍。创新驱动是科技创新与制度创新、管理创新、商业模式创新、业态创新和文化创新的结合,因此实现创新驱动需要科技创新和机制创新的"双轮驱动",调整不适应创新驱动发展的体制机制藩篱,统筹推进科技、经济和政府治理等三方面体制机制改革,以科技创新为核心带动全面创新,以体制机制改革激发创新活力,构筑立体化高效率的创新体系以支撑创新型国家建设。[②]

2016年8月8日国务院正式印发《"十三五"国家科技创新规划》,细化落实十三五规划纲要的创新驱动战略部署,在《国家创新驱动发展战略纲要》和《国家中长期科学和技术发展规划纲要(2006—2020年)》的政策基础上,对国家未来5年的科技创新做了系统谋划和前瞻布局,明确了"十三五"时期科技创新的总体思路、发展目标、主要任务和重大举措。这是国家在科技创新领域的重点专项规划,成为建设创新型国家的行动指南。规划分为8篇27章,从创新主体、创新基地、创新空间、创新网络、创新治理、创新生态六个方面提出建设国家创新体系的要求,并从构筑国家先发优势、增强原始创新能力、拓展创新发展空间、推进大众创业万

---

① 《中华人民共和国国民经济和社会发展第十三个五年规划纲要》,新华网2016年3月17日。
② 中共中央、国务院印发《国家创新驱动发展战略纲要》,中华人民共和国中央人民政府网2016年5月19日。

众创新、全面深化科技体制改革、加强科普和创新文化建设等六个方面进行了系统部署,并提出了到 2020 年需要达到的 12 项具体的科技创新衡量指标(表1),从而大幅提升国家科技实力和创新能力,实现国家综合创新能力世界排名进入前 15 位,迈进创新型国家行列。①

表1 "十三五"科技创新 12 项主要指标

"十三五"科技创新主要指标

	指标	2015 年指标值	2020 年目标值
1	国家综合创新能力世界排名(位)	18	15
2	科技进步贡献率(%)	55.3	60
3	研究与试验发展经费投入强度(%)	2.1	2.5
4	每万名就业人员中研发人员(人年)	48.5	60
5	高新技术企业营业收入(万亿元)	22.2	34
6	知识密集型服务业增加值占国内生产总值的比例(%)	15.6	20
7	规模以上工业企业研发经费支出与主营业务收入之比(%)	0.9	1.1
8	国际科技论文被引次数世界排名	4	2
9	PCT 专利申请量(万件)	3.05	翻一番
10	每万人口发明专利拥有量(件)	6.3	12
11	全国技术合同成交金额(亿元)	9835	20000
12	公民具备科学素质的比例(%)	6.2	10

服务国家科技创新战略大局,各部门结合发展实际制定相应的配套规划。2016 年 3 月 14 日,发改委、科技部、工信部联合印发《长江经济带创新驱动产业转型升级方案》,要求以创新驱动促进长江经济带的产业转型升级和经济提质增效,建设创新驱动引领带、产业融合先行带、区域协同示范带和开放共赢带,成为引领我国经济转型升级、支撑全国统筹发展的重要引擎。② 2016 年 9 月 29 日,科技部、国家林业局联合印发《主要林木育种科技创新规划(2016—2025)》。③ 2016 年 10 月 4 日,科技部、发改委、外交部、商务部联合出台《推进"一带一路"建设科技创新合作专项规划》,要求积极对接"一带一路"沿线国家的发展战略并加强科技创新合作,作为"一带一路"国家战略的重要组成部分,在农业、能源、交通、信息通信、资源、环境、海洋、先进制造、新材料、航空航天、医药健康、防灾减灾等 12 个重点

---

① 《"十三五"国家科技创新规划》,中华人民共和国中央人民政府网 2016 年 8 月 8 日。
② 《长江经济带创新驱动产业转型升级方案》,中华人民共和国科学技术部 2016 年 3 月 14 日。
③ 《主要林木育种科技创新规划(2016—2025 年)》,中华人民共和国科学技术部 2016 年 9 月 29 日。

领域强化合作研究,形成区域创新合作格局。① 同时,针对国家科技创新实际需要,信息领域、能源领域、空天领域、健康产业、食品药品安全等多个相关产业的科技创新专项规划相继进入启动、论证、出台等阶段。

2. 上海加快建设具有全球影响力的科技中心

2014年5月,习近平在上海考察期间指出,科技创新已经成为提高综合国力的关键支撑,成为社会生产方式和生活方式变革进步的强大引领,要求上海推进科技创新、实施创新驱动发展战略转型,在关键核心技术领域取得突破,加快建成具有全球影响力的科技创新中心。②

为落实响应中央关于上海向具有全球影响力的科技创新中心城市进军的新要求,2015年5月26日,上海市委、市政府发布了《中共上海市委、上海市人民政府关于加快建设具有全球影响力的科技创新中心的意见》。22条意见中立足中国全局,着眼上海实际,明确了上海建设科创中心的奋斗目标和总体要求,提出推进体制机制改革、集聚创新创业人才、营造良好科创环境及优化重大科创项目布局等四大具体举措。意见确立了上海科创中心建设的奋斗目标:努力把上海建设成为世界创新人才、科技要素和高新科技企业集聚度高,创新创造创意成果多,科技创新基础设施和服务体系完善的综合性开放型科技创新中心,成为全球创新网络的重要枢纽和国际性重大科学发展、原创技术和高新科技产业的重要策源地之一,跻身全球重要的创新城市行列。③

为达成整体目标,意见制定了2020年和2030年的"两步走"规划:(1)2020年前,上海要形成科技创新中心基本框架体系,为长远发展打下坚实基础,政府管理和服务创新取得重要进展,市场配置创新资源的决定性作用明显增强,以企业为主体的产学研用相结合的技术创新体系基本形成,科技基础设施体系和统一开放的公共服务平台构架基本建成,适应创新创业的环境全面改善,科技创新人才、创新要素、创新企业、创新组织数量和质量位居全国前茅,重要科技领域和重大产业领域涌现一批具有国际领先水平并拥有自主知识产权和核心技术的科技成果和产业化项目,科技进步贡献率全面提升。(2)2030年,着力形成科技创新中心城市的核心功能,在服务国家参与全球经济科技合作与竞争中发挥枢纽作用,为中国经济发展提质增效升级作出更大的贡献。走出一条具有时代特征、中国特色、上海特点的创新驱动发展的新路,创新驱动发展走在全国前头、走到世界前

---

① 科技部等四部委出台《推进"一带一路"建设科技创新合作专项规划》中华人民共和国中央人民政府网,2016年10月4日。
② 《习近平两天考察上海5单位 强调牵科技"牛鼻子"》,人民网2014年5月25日。
③ 《中共上海市委、上海市人民政府关于加快建设具有全球影响力的科技创新中心的意见》,东方网2015年5月26日。

列,基本形成较强的集聚辐射全球创新资源的能力、重要创新成果转移和转化能力、创新经济持续发展能力,初步成为全球创新网络的重要枢纽和最具活力的国际经济中心城市之一。最终要全面建成具有全球影响力的科技创新中心,成为与我国经济科技实力和综合国力相匹配的全球创新城市,为中国发展提供科技创新的强劲动力,打造创新发展的重要引擎。

上海根据自身具体实际,主要从四大方面推进科创中心建设。

一是解决体制机制障碍,从政府管理、科技财政资金管理和企业创投制度等多个方面改革突破,推进建立市场导向的创新型体制机制。其中的前沿亮点是推进开放地理位置类、市场监管类、民生服务类政务公共数据资源,建立数据增值业务开发和一体化信息共享共用机制。上海的政务数据库资源共享开放探索全国领先。到 2015 年底,已初步建立了实有人口库、法人库、空间地理等三大基础信息库,累计编制资源目录数 1.1 万条、数据项 14.58 万个,初步建立起政务数据资源目录体系,并已建成政府数据资源服务平台,打造了公共信用信息服务平台、网上政务大厅等一批跨部门、跨领域的业务协同平台,在推动科技创新中心建设、促进政府职能转变等方面发挥了重要作用。① 2016 年 2 月 29 日,上海市政府印发《上海市政务数据共享管理办法》,从体制机制层面规范和促进上海政务数据资源的共享与应用,推进政务数据资源优化配置和增值利用。2016 年 4 月 1 日,上海数据交易中心正式启动,注册资本 2 亿元人民币,承担促进商业数据流通、跨区域的机构合作和数据互联、政府数据与商业数据融合应用等工作职能,成为上海市大数据发展"交易机构＋创新基地＋产业基金＋发展联盟＋研究中心"五位一体规划布局内的重要功能机构,同时发挥上海市作为长三角地区龙头城市的核心作用,注重推动泛长三角地区乃至全国数据交易机构的互联互通和深度合作,积极助力国家大数据应用产业发展。②

二是集聚创新创业人才,深化人才体制机制改革,从政策上进一步突破人才引进、评价、管理瓶颈。意见强调上海需大力引进海外高层次科创人才,并注重发挥户籍政策的人才集聚作用,创新人才培养和评价机制,并加大科创人才激励力度。2015 年 7 月 6 日,上海市发布《关于深化人才体制机制改革促进人才创新创业的实施意见》,制定更具竞争力的创新人才集聚制度和激励机制,充分发挥人才在科技创新、产业转型等方面的引领作用,为上海建设具有全球影响力的科技创新中心提供坚实的人才支撑和智力保障。③ 2015 年 9 月 30 日,上海市发布《关于

---

① 《上海将推进政务数据资源共享使用》,解放网 2015 年 12 月 28 日。
② 《上海市政务数据共享管理办法》,中国上海网 2016 年 2 月 29 日。
③ 《关于深化人才体制机制改革促进人才创新创业的实施意见》,中国上海网 2015 年 7 月 6 日。

服务具有全球影响力的科技创新中心建设实施更加开放的国内人才引进政策的实施办法》,进一步构建更加开放、更具竞争力的国内人才引进政策,主要从评价方法、引进标准、引进对象、政策梯度等方面进行创新突破。① 2015年10月10日,上海市人力资源和社会保障局发布《关于完善本市科研人员双向流动的实施意见》,推进建立更为灵活的人才管理制度,拓展科研人员双向流动机制,促进科技成果转化。② 2016年9月26日,上海发布《关于进一步深化人才发展体制机制改革加快推进具有全球影响力的科技创新中心建设的实施意见》,在2015年多项政策基础上进行再完善、再突破、再创新,实施更积极开放的海外人才引进政策,发挥户籍政策在国内人才引进集聚中的激励和导向作用,优先引进重大科学工程、重要科研公共平台、大科学研究中心、重大科技基础设施建设等领域高层次人才。至此,上海已基本形成了梯度明晰、相互衔接的创新创业人才政策体系。③

三是全面营造创新创业生态环境,促进科技服务集群化发展,为创新创业提供金融保障和法制保障。促进大众创业、万众创新,建设并扶持众创空间发展。众创空间在国外先后以 Makerspace、Hackerspace、TechShop、FabLab 等多种形式存在,进入 21 世纪,随着信息通讯技术的融合和互联网经济的快速发展,众创空间转变成为以用户为中心的创新创业模式,通过为创新用户提供切实可行的支撑环境来实现应用需求与研发创新的融合,成为促进大众创业、万众创新的关键载体。2015年3月11日,《国务院办公厅关于发展众创空间推进大众创新创业的指导意见》发布,提出以营造良好创新创业生态环境为目标,以激发全社会创新创业活力为主线,以构建众创空间等创业服务平台为载体,有效整合资源,集成落实政策,完善服务模式,培育创新文化,加快形成大众创业、万众创新的生动局面。④ 2015年8月8日,上海出台《关于本市发展众创空间推进大众创新创业的指导意见》,支持加快发展众创空间,激励大众创新创业,政策机制层面加强创新创业金融支持和财税扶持,为创新创业提供多项便捷服务。这份意见更着重于优化完善现有创业服务模式,形成开放式创新创业生态系统,而并不进行具体细化的规制限制,以求以市场机制为主导,释放社会活力。截至2015年底,上海共有创新创业服务组织450余家,其中创业孵化苗圃71家,孵化器149家,国家级孵化器5

---

① 《关于服务具有全球影响力的科技创新中心建设实施更加开放的国内人才引进政策的实施办法》,中国上海网2015年9月30日。
② 《关于完善本市科研人员双向流动的实施意见》,上海市人力资源和社会保障局2015年10月10日。
③ 《关于进一步深化人才发展体制机制改革加快推进具有全球影响力的科技创新中心建设的实施意见》,中国上海网2016年9月26日。
④ 《国务院办公厅关于发展众创空间推进大众创新创业的指导意见》,中国政府网2015年3月11日。

家,新型孵化器62家,新型创业服务组织209家。①

四是加强重大科技创新,对标世界科技前沿和顶尖水平,布局一批科技创新基础工程和重大战略项目,服务国家战略。重点推进民用航空发动机与燃气轮机、大飞机、北斗导航、高端处理器芯片、集成电路制造及配套装备材料、先进传感器及物联网、智能电网、智能汽车和新能源汽车、新型显示、智能制造与机器人、深远海洋工程装备、原创新药与高端医疗装备、精准医疗、大数据及云计算等一批重大产业创新战略项目建设。把握世界科技进步大方向,积极推进脑科学与人工智能、干细胞与组织功能修复、国际人类表型组、材料基因组、新一代核能、量子通信、拟态安全、深海科学等一批重大科技基础前沿布局。2016年6月,国家发改委下达中央预算内投资77362万元,分别用于转化医学国家重大科技基础设施(上海)项目、高能同步辐射光源验证装置国家重大科技基础设施项目、上海光源线站工程国家重大科技基础设施项目建设。②

2015年11月24日,上海市政府印发《关于加快推进中国(上海)自由贸易试验区和上海张江国家自主创新示范区联动发展的实施方案》,规划上海要充分利用国际国内两个市场、两种资源,打造国际化循环、全球化配置的创新创业生态系统,发挥上海自贸区和张江高科示范区叠加区域的核心优势,"双自联动",加快建成具有强大原始创新能力的综合性国家科学中心,到2030年,把双自联动区打造成具有全球影响力的创新资源配置中心。③ 2016年4月15日,国务院发布《上海系统推进全面创新改革试验加快建设具有全球影响力的科技创新中心方案》,要求上海开展全面创新改革试验,率先实现创新驱动发展转型,破除体制机制障碍,加快建设具有全球影响力的科技创新中心。④ 2016年8月5日,《上海市科技创新"十三五"规划》发布,紧紧围绕建设具有全球影响力的科技创新中心历史使命要求,明确"十三五"期间上海科技创新发展思路、目标和任务。规划内容总体分为七部分:一是把握新形势新使命;二是明确指导思想、发展目标与总体部署;三是培育良好创新生态,激发全社会创新创业活力;四是夯实科技基础,建设张江综合性国家科学中心;五是打造发展新动能,形成高端产业策源;六是应对民生新需求,推进城市和谐发展;七是深化体制机制改革,提升创新治理能力。核心内容可

---

① 《关于本市发展众创空间推进大众创新创业的指导意见》,上海科委网站2015年8月8日;《上海20家众创空间入选国家级众创空间》,中国上海网2016年3月1日。
② 《我委下达国家重大科技基础设施项目2016年投资计划》,中国国家发改委网站2016年6月22日。
③ 《关于加快推进中国(上海)自由贸易试验区和上海张江国家自主创新示范区联动发展的实施方案》,中国上海网2015年11月24日。
④ 《国务院关于印发上海系统推进全面创新改革试验加快建设具有全球影响力的科技创新中心方案的通知》,新华网2016年4月15日。

概括为"聚焦一个中心、围绕一条主线、贯彻三个坚持、提升五个力、实施四大战略任务、深化改革四大举措"①。

加快建设具有全球影响力的科技创新中心是上海适应全球科技竞争、服务国家战略转型的必然要求,为此进行了密集的政策规划及多样的配套措施。同时,上海科技创新中心的建设又能够与"一带一路"、长江经济带等重大国家战略协同对接,以科技创新中心建设为枢纽平台,从"一带一路"战略的顶层设计政策高度和巨大的跨国经济体量中选择导入科技创新要素和高端资源要素,扩大开发国际国内市场,并整合利用长江经济带战略、上海自贸区建设等政策,实现规划互动、机制互动和政策互动,实现科创中心建设的规划目标。

3. 北京深圳发挥城市优势加强科技创新

北京具有坚实的科技基础,力求加强建设全国科技创新中心。截至2015年底,北京拥有两院院士766人,约占全国的1/2;各类科研院所412家,位居全国首位;国家重点实验室120余家,国家工程技术研究中心近70家,分别约占全国的1/3和1/5。国家高新技术企业超过1.2万家,约占全国的1/6。创业投资和股权投资管理机构3800家,管理资金总量约1.6万亿元人民币。2015年,研究与试验发展(R&D)经费投入占北京地区生产总值的比重达到5.95%,位居全球领先水平。②《京津冀协同发展规划纲要》明确强调了疏解北京的非首都功能,定位北京为全国政治中心、文化中心、国际交往中心和科技创新中心。2016年9月11日,国务院印发《北京加强全国科技创新中心建设总体方案》。③ 2016年9月23日,《北京市"十三五"时期加强全国科技创新中心建设规划》发布,要求北京以中关村国家自主创新示范区为主要载体,以构建科技创新为核心的全面创新体系为强大支撑,充分发挥中央在京单位作用,充分激发人的创新活力动力,增强原始创新能力,推动科技和经济结合,构建区域协同创新共同体,加强科技创新合作,深化体制机制改革,塑造更多依靠创新驱动、更多发挥先发优势的引领型发展,持续创造新的经济增长点,在创新驱动发展战略实施和京津冀协同发展中发挥引领示范和核心支撑作用。

深圳的科技创新和产业布局具有独特优势,电子科技产业、互联网企业等新兴产业成为科技创新的主力军。2015年6月17日发布《深圳市促进创客发展三年行动计划(2015—2017年)》,面向创新创业发展需求,完善创新创业发展生态链,行动指出,2015年起全市每年新增50个创客空间,到2017年底,全市创客空

---

① 《上海市科技创新"十三五"规划》,上海科委网站2016年8月5日。
② 《北京市"十三五"时期加强全国科技创新中心建设规划》发布,北京市科委2016年9月23日。
③ 《国务院关于印发北京加强全国科技创新中心建设总体方案的通知》,中华人民共和国中央人民政府网2016年9月18日。

间数量达到 200 个。① 2015 年 8 月 12 日,深圳市人民政府印发《深圳市"互联网＋"行动计划》,充分发挥互联网在生产组织、要素配置、产品形态和商业服务模式的优化和集成作用,促进以云计算、物联网、大数据、人工智能、量子计算为代表的新一代信息技术与现代制造业、金融、商贸、交通、物流、文化、教育、医疗等领域的融合创新,以互联网技术、互联网思维、互联网手段推动经济转型升级,打造"互联网＋"综合生态,促进互联网与社会经济各领域深度融合,推进创新型经济发展。②

三、新突破：制度创新成为推动大都市政府职能转变的关键

制度创新对于促进政府职能转变具有重要意义,能够全面带动各部门、各环节机制创新、管理创新和服务创新。上海自贸区是中央政府推进行政体制改革的试验田,坚持以制度创新为核心。2016 年迎来上海自贸区挂牌成立三周年。自贸区的制度创新体现在投资管理制度创新、贸易监管制度创新、金融监管制度创新、政府管理方式创新等多个方面。

1. 上海自贸区成立三周年制度创新经验

上海自贸区正式成立于 2013 年 9 月 29 日,面积 28.78 平方公里,涵盖上海市外高桥保税区、外高桥保税物流园区、洋山保税港区和上海浦东机场综合保税区等 4 个海关特殊监管区域。2014 年 12 月 28 日全国人大常务委员会授权国务院扩展中国(上海)自由贸易试验区区域,将面积扩展到 120.72 平方公里。中央期待自贸区的建设和管理经验能够尽早形成可复制、可推广的体制机制,从而推进国家治理体系和治理能力的现代化建设进程。按照中央要求,上海自贸区重点推进了投资管理、贸易监管、金融开放创新和事中事后监管四方面的制度创新,取得明显成效。投资方面,上海自贸区基本形成了以负面清单为核心的管理制度。借鉴国际规则,出台外商投资负面清单,抓紧展开统一的市场准入负面清单试点。上海自贸区对境外投资率先实行以备案制为主的管理方式,不断提高境外投资的便利度。2016 年前 5 月备案中方对外投资额 134 亿美元,同比增长 105%,成为中国企业走出去的桥头堡。贸易方面,自贸区基本形成了以贸易便利化为重点的监管制度。上海自贸区在国内率先设立的国际贸易"单一窗口",目前参与部门增加至 20 个。企业通过单一窗口一次性递交相关信息,有效降低了企业通关成本。在海关特殊监管区域实施"先进区后报关""货物状态分类监管"等 31 项创新制度,一线进出境平均通关时间较上海关区缩短 78.5% 和 31.7%。金融方面,自贸区基本形成了服务实体经济发展的开放创新制度。通过央行设立的自由贸易账

---

① 《深圳市促进创客发展三年行动计划(2015—2017 年)》,深圳市科技创新委员会 2016 年 6 月 17 日。
② 《深圳市"互联网＋"行动计划》,深圳市科技创新委员会 2015 年 8 月 12 日。

户体系,实现了惠实体、促改革、防风险等多项功能。截至2016年8月底,企业通过自贸账户获得的本外币融资总额折合人民币6331亿元,平均利率为3.93%,融资成本大幅降低。此外,金融市场和金融服务的开放度进一步提高。一批面向国际的金融交易平台建设稳步推进,上海黄金交易所"国际板"成功设立,上海国际能源交易中心的原油期货也在积极推进中。事中事后监管方面,基本形成了与开放型市场经济相适应的政府管理制度。目前,上海自贸区的商事登记制度改革不断深化,在全国率先启动"证照分离"改革试点,企业准入门槛不断降低。此外,上海自贸区和浦东新区还将建设完善网上政务大厅、综合监管平台和公共信用信息服务平台等三大基础平台,消除监管信息的部门"孤岛"现象,对市场主体形成"一处失信、处处受限"的效应。①

2. 上海自贸区制度创新推动政府职能转变

将自贸区制度创新经验成果推进到浦东新区政府职能转变的进程中具有重大的理论意义和实践意义。以自贸区建设为动力,围绕构建与开放经济新体制相适应的现代政府职能体系,在浦东新区这一完整行政区域推进政府职能转变,能够全面深化自贸区综合改革,通过"政府治理系统创新"带动投资管理制度创新、贸易监管制度创新、金融财税制度创新等多领域成果应用全面深化,以整体性治理思维继续推进以大部制改革为核心的政府机构改革进程,推进政府智力水平与执政能力不断提升。

上海自贸区接下来的发展创新备受关注。上海自贸区管委会政策研究局局长张湧认为上海自贸区改革未来要处理好九组关系:一是贸易与金融、投资、政府改革的关系,自贸区应将金融改革、金融创新、投资和商事制度改革作为亮点,推进贸易、投资、金融持续开放;二是上海自贸区与浦东新区的关系,应将自贸区改革经验率先在浦东复制推广;三是开放、改革与发展的关系,注重引进外资的同时引进研发,成为创新资源配置的新高地;四是政府、市场和社会的关系,构建服务型政府;五是简政放权与监管服务的关系,由市场主导资源配置,政府强化事中事后监管;六是供给侧改革与自贸区试验的关系;七是国际规则、国家试验和地方实践的关系,自贸区作为地方代表承诺开放,对标国际规则,参与国际竞争;八是顶层设计与重点突破的关系,加强改革系统性;九是上海自贸区与张江科创园区"双自联动"、建设上海科创中心的关系,真正服务于上海建设具有全球影响力的科创中心的战略目标。②

3. 自贸区模式推广:第二批、第三批自贸区接连落地

为推广上海自贸区成功经验与发展模式,党中央、国务院于2014年底正式批

---

① 《上海自贸区迎挂牌三周年 四大制度创新成效显现》,中国政府网2016年9月29日。
② 张湧:《上海自贸区改革中的九组关系》,《上海证券报》2016年9月30日。

复设立广东、天津、福建三个自贸区,以上海自贸区试点内容为主体,结合地方特点运营。第二批自贸区皆于 2015 年 4 月 21 日正式挂牌成立。天津自贸区作为北方首个自贸区,战略定位为京津冀协同发展高水平对外开放平台、中国改革开放先行区和制度创新试验田、面向世界的高水平自由贸易园区,目标是建设成为贸易自由、投资便利、高端产业集聚、金融服务完善、法制环境规范、监管高效便捷、辐射带动效应明显的国际一流自由贸易园区,在京津冀协同发展和中国经济转型发展中发挥示范引领作用。广东自贸区战略定位为依托港澳、服务内地、面向世界,建设成为全国新一轮改革开放先行地、21 世纪海上丝绸之路重要枢纽和粤港深度合作示范区,发展目标强调实现粤港澳经济深度合作,建设成为符合国际高标准的法制环境规范、投资贸易便利、辐射带动功能突出、监管安全高效的自贸园区。福建自贸区包括平潭、厦门、福州 3 个片区,功能定位区分明确,平潭片区重点建设两岸共同家园和国际旅游岛,在投资贸易和资金人员往来方面实施更加自由便利的措施;厦门片区重点发展两岸新兴产业和现代服务业合作示范区、东南国际航运中心、两岸区域性金融服务中心和两岸贸易中心;福州片区重点建设先进制造业基地、21 世纪海上丝绸之路沿线国家和地区交流合作的重要平台、两岸服务贸易与金融创新合作示范区。

  2016 年 8 月底,党中央、国务院决定在辽宁省、浙江省、河南省、湖北省、重庆市、四川省、陕西省新设立 7 个自贸区,代表着自贸区建设进入了模式化推广复制新阶段。新设的第三批共计 7 个自贸试验区中,辽宁省自贸区主要落实中央关于加快市场取向体制机制改革、推动结构调整的要求,着力打造提升东北老工业基地发展整体竞争力和对外开放水平的新引擎。浙江省自贸区主要落实中央关于"探索建设舟山自由贸易港区"的要求,就推动大宗商品贸易自由化,提升大宗商品全球配置能力进行探索。河南省自贸区主要落实中央关于加快建设贯通南北、连接东西的现代立体交通体系和现代物流体系的要求,着力建设服务于"一带一路"建设的现代综合交通枢纽。湖北省自贸区主要落实中央关于中部地区有序承接产业转移、建设一批战略性新兴产业和高技术产业基地的要求,发挥其在实施中部崛起战略和推进长江经济带建设中的示范作用。重庆市自贸区主要落实中央关于发挥重庆战略支点和连接点重要作用、加大西部地区门户城市开放力度的要求,带动西部大开发战略深入实施。四川省自贸区主要落实中央关于加大西部地区门户城市开放力度及建设内陆开放战略支撑带的要求,打造内陆开放型经济高地,实现与沿海沿边沿江协同开放。陕西省自贸区主要落实中央关于更好发挥"一带一路"建设对西部大开发带动作用、加大西部地区门户城市开放力度的要求,打造内陆型改革开放新高地,探索内陆与"一带一路"沿线国家经济合作和人文交流新模式。① 在内陆地区设置国家级自贸区,是搭建内陆开放型经济改革创新试验平台的新起点,有利于进一步提升内陆和沿海区域联动发展,构筑中国全方位、多层次的对外开放体系。

四、新生态:绿色环保成为社会共识

1. 新《环保法》加大环境保护执法力度

2015年1月1日起,新修订通过的《中华人民共和国环境保护法》正式施行。这个被称为"史上最严"的新《环保法》明确了政府对环境保护的监督管理职责,完善了生态保护红线、排污许可、污染物总量控制、区域限批、政策环评、规划环评、跨行政区域联合防治、环境承载能力预警、环境监测等环境保护基本制度;同时强化了企业污染防治责任,加大了对环境违法行为的法律制裁,明确了查封扣押、按日计罚、停建罚款、行政拘留等手段;还就政府、企业公开环境信息与公众参与、监督环境保护作出了系统规定,法律条文从原来的47条增加到70条,增强了法律的可执行性和可操作性。② 体现了国家保障公众健康、推进生态文明建设的强硬决心。

新《环保法》实施一年来取得了积极进展。2015年全国化学需氧量、氨氮、二氧化硫、氮氧化物排放总量同比分别下降3.1%、3.6%、5.8%、10.9%,"十二五"减排目标超额完成,全国环境质量总体趋好。首批实施新环境空气质量标准的74个城市细颗粒物(PM2.5)平均浓度同比下降14.1%,主要江河水环境质量逐步好转,劣Ⅴ类断面比例大幅减少,环境质量改善取得明显成效。同时,中国也积极参与国际环保工作。

2. 大都市生态文明建设取得显著成效

北京市积极回应社会关切,加大生态文明建设力度。首要任务即是深化大气污染协同减排,提升空气质量。北京市在治理策略上锁定PM2.5这一重点,在能源、交通、工业、建设、农业、生活服务等六大领域对一次细颗粒物、二氧化硫、氮氧化物、挥发性有机物、氨等五项污染物实施协同减排;针对高排放车,基本淘汰国Ⅲ标准重型柴油车和国Ⅰ、国Ⅱ标准轻型客车;加大生活服务业的大气污染治理力度等。其次注重统筹水污染防治,一方面保护饮用水源,另一方面加快治理污染较重的水体,聚焦黑臭水体、劣Ⅴ类水体等两个突出问题,综合整治生活污水、工业废水、农业污水和面源污染;同时加大再生水等水资源调配、补给力度,因地制宜构建水生态系统,改善水环境质量。同时注重加强区域联防环境污染措施,

---

① 《辽宁等七地入选第三批自贸区》,新华网2016年9月1日。
② 《中华人民共和国环境保护法》,中华人民共和国环境保护部2014年4月25日。

深化协作大气和水污染跨区域治理。① 截至2016年8月底,北京市PM2.5累计浓度为63微克/立方米,同比下降12.5%;二氧化硫、二氧化氮和PM10累计浓度分别为11、41和81微克/立方米。空气质量达标天数较去年同期增加19天,空气重污染天数同比减少5天;全市淘汰老旧机动车24.7万辆,全市纯电动汽车累计达到6.7万辆;全市客运、货运等8类重点行业新增的3600余辆重型柴油车全部安装了颗粒捕集器,公交、环卫等重点行业车辆也进行了深化改造,改造后单车可减少氮氧化物排放60%。②

广州市通过综合防治空气污染、整治水污染、改善城乡环境和加大环境执法力度,在环境保护方面取得了成效。2015年空气达标天数比例为85.5%,同比增加8.0个百分比,其中优103天,良209天,重度污染10天,未出现重度污染和严重污染;空气中PM2.5平均浓度为39微克/立方米,比2014年下降20.4%,比2012年下降23.5%。全年广州市生态环境状况指数(EI)为73.5,生态环境状况级别为良。广州市贯彻实施新环境保护法,从严查处环境违法行为,推进突出环境问题综合整治。2015年展开环保专项行动27次,立案查处环境违法案件4020宗,罚款总额达9791余万元。③ 新《环保法》成为多个城市加大环境整治力度的有效执法依据。

深圳市积极推进制度创新,保障生态文明建设,具体措施包括:完善资源总量管理和全面节约制度,推进土地和水资源集约使用制度建设;健全资源有偿使用和生态补偿制度,推进资源型产品价格改革,放开资源性产品竞争环节价格;进一步健全环境治理体系,推行环保审批制度改革,完善污染物排放许可制度,力推环保信息公开制度,并通过严格的生态环保立法执法为生态文明建设提供法制保障;注重健全生态环境保护市场体系,实施生态文明建设考核机制。深圳市生态文明建设成效显著。2015年成为深圳的环境执法年,开启最严模式保护生态环境。2015年4月至6月开展饮用水源保护专项执法行动,2015年5月至6月开展重金属污染专项执法行动,2015年6月至10月开展重点流域污染整治专项执法行动,2015年7月至9月开展建设项目环境管理专项执法行动,2015年8月至9月开展危险废物污染整治专项执法行动,2015年9月至11月开展环境基础设施整治专项执法行动,2015年10月至12月开展大气污染整治专项执法行动。全市在2015年全年共对1248宗环境违法行为实施行政处罚,罚款金额9151.8万元;运用新环保法赋予的"按日连续处罚"重拳打击违法排污,针对违法排污企业开出

---

① 《2016—2017年践行"两山"理论 推进首都生态文明建设》,北京市环境保护局2016年6月19日。
② 《北京市空气质量持续改善 前八个月细颗粒物浓度同比降百分之十二点五》,中华人民共和国环境保护部2016年9月14日。
③ 《2015年广州市环境质量状况公报》,广州环境保护局2016年2月。

最高罚单 130 万元,对恒进五金违法排污等典型案件查处在全省乃至全国都产生了较大影响,保护生态取得显著成效。①

3. 城市规划重视打造生态宜居城

规划建设生态宜居城市已成为多个大都市未来发展的必然选择。《生态城市绿皮书:中国生态城市建设发展报告(2016)》于 2016 年 9 月 27 日在北京发布,北京、深圳、上海位列生态城市创新排名前三位。绿皮书也指出了当前生态城市建设的突出问题,认为在当前经济中高速发展的常态之下,一些城市规划仍然缺乏生态城市建设的科学理念,政绩工程的负面影响短期内也难以消除。但越来越多城市正在重视绿色发展、循环经济、低碳生活、健康宜居的建设理念,提高城市居民幸福指数,实现城市的可持续发展。

相对而言,经济发达的大都市具有较好的生态城市建设规划理念和建设能力。2015 年 2 月 25 日,上海市政府印发《上海市 2015—2017 年环境保护和建设三年行动计划的通知》②,坚持问题导向、民生优先,注重环境质量和环境安全,强化大气、水等重点领域污染治理,加快完善城市生态网络格局,保障城市安全。这已是上海持续进行的第六轮环保三年行动计划。2016 年 8 月发布的《上海市城市总体规划(2016—2040)》③指出,上海当前生态用地占市域面积比重不足 50%,且重要生态空间被逐步蚕食,城市的生态游憩空间相对匮乏,生态环境亟待改善。上海未来将注重建设多层次、成网络、功能复合的生态空间体系,促进生产生活从高能耗、高排放、高污染向绿色、低碳、宜居转变,将上海建设成为生态环境最优的超大型城市之一。据统计,上海已连续 12 年环保投入占同期地区生产总值的 3%左右,环境空气质量优良率连续 9 年稳定保持在 85%以上,长江、黄浦江、苏州河等水系水质保持稳定④,继续建设生态宜居的美丽上海成为市民的基本共识。在上海建设科创中心的大背景下,科技创新助力解决生态环境治理问题,这些都成为上海改善环境问题、建设生态宜居城市的有利条件。环境优先继续占据上海城市经济社会发展全局的重要战略位置。

五、新形态:"互联网+政务"促进大都市治理技术创新

互联网信息技术的不断更新,从根本上重塑了人类社会的信息传播活动,改变了企业和政府的组织方式,提供了影响政府结构以及政府和市民关系的技术潜

---

① 窦彦文:《五大制度创新 助推生态文明建设》,《深圳特区报》2016 年 9 月 29 日。
② 《上海市人民政府办公厅关于印发上海市 2015—2017 年环境保护和建设三年行动计划的通知》,中国上海网 2015 年 2 月 25 日。
③ 《上海市城市总体规划(2016—2040)》,上海市城市规划设计院网站。
④ 《打造生态宜居的美丽上海》,人民网 2016 年 5 月 3 日。

力。将现代信息技术应用于现实政治、行政与社会治理过程,可以型构一个嵌套于现实科层制治理体系的网络治理形态,即电子化政府或数字化治理的新形态。这既是一种保障与扩展居民权利、优化与提升公共权力治理绩效的新型智慧型治理范式,又是恢复人在智慧型大都市治理形态中的主体作用的新型技术动力机制。①

基于"互联网＋政务服务"的技术创新能够大力推进部门信息共享和社会信用体系建设,形成多层级互联互通的实体＋虚拟公共服务平台体系,提升政府治理绩效。2016年9月25日,《国务院关于加快推进"互联网＋政务服务"工作的指导意见》强调"互联网＋政务服务"对加快转变政府职能、提高政府服务效率和透明度、便利群众办事创业具有重要意义,各地需克服仍然存在的网上服务事项不全、信息共享程度低、可办理率不高等不便问题,进一步优化服务流程,创新服务方式,推进数据共享和公开透明服务,降低制度性交易成本。推进"互联网＋政务服务",需要从三个方面具体进行。②

一是优化再造政务服务。通过全面梳理编制政务服务事项目录,实行编码管理,逐步做到"同一事项、同一标准、同一编码"。优化网上申请、受理、审查、决定、送达等服务流程,凡是能实现网上办理的事项,不得强制要求到现场办理。加快推进政务服务事项网上办理,做到"应上尽上、全程在线"。创新网上服务模式,推动服务事项跨地区远程办理、跨层级联动办理、跨部门协同办理。全面公开与政务服务事项相关的服务信息,除办事指南明确的条件外,不得自行增加办事要求。建立公众参与机制,各级政府及其部门都要畅通互联网沟通渠道,及时回应社会关切,提升政府公信力和治理能力。

二是融合升级政务服务平台渠道。规范网上政务服务平台建设,依托政府门户网站,加快构建权威、便捷的一体化互联网政务服务平台。推进政府部门各业务系统与政务服务平台的互联互通,做到"单点登录、全网通办"。推进实体政务大厅与网上服务平台融合发展,实现线上线下办事无缝衔接、合一通办。推动基层服务网点与网上服务平台无缝对接,加快将网上政务服务向基层延伸,切实降低群众办事成本。

三是夯实政务服务支撑基础。整合构建统一的数据共享交换平台体系,推进政务信息共享。国务院各部门要加快整合面向公众服务的业务系统,尽快向各省(区、市)网上政务服务平台按需开放业务系统实时数据接口。分级分类推进新型智慧城市建设,打造透明高效的服务型政府。完善网络基础设施,加强网络和信

---

① 唐亚林:《当代中国大都市治理的范式建构及其转型方略》,行政论坛2016年4月。
② 《国务院关于加快推进"互联网＋政务服务"工作的指导意见》,新华网2016年9月25日。

息安全保护,切实加大对涉及国家秘密、商业秘密、个人隐私等重要数据的保护力度。

北京、上海、深圳、广州等城市电子政务建设在全国范围内起步相对较早,经过多年发展已取得显著成绩,但是相对国际先进水平而言也在不同程度上存在着资源利用效率较低、信息共享困难、建设运维成本较高等普遍性问题,因此也在不同时期通过各种政策方案推进自身的电子政务云和政府系统办公协同平台建设,提升政府系统办公效率和跨部门协同能力。2016 年 8 月发布的《电子政务蓝皮书:中国电子政务发展报告(2015—2016 年)》对国内城市电子政务发展建设进行了综合排名,北京、上海、广州、深圳作为中国最具影响力的大都市在这方面继续保持领先全国的地位,其中北京居首。[1]

上海的电子政务建设启动较早,并在多年发展之中保持了先进水平。早在 2012 年 5 月上海即发布了《上海市政府电子政务"十二五"发展规划》,以专项规划的形式统筹上海市信息化发展和电子政务治理。[2] 在此基础上,上海市政府 2016 年 2 月 29 日印发了《上海市政务数据资源共享管理办法》,以进一步促进政府部门间业务协同,避免重复建设,提高上海市公共管理和服务水平。[3]

---

[1] 《电子政务排名北京居首》,《北京晚报》2016 年 8 月 3 日。
[2] 《上海市政府电子政务"十二五"发展规划》,中国上海网 2012 年 5 月 17 日。
[3] 《上海市政务数据资源共享管理办法》,中国上海网 2016 年 2 月 29 日。

2016 世界设计之都创新发展报告

一、世界创新设计发展现状

1. 创新设计的概念

创新设计是一种具有创意的集成创新与创造活动,它面向知识网络时代,以产业为主要服务对象,以绿色低碳、网络智能、共创分享为时代特征,集科学技术、文化艺术、服务模式创新于一体,并涵盖工程设计、工业设计、服务设计等各类设计领域,是科技成果转化为现实生产力的关键环节。创新设计以满足人们的物质、精神需求和生态环保要求为目标,追求个人、社会、人与自然的和谐、协调及可持续发展。在人类文明进步的过程中,人们的消费观念、文化理念、生活与生产方式的改变,带动了设计从注重对材料和技术的利用、功能的优化,上升为对美的追求,人性化、个性化、多样化的用户体验,以及对人文道德、生态环境的关怀。创新设计不仅可赋予产品和服务更丰富的物质、心理和文化内涵,满足和引领市场和社会需求,还能创造和引领人的精神需求,创造美好生活,促进社会文明和谐。

2. 创新设计驱动力的拓展

Verganti 在 Dosi 提出的两种创新路径:市场拉动型创新和技术推动型创新之外,①作为补充和发展,提出了第三种创新路径:设计驱动型创新。② 这三种创新类型的差异来自于创新驱动力的不同,其中,市场拉动创新把新产品开发活动看作是对明确的客户需求的反应,在市场拉动型创新中,市场是创新的核心资源;技术推动创新把新技术的可用性作为推动器,在技术推动型创新中,创新源自企业的 R&D 行为,企业通过新技术创造新产品;而设计驱动的创新则认为创新的动力也可以来自产品意义的创新及其在理解、获取中所形成的影响方面。创新路径从技术推动的创新和市场拉动的创新到设计驱动的创新的拓展与演进是生产力得到不断发展并于生产关系互动过程中形成的产物,对应着从工业经济时代向知识经济时代的转化所引发的人工物类型与内容的延伸。

3. 创新设计是国家战略的重要着力点

近创新设计是一个问题求解的途径,能够通过发现与整合用户需求来驱动公

---

① Dosi G. Technological paradigms and technological trajectories: A suggested interpretation of the determinants and directions of technical change[J]. *Research Policy*,1982,11:147—162.
② Roberto Verganti Design Driven Innovation Changing the Rules of Competition by Radically Innovating What Things Mean, Harvard Business Press,2009.

共、私人机构及社会的产品、服务和流程创新。由于创新设计对于企业转型、区域经济发展和全球化背景下国家竞争力建设的重要作用,越来越多的国家和地区开始将设计纳入到创新政策的覆盖范围,把创新设计作为获得竞争优势的资源,把建设创新型国家作为重要的战略选择。创新型国家是指那些将科技创新作为基本战略,大幅度提高科技创新能力,形成日益强大竞争优势的国家。① 具体来说,创新型国家应至少具备以下四个基本特征:一、创新投入高,国家的研发投入占GDP的比例一般在2%以上;二、科技进步贡献率高达70%以上;三、自主创新能力强,国家的对外技术依存度指标通常在30%以下;四、创新产出高。

创新设计相关政策已经成为政府推动企业发展的基本手段。Hobday等人认为创新政策是指引发和推动企业开发全新的产品、服务和流程的政策。实际上创新设计早已成为创新经济时代的国家创新战略与政策的要素,在国家层面,从欧洲的丹麦、芬兰及瑞典到亚洲的日本、韩国、中国都已将创新设计作为国家战略和政策的重要组成部分,并在促进创新设计应用、研究、专业化方面进行了大量投资,其目的在于将创新设计纳入到国家及地方的创新体系中。②

自2004年起,美国国家科学研究委员会和美国国家工程院发布了《Retooling Manufacturing: Bridging Design, Materials, and Production》和《Making Value: Integrated Innovation, Design, Manufacturing and Service》等系列报告,强调设计在制造革新和新价值创造等领域的突出作用③。2014年,美国总统奥巴马拨款10亿美元组建国家创新制造网络,并计划建设多达15个制造创新研究所来形成国家创新生态系统。通过联结产业、学界、政界各方力量,为企业创新提供基础设施和资源共享平台。创新设计作为先行的整合力量,承接了基础研究的成果输出,在充分关注和理解社会广泛需求基础上,为技术的转化与应用做好概念准备,并在制造创新过程中提供系统原型与管理创新策略。

德国是典型创新型国家,得益于对创新政策体系建设的一向注重,其装备制造业一直以来都全球领先,是全球制造业中最具竞争力的国家之一。德国创新政策体系的主要特点是:大幅度增加教育和科技投入,推行国家高技术发展战略;铸造产、学、研一体化链条,加速创新知识的产品转化;高度重视企业创新活动,让企

---

① 萧灼基:《建设创新型国家十大关键点》,《中国经济信息》2006年第2期。
② Hobday, M., Boddington, A., and Grantham, A. (2012) 'Policies for design and policies for innovation: Contrasting perspectives and remaining challenges', Technovation 32, pp. 272—281.
③ Committee on Bridging Design and Manufacturing, Board on Manufacturing and Engineering Design, National Materials Advisory Board, Division on Engineering and Physical Sciences, National Research Council. *Retooling Manufacturing: Bridging Design, Materials, and Production*. National Academies Press. 2004.; National Academy of Engineering. *Making Value: Integrated Innovation, Design, Manufacturing and Service*. National Academies Press. 2012.

业成为技术创新主体;形成推动创新的收入分配政策,激发人们创新的勇气与潜能;加强普通教育与职业培训,为创新提供高素质的人力资源。在2013年德国政府联合高校及企业发布的《德国工业4.0战略》中的开放创新、协同创新、用户创新注重用户的价值,关注个性化需求产品的设计,推动了工业创新从生产范式到服务范式的转变。

一直以来创意设计都被英国政府视为国家六大竞争性资源之一,政府十分重视创新设计产业和教育事业发展。英国政府有着注重设计产业战略的传统,2008年英国设计委员会(Design Council)联合 Lancaster 和 Dundee 等大学展开的"Design 2020"设计产业战略研究项目为在全球化背景下英国创新设计的未来走向和路径选择制订了长远发展规划。① 另外,韩国的"设计韩国"战略②和日本在通产省下设产业设计振兴会专门负责创新设计国策的实施。都是从政策层面推动国家创新设计的发展的探索于尝试,极大地促进了制造业和国家的创新设计竞争力的跃升。

4. 创新设计是创新活动的重要构成内容

创新设计是创新工具组合的一个部分。创新设计活动的目标既不是知识生产也不是 know-how 生产,而是对人与人造物界面关系的定义。③ 创新设计是一个创造性的问题求解工具,广泛应用于多类产业的产品、服务和流程创新,并开始频繁出现在社会问题的求解过程中。④ 设计与创新之间的联系一直都存在,创新设计与单纯的创新都能为产品、服务和系统带来竞争优势。不同之处在于单纯的创新活动通常无法保证一定会带来创新结果,而创新设计过程所形成的结果(产品、服务或流程)通常能实现其满足用户需求的目标。

与过去不同,当今的创新不再仅仅局限于单纯的技术开发,而是越来越多的涉及服务、用户体验和社会系统改良,这要求设计在创新中担当比过去更为重要的角色,许多调查数据也支持这一观点。创新在形式和途径上均已发生了转变,即使是在科学领域,靠偶然发现取得的原创成果也已经越来越少见,大多数的创新,都需要借助有目标、有设计、有计划的活动才能实现。⑤ 在过去几年中,越来越多的国家和地区开始将设计纳入到创新政策的框架内,推动了创新设计的进一步发展。

---

① http://www.ukdesign2020.org/index.php.
② SEOUL DESIGN FOUNDATION,http://www.seouldesign.or.kr/eng.
③ Bonsiepe, G. (1995) 'The Chain of Innovation. Science. Technology. Design', Design Issues, vol. 11, no. 2, p. 35.
④ Brown, T. (2009) Change by design—How design thinking transforms organizations and inspires innovation, HarperCollins, New York, USA.
⑤ 路甬祥:《提升创新设计能力,加快创新型国家建设》,2014年浙江大学学术年会演讲。

5. 产业领域的创新设计日趋活跃

在产业领域的创新设计活动中,最具代表性的国家是美国和德国。美国 Microsoft、Intel、IBM、Apple、Google 等一批 IT 互联网企业依靠创新设计,长期占领 PC 操作系统、CPU、商用计算机与服务器、移动智能终端、搜索引擎等全球市场的主导权,引领了全球相关产业创新发展的潮流。据美国设计管理协会 2013 年发布数据,福特、微软、耐克、可口可乐等"以设计为主导"的企业,10 年来股市市价表现高于标准普尔指数 228%。在这些企业中,抓住创新设计才能在新一轮产业革命中立于不败之地的认知已经成为共识。

相较于美国,德国不仅在研发最具革命性的新技术方面毫不逊色,在运用设计将创新价值从工业扩展到整个商业领域方面则更为擅长。德国的创新设计多见于将新理念与旧的产品或加工方式融合,或者将旧的、即将被淘汰的一些现有部门整合到新的更具活力的部门中。在德国的认知中,有意义的创新必须能够广泛地提升生产力,而不仅是针对个别时下热门的高新技术领域。所以他们并不局限于开发新的工业领域,同时也不断在原有的产业中注入新思想、新技术。[1] 另外,德国有许多帮助公司通过创新设计重新整合、优化各种创意想法的公共研究所,如获得政府部分赞助的 Fraunhofer 研究所将创新想法用全新的方式运用到市场中,从而缩小中小型企业日常事务与研究之间的距离。这种机制已经被运用到整个德国的工业领域中。

英国设计委员会的一项调查显示,英国企业重视创新设计的比例愈来愈高,其设计产业的结构中,产业国际化程度非常高,73% 是由 20 人以下的小型设计顾问公司所组成,而且 64% 的设计组织在两个国家以上设立分支机构。目前英国在设计研究、设计教育国际化方面领先。

二、我国当前创新设计的发展现状

1. 创新设计发展进步显著

北斗导航、神州飞船、嫦娥探月、蛟龙号潜海、高铁、核电等标志着我国重大工程装备创新设计能力已居国际前列。尤其是中车集团、中铁工程设计院等通过自主设计研发实现了我国高铁系统集成创新,奠定我国高铁产业世界领跑者的地位,成为"一带一路"战略中带动中国装备走出去的排头兵。据 2016 年初美国国家科学基金会发布的《美国科学与工程指标》显示,我国已成为世界第二研发大国。研发投入、科技论文产出、高技术制造增加值等均居世界第二位,研发支出接

---

[1] Dan Breznitz. Why Germany Dominates the U. S. in Innovation. Harvard Business Review,MAY 27,2014. https://hbr.org/2014/05/why-germany-dominates-the-u-s-in-innovation/.

近欧盟的总和,研发强度10年间几乎增长了1倍。2015年我国研发(R&D)经费支出14220亿元,比上年增长9.2%,占GDP比重为2.1%,科技进步贡献率达55.1%,国家创新能力世界排名提升至第18位。截至2015年底,累计建设国家工程研究中心132个,国家工程实验室158个,国家认定企业技术中心1187家,工信部认定的国家级工业设计中心64家。专利方面,2015年度的专利申请总量是2289346件。其中外观设计专利474 079件,占总量的21%;实用新型专利859925件,占总量的37%;发明专利955342件,占总量的42%,在三者中比例最大。

2. 创新设计成果的影响力有待进一步提升

尽管中国近年科技论文产出增长迅速,但是美欧等发达国家在全球科技论文产出中依然占了很大比例。2003年至2013年,中国科技论文产出占全球的比例增长了两倍,从占6%提高到18.2%,接近美国。中国工程学领域的论文产出突出,占比高于美国,而在生物医学领域的论文产出占全球的比例则不及美国和欧盟。从科技论文影响因子看,虽然中国科技论文的影响因子提速惊人,2001年至2012年间几乎增长了一倍,从0.4%提高到0.8%,但由于起点较低,依然明显落后于美国的1.8%至1.9%。

另外,我国知识密集型服务产出占比偏低,这些知识密集型服务与创新设计关联密切。知识密集型服务是指那些以知识活动(知识生产、转移和共享等)为基础的,在提供专业咨询或服务时融入大量科学、工程、技术等专业性知识的服务。① 知识密集型服务中包含了大量的创新设计内容。2013年全球知识密集型商业服务出口总额为1.5万亿美元,中国占7%,而欧盟和美国合计占了近一半。2014年全球知识密集型商业服务增加值为12.8万亿美元,中国占10%,虽然知识密集型服务在中国发展迅速,目前已经超过日本,仅次于美国和欧盟,但是离美国和欧盟相距很远。

3. 创新设计资源响应国家发展战略的准备不足

我国正处于工业化中后期,即工业经济时代向知识经济时代转型时期,发展方式上既要承担工业经济时代的技术升级、产业升级、先进技术改造传统产业,迈向后工业时代,更需要承接以智能制造、互联制造、定制制造、绿色制造及信息民主化、工业民主化、管理民主化、金融民主化为显著特征的知识经济时代所具有的大数据、人工智能、机器人、数字制造等技术给未来制造范式带来的巨变。在国际经济环境背景层面也面临着发达国家重振实体经济和新兴发展中国家低成本竞争的双重挑战。内部和外部的环境要求均需要在发展方式转型、产业结构调整、资源环境匮乏、迎接新产业革命挑战的关键时期,尽快迈入以创新设计提升竞争

---

① MBA智库百科,知识密集型服务业(Knowledge-intensive Business Service,KIBS)。

力,创新驱动促进发展的新阶段。

自 2008 年以来的全球经济衰退和艰难复苏的进程,必然会加速科技创新和产业变革的实际进程。美国总统奥巴马曾经在国情咨文中提出,要使下一次制造革命在美国发生,制造强国德国最近又推进实施以网络智能技术创新为核心的所谓工业 4.0,日本提出重点发展协同机器人和无人化工厂,以便进一步提升它在全球市场当中的竞争力。

随着生产力要素成本的上升,发达国家回归实体经济,我国必然将面临发达国家重振高端制造和新型发展中国家低成本制造竞争的双重挑战。尽管 30 年的改革开放所造就的中国令世人瞩目,特别是最近十几年来伴随着中国制造能力的提升和科技创新投入的加强,科技的能力显著提升。但是必须承认,我国的创新能力总体上还比较薄弱,大量企业以跟踪模仿为主,不仅仅是科学原创和关键核心技术突破少,而且更缺少自主设计创造引领世界的产品、技术装备和经营服务的模式,总体上还处于全球产业链的低中端。我们还不是一个制造强国,更不是一个创造强国。实施创新驱动发展战略,促进自主集成创新,创造引领世界的产品、工业装备和经营服务模式,以便提升我国经济发展的质量与效益,引领推动中国制造走向中国创造,最终实现绿色、低碳、科学、智能、可持续发展的目标,是我国实施竞争力建设必然的战略选择。

4. 创新设计服务于产业升级的能力急待进一步提高

从 2012 年起,中国 GDP 增速开始回落,告别了以往 30 多年来平均两位数的增长速度。2015 年第三季度经济增速首次跌破了 7%。原因之一便是结构性产能过剩,另一个是服务短缺,特别是生产者服务的短缺非常严重。从短期看需要适当地进行需求管理;中长期则需要依靠产业链有系统的、关联的科技创新。这对我国在产业层面全面展开创新设计提出了新的要求。

缩小与发达国家制造业的差距应该成为新的增长点之一,而这正是创新设计的价值定位所在。在制造业分工体系,中国与发达国家存在两个差距。表现为劳动密集型产业和技术密集型产业之间差距的横向差距早已引起关注。而纵向差距由于被掩盖在国际分工产业链体系中,一直没有得到足够重视。与发达国家相比,我国多数制造企业自主设计创新能力弱,多以 OEM 和跟踪模仿为主,制造服务的附加值低,仍处于全球制造产业链的中低端。以美国苹果公司的全球垂直型"设计生产模式",即"硅谷设计—日本精密机械制造芯片—中国台湾制造主板—中国大陆组合生产成品"为例。中国大陆代工 iPhone 产品获得的劳动力价值比约为 2%,远远低于美国所获的创新设计研发的 60% 价值比。在促进先进技术等方面的科技研发的同时,依托创新设计实施高层级的产品化转化,进而缩小产业链的纵向差距,改变中国在国际分工体系中间的地位是形成新的经济增长点必然的战略选择。

以十三五规划提出的坚持创新、协调、绿色、开放、共享的新发展理念为指导,作为从创新活动转向创新价值实现中间环节的创新设计,应该作为重要资源进行建设,借助创新设计,将理论创新、制度创新、科技创新、文化创新等各方面创新的成果转化为社会价值、产业价值、市场价值、用户价值,实现国家竞争力的提升。

5. 创新设计发展和能力建设存在不均衡

麦肯锡 2015 年底发布的一项研究在分析了中国和世界其他国家的分属于 31 个行业、占全球 GDP30% 的 2 万家上市公司,以及那些收入高于中国占全球收入的 GDP 份额(中国占全球 GDP 的 12%)的中国公司的基础上发现,得益于中国市场的庞大规模和有利于持续创新的生态系统,中国在聚焦顾客的创新和效率驱动的创新两个方面非常突出,而在基于工程的创新和基于科学的创新方面,中国还有很大的提升空间。① 研究基于四种创新模型,在聚焦顾客的创新模型里,解决顾客的问题是关键;在效率驱动的工业模型里,创新旨在改善生产或服务配送的流程。基于工程的创新需要深厚的知识积累,得益于政府在技术转移和企业规模化方面的支持,在高铁(占全球总收入的 41%)、通讯器材(占全球总收入的 18%)和风力涡轮机(占 20%)等行业,中国企业学习得十分迅速。在科学密集型的行业(该分析所涉及的行业包括化学品、半导体设计和制药等),中国企业的 GDP 贡献还不是很理想,由于深厚的知识积累并非一蹴而就,尽管中国对研发能力的建设投入很大,但收效甚微。

6. 产业界的创新设计意识总体上依然落后

我国制造业整体自主创新设计能力薄弱,先进制造技术和设计创新的研究和应用水平低。企业创新侧重短期市场效益的倾向与科研院所偏重于前瞻性设计研发存在一定的矛盾。根据汤森路透发布的 2015 年"全球创新百强"名单(该榜单基于对专利相关的标准进行深入研究,寻找真正的创新企业。榜单不仅评估数量,也评估成功、全球化和影响),美国拥有 GE、NIKE、AMD 等 35 家企业,日本有 40 家,法国有 10 家,而我国在 2014 年华为首登榜单之后,2015 年度暂无上榜企业。部分中小企业还缺乏系统科学的创新设计理念,满足于从国外引进先进技术和核心技术进行模仿,对技术进行消化和二次创新能力有限。2015 年我国汽车产销量超过 2450 万辆,创全球历史新高,连续 7 年蝉联全球第一。② 但中国汽车行业对外技术依存度超过 50%,导致自主品牌汽车市场占有率下滑,中国汽车企业仅占全球收入的 8%。从我国企业新产品创新研发投入结构来看,尽管企业意识

---

① Jonathan Woetzel,刘静雯编译:《麦肯锡:中国创新能力的真实水平》,微头条 2015 年 11 月 7 日。
② 《2015 年中国汽车销量公布全球第一!》,中国汽车工业协会,搜狐公众平台 2016 年 1 月 13 日。

到创新设计与技术创新一样,能创造极为宝贵的有形价值与无形价值,但仍然侧重技术创新的研发投入,对创新设计的投入不持久、缺乏科学规划。其实,技术创新投入的收益周期相比设计创新相对较长,风险也较大。因此,有必要从企业竞争力角度,研究优化企业的创新设计研发投入的具体路径。在国家重大项目实施过程中,缺乏鼓励和支持首台(套)产品、服务和系统的创新设计研制和示范应用的支持资金,使得企业承担的创新设计研发风险较大,从而导致企业创新动力不足,宁愿走惯性模仿的老路,也不愿意走竞争创新的新路。

7. 政府对创新设计缺乏顶层设计和统筹协调

自2011年以来国家各部委和地方政府极为重视设计政策对产业发展的积极引导作用,并已开始围绕促进工业设计发展、推进文化创意和设计服务产业融合发展、鼓励设计服务小微企业融资等方面陆续出台了多项政策文件。但是当前急需的是国家创新设计体系的建立,从国家层面进行创新设计资源的宏观调控。国家创新设计体系的主要职能在于通过呈现推动设计产业创新发展的各类相关主体、相互关系及其活动(行为),对创新设计主体及其相互作用与动态变化实施系统性监测与评估,为设计产业创新发展中解决系统失灵的问题提供依据。创新设计活动的相关主体包括:在创新设计活动中积累知识与能力的组织,如设计服务企业、市场中介服务组织、创新设计中心、行业协会、创新设计网络与集群等;或对设计产业发挥政策性引导作用、提供资金资助的相关主体,如政府或公共部门,非营利组织等。国家创新设计系统的相关主体既涵盖了政府公共部门、非营利组织,也涵盖了市场中介服务、创新设计企业等私人部门。我国的国家设计系统在推动设计产业发展的过程中存在着国家层面的主体缺失和社会中介服务机构的能力缺陷,缺少一种链接基础研究、应用研究、成果转化和用户体验之间的创新设计产业平台来支持全产业链的整体创新,形成一种上中下游单位利益与风险共担的创新服务模式,因而难以建立从研究、实验、设计到生产技术服务的全产业链创新模式。在促进创新设计发展的各项要素中,也还存在创新设计产业的教育体系尚不能满足产业对人才的需求,对设计服务企业的资助相对缺乏等政策缺陷。[①]这些缺陷与不足成为我国完善创新设计能力必须解决的问题。

8. 高水平复合型创新设计人才偏少

创新设计教育整体水平与发达国家尚存在不同程度的差距,创新教育和科研方面依然需要加大建设资源投入。我国创新设计人才培养的显著特点就是基数较大,截至2015年底,有228所高等院校设立了工业设计专业,设立产品设计专业

---

① 郭雯、张宏云:《国家设计系统的对比研究及启示》,《科研管理》第33卷,2012年10月第10期。

的院校有333所,设立机械设计专业的院校有393所。① 每年培养的工业设计专业毕业生数量为美国同期的10倍以上。我国设计人员数量年平均增速为10%左右,上海创新设计领域从业人员约130万人(2013年),但是设计企业大多为不超过10人的微型企业,不仅准入门槛低,而且人员平均流动率为40%以上。传统设计教育模式下培养的研究型人才发展空间局促,已经导致了创新设计专业人才转行率高,淘汰率高的问题。

在人才培养教育层面,创新设计人才培养体系专业定位和专业教学存在诸多困惑,设计专业设置在机械、艺术、传媒、计算机等不同类型的二级学院或系,既有的学科组织架构壁垒严重,阻碍设计学科集成和融合多学科实现涌现创新。工程教育则偏重制造学科,轻视横跨商业、信息和管理的创新设计理念教育,通识性、跨学科的创新设计工程人才培养模式还在初级探索阶段。长期以来,由于设计活动涉及的内容极为庞杂,对其设计实践及设计理论的研究多集中在具体的二级学科和专业方向上,这些学术研究成果(包括理论、方法和工具等)已不足以支持当今的创新转型战略与政策的实施。这就需要将对设计学的理解提升到一个更为宏观的层次加以理解和看待,创新设计相关学科的建设既要遵循学理,也应该响应社会与产业发展规划的现实要求。另外,寻求有效的途径解决设计学的学科体系与学术体系之间的矛盾,也将有助于大学更好地培养交叉学科的创新设计人才。②

9. 社会对创新设计认知程度不高

设计历史的发展与过去的定位,使得人们对创新设计的认识存在不少局限性,创新设计的价值和作用也远未被各级政府、企业和民众认知。以深圳嘉兰图设计公司为例,该公司为国外企业设计手机的设计费约为100万美元,而为国内某知名企业设计手机的设计费仅为15万元人民币,其间相差数10倍。创新设计的价值不能得到社会的切实重视,将导致创新设计作为链接商业和技术纽带的功能难以实施,其结果必然是科技成果的转化率低、实用性和推广性差,导致技术研发的价值实现困难。对创新设计价值共识的缺乏,也使得社会不可能接受一种依靠创新设计的社会化网络平台展开设计创新,降低高科技企业固定资产(生产设备、试验设备等)的投入规模和比重,减轻企业的运营负担,激发全民创新、合理配置创新资源成果,实现新产品、新过程、新系统和新服务的商业性转化的新的创新模式。对创新设计价值共识的缺乏,还将带来社会承担创新设计风险的意识匮

---

① 《2016年中国大学及学科专业评价报告》中国科学评价研究中心(RCCSE)、武汉大学中国教育质量评价中心、中国科教评价网,2016年9月5日。
② 张法:《艺术学在中国的体系性混乱》,美学研究网2007年10月27日。

乏，表现为大部分中小企业没有意愿和魄力，也没有能力来承担创新设计的风险、知识产权保护和人才风险，最终严重阻碍了企业创新设计能力的发展。

三、提升创新设计能级的策略与路径

1. 展开国家创新设计系统和策略建设

中国创新设计战略的构建必须致力于创新设计生态系统的建设。统筹协调创新设计环境条件、创新生产者、创新结果消费者、创新结果分解者这四个创新设计生态系统要素之间的关系，从发展可持续创新的角度去看待创新设计活动，我国不仅需要进行创新设计能力的建构，同时也需要进行创新设计消费市场的建设与培育，使得创新产出与消费、分解得以平衡并持续均衡发展，这更需要一个优良的创新环境加以支持。[1]

费里曼于1987年提出"国家创新体系"理论，提倡在国家层面上为创新活动的各个主体做出制度安排，使其可在一系列共同的社会经济目标下积极发展和互动，从而支撑创新成为社会变革和发展的关键动力。[2] 该理论为美国、韩国、芬兰等国家采用。"国家创新体系"的实质，是在国家的范围全方位地营造支持创新发展的生态系统。推动中国创新设计发展，也需要在国家层面进行统筹部署，谋划中国创新设计分阶段、分区域、分角色的发展，并且通过基础设施与公共服务平台等发展环境的营造、政策及制度的保障、不同利益相关者的融入以及各区域、产业、教育、公众、媒体、金融的协作创新，确保中国创新设计发展战略的实现。

国家设计系统的主要职能在于通过呈现推动设计产业创新发展的各类相关主体、相互关系及其活动（行为），对创新主体及其相互作用与动态变化实施系统性监测与评估，为设计产业创新发展中解决系统失灵的问题提供依据。设计活动的相关主体包括：在设计活动中积累知识与能力的组织，如设计服务企业、市场中介服务组织、设计中心、行业协会、设计网络与集群等；或对设计产业发挥政策性引导作用、提供资金资助的相关主体，如政府或公共部门，非营利组织等。国家设计系统的相关主体既涵盖了政府公共部门、非营利组织，也涵盖了市场中介服务、设计企业等私人部门。

我国的国家设计系统在推动工业设计产业发展的过程中存在着国家层面的

---

[1] 《霍金斯创意生态理论将改变中国创意产业》，创网2009年2月22日。
[2] Freeman C. (1995). The National System of Innovation in historical perspective. Cambridge Journal of Economics, 19 (1), 5—24. 它的基本涵义是，"为了推动国家的创新活动的发展，使一个国家的创新活动取得更好的绩效，在国家的层面上为创新活动的各个主体所做的制度安排和它们之间的相互作用，它是政府、企业、大学、科研机构以及其他中介机构以创新作为社会变革和发展的关键动力，在一系列共同的社会经济目标下的相互作用系统"。

主体缺失和社会中介服务机构的能力缺陷,在促进设计产业发展的各项活动中,仍存在设计产业的教育体系尚不能满足设计产业对人才的需求,设计支持对设计服务企业的资助相对缺乏等政策缺陷。① 这些缺陷与不足成为我国完善设计创新能力必须解决的问题。

2. 大力促进创新设计产业的理论研究

中国进行创新设计建设、发展设计产业既是自身发展的要求,也是应对全球化挑战的要求,既要遵循国际上设计产业发展的一般发展逻辑,也要承继我国改革和发展的特殊发展规律。这使得在学习和了解国外创新设计的理论与实践基础上根据自身条件与定位建立自己的产业理论与实施路径成为必须。

以创新设计理论与方法、技术、工具、系统、平台,以及流程、标准、规范、法规、管理等内容的研究为基础,进行创新设计专门人才的培养与管理,和创新设计相关工具的开发,促进设计产业资源运作与管理系统的建设,及面向多行业和跨行业的创新设计支持服务平台的建设,为产业应用与发展提供创新设计支撑,应成为我国建设设计产业的一个工作轴线。

立足于这一轴线,进行创新设计理论与方法研究,包括创新设计的共性理论与方法研究,及交叉/互补的创新设计理论与方法研究;进行创新设计的技术基础研究,如法律、工程、电子等;进行创新设计的人文与社会基础研究,如美学、心理学、社会学、市场学等;进行创新设计对国家文化创意产业规划和重点发展的产业门类的介入与支撑研究;进行创新设计多层次人才研究,包括人才结构、人才培养、人才引进、人才管理等;进行创新设计的分布式资源管理研究,完善创新设计资源构成,促进资源的相互进入与融合发展,促进社会资源、企业资源、教育资源相互之间的资源互通与共享,建立服务于创新设计业的分布式资源网络服务平台;研究并建立创新设计业相关标准与规范;促进科研、教育、知识产权与成果的产业化融合。

3. 在鼓励突破性创新的同时,加大对渐进性创新的支持和推广

从长期看,提高生产率才是中国经济在新常态下未来转型升级最根本的途径。而提高生产率的前提之一是推动技术进步。新的技术创新成果分两类,一类是科学技术革命性的突破引起的新的产业革命,另一类是对现有产业和产品生产技术的渐进性改进。事实上,每次工业革命的成果都要经历百年以上的消化、吸收、传播及改进。在20世纪影响人类社会生活的100项重大技术发明中,包括计算机、互联网、机器人等的这100项产品和技术依然是我们今天必不可少的必需品,而这些产品的技术是在不断改进的,但这种改进不属于革命。德国提出的工

---

① 郭雯、张宏云:《国家设计系统的对比研究及启示》,《科研管理》第33卷,2012年10月第10期。

业4.0概念,并不是用全新的技术革命成果来建立全新的产业。制造业下一步应充分重视对现有产品及其生产技术的改进和革新。

因此,我国发展高新技术,最好的途径是对传统产业经济进行改造、对传统技术工艺进行改造,以最大程度提高发展效益和投资效益。高新技术在某些方面是需要的,但是在现在的发展阶段不可能全面铺开,只是科学研究和少部分人做的事情,而不是大部分人做的事情。

渐进性的创新反映为生产的附加值与产品技术含量的提高。比如在产品中贯穿工匠精神,每一个层面、每一个工艺、每一个产品都做到极致,将有助于中国经济在生产方式与生活方式两个方面的转型。

在培育战略新兴产业方面,其核心技术依赖国外的情况并非鲜见。应该在引进技术的同时转向重点开发拥有自主知识产权的关键技术和核心技术,从而避免产业升级陷入周而复始的过程。另外,对发展高新技术、推进战略性新兴产业的普遍要求应转向重点分类指导,从国家层面根据各个地区经济发展具体情况分别提出要求,在几个重点区域或领域集中优化配置有限的资源,形成引领作用。此外,科技创新政策的普惠制也应转向对自主创新的特惠制,集中聚焦在自主知识产权的关键技术和重点技术的攻关和突破。

4. 加强创新设计教育与整合性工业设计创新人才培养

发达国家企业在创新设计上的成功发展不无例外的都是依靠具有创新性思维的人才发展起来的。美国、英国等发达国家都非常重视创新人才的培养,通过教育和培训,培养全面的创新意识。

长期以来,由于创新设计活动涉及的内容极为庞杂,对其设计实践及设计理论的研究多集中在具体的二级学科和专业方向上,这些学术研究成果(包括理论、方法和工具等)已经不足以支持国家与地方产业转型战略与政策的实施。这就需要将对创新的理解提升到一个更为宏观的层次加以理解和看待,创新设计相关学科的建设既要遵循学理,也应该响应社会与产业发展规划的现实要求。另外,寻求有效的途径解决创新设计的学科体系与学术体系之间的矛盾,也将有助于大学更好地培养交叉学科的创新设计人才。①

5. 实施创新设计人才发展战略

把人才作为支撑发展的第一资源,加快推进人才发展体制和政策创新,构建有国际竞争力的人才制度优势,提高人才质量,优化人才结构,加快建设人才强国。

推动人才结构战略性调整,实施重大人才工程,着力发现、培养、集聚战略科

---

① 张法:《艺术学在中国的体系性混乱》,美学研究网 2007 年 10 月 27 日。

学家、科技领军人才、社科人才、企业家人才和高技能人才队伍。改革院校创新型人才培养模式，引导推动人才培养链与产业链、创新链有机衔接。

建立健全人才流动机制，提高社会横向和纵向流动性，促进人才在不同性质单位和不同地域间有序自由流动。完善人才评价激励机制和服务保障体系，营造有利于人人皆可成才和青年人才脱颖而出的社会环境。发挥政府投入引导作用，鼓励人才资源开发和人才引进。完善业绩和贡献导向的人才评价标准。保障人才以知识、技能、管理等创新要素参与利益分配，以市场价值回报人才价值，强化对人才的物质和精神激励，鼓励人才弘扬奉献精神。

6. 建设创新设计公共服务平台和文化资源要素建设，助力大众创业万众创新的全面发展，建设面向大众、服务中小微企业的低成本、便利化、开放式创新设计公共服务平台，拓宽市场资源、社会需求与创业创新对接通道，加强创新资源共享，协助各类主体开发新技术、新产品、新业态、新模式，打造发展新引擎。鼓励大型企业建立技术转移和服务平台，向创业者提供创新设计支撑服务。完善创业培育服务，打造创业服务与创业投资结合、线上与线下结合的开放式服务载体。完善监管制度，规范发展创新设计领域的实物众筹、股权众筹和网络借贷。

加强国家和区域的创新设计中心、创新设计行业协会、创新设计网络和创新设计集群建设。支持设计师加入商业协会、设计网络和创新设计集群；展开设计机构和小型公司的需求分析，确保创新设计中心、行业协会、创新设计网络和集群的活动能够对应他们的需求；鼓励创新设计相关协会和网络采集会员的年度数据；为创新设计领域内的分支领域建立专业设计标准，鼓励创新设计专业人员将专业实践与一些新的领域如智能硬件产业转移；通过多种途径提高创新设计专业人员的商业及创业能力；鼓励设计师不断提升专业能力，提高接触大型客户、承接大型项目的能力。展开有利于提升设计创新意识、设计创新知识推送与服务的资源建设，如现代设计博物馆、艺术与科学展示馆、新材料新技术展示馆等资源型展馆的建设；鼓励相关机构加强新型设计工具的开发；召开创新设计领域各种主题的论坛、研讨会和工作坊，促进创新设计知识交流、促进设计、商业、科技、人文与社会的互动与合作；展开创新设计网络社区建设，通过线上线下互动，鼓励创新设计资源的流动与分布式合作。

7. 加强设计在科技创新发挥引领作用中的重要性

通过设计强化科技创新在全面创新中的引领作用，成为原始创新、集成创新和引进消化吸收再创新所形成的科技成果转化为现实生产力的关键环节，着力增强自主创新能力，为经济社会发展提供持久动力。推动战略前沿领域创新突破成果的生产力转化，为基础研究和共性关键技术研究、原始创新和颠覆性技术创新寻求转化为现实生产力的机会和空间。通过创新设计实施需求引领、供给创新，提高供给质量和效率,激活和释放有效需求。

强化企业创新主体地位和主导作用,为企业开展基础性前沿性创新研究的成果转化提供资源支持。促进高等院校和科研院所参与国家创新设计体系建设,鼓励一批高水平大学和科研院所组建跨学科、综合交叉的创新设计团队。通过机制、资源和平台建设推动跨领域跨行业协同设计创新活动的展开。

以国家目标和战略需求为导向,建成一批高水平国家创新设计机构,提升设计创新基础能力。提升创新设计参与科学领域和多学科交叉领域国家重大科技基础设施建设的深度和广度,依托现有先进设施组建综合性国家创新设计中心。依托企业、高校、科研院所建设一批国家创新设计中心,支持企业创新设计中心建设。推动高校、科研院所面向社会需求开放创新设计资源。通过引导创新设计要素聚集流动,形成一批带动力强的创新设计中心,打造区域性创新设计高地。

8. 拓展发展创新设计的动力新空间

通过创新设计促进供给改善和创新消费需求,促进消费升级,可持续发挥消费拉动经济的基础作用。增强消费能力,改善大众消费预期,延伸消费内涵。通过创新设计带动消费结构升级,引领和创造信息、绿色、时尚、品质等新型消费需求,推动线上线下融合等消费新模式发展,实施消费品质量提升工程,引导海外消费回流。促进创新设计的全球视野,帮助企业适应国际市场需求变化,通过创新设计构建以技术、标准、品牌、质量、服务为核心的对外经济新优势,推动优秀创新设计成果的出口。

以优化供给结构为目标,提高创新设计活动的投资效率,发挥投资对稳增长、调结构的关键作用。营造宽松公平的投资经营环境,引导社会投资,激发民间资本活力和潜能,鼓励民间资本和企业面向创新设计展开投资,带动供给结构升级。

2016 智慧城市全球发展态势分析报告

引言

作为城市化的高级阶段,智慧城市是以科技智慧为支撑、以管理智慧为保障、以人文智慧为目标的城市信息化系统工程[①],也是以大系统整合、物理空间和网络空间交互的、公众广泛参与、城市管理更加精细、城市环境更加和谐、城市经济更加高端、城市生活更加宜居、城市文化更加繁荣为特征的城市创新发展模式。根据不同的智慧类型,智慧城市可以分为科技型智慧城市、管理型智慧城市和人文型智慧城市三大类[②]。

一、科学研究及技术发展全景展示

本文选用美国汤森路透公司 Web of Science(WOS)数据库平台的 SCI-EXPANDED(Science Citation Index Expanded,即科学引文索引)、SSCI(Social Sciences Citation Index,即社会科学引文索引)、A&HCI(Arts & Humanities Citation Index,即人文艺术引文索引)、CPCI-S (Conference Proceedings Citation Index—Science,即科学会议引文索引)、CPCI-SSH(Conference Proceedings Citation Index—Social Science & Humanities,即人文社会科学引文索引)五个子数据库作为学术论文数据来源,文献采集的时间范围从 1997 年至 2015 年,同时采用 DII(Derwent Innovations Index,即德温特专利)数据库作为专利数据来源,文献采集的时间范围从 1979 年至 2015 年,数据采集时间是 2015 年 11 月 2 日。根据检索策略(参见文后附录),对智慧城市相关论文或专利进行搜索和筛选,最终获得 2119 篇论文和 481 项专利。

所选用的文献分析工具中,除了 WOS 平台自带的分析功能外,本文还采用了汤森路透公司的 TDA(Thomson Data Analyzer)数据分析工具、共享软件 CiteSpace 和微软公司的 EXCEL 软件,对数据进行可视化分析处理。

---

① 刘士林:《新常态下的智慧城市建设探析》,《中国国情国力》2015 年第 6 期,第 47—48 页。
② 刘士林:《智慧城市建设更应追求"真善美"》,《人民日报》2015 年 5 月 31 日。

1. 领域发展概况

智慧城市相关研究论文中,1997 年①至今论文总产出为 2119 篇,随年份变化智慧城市的研究论文数量呈稳定增长趋势(见图 1),且自 2012 年开始,期刊和会议论文发文数量都有较大涨幅,其中会议论文发文数量在 2013 年、2014 年呈快速增长,增长幅度远超期刊论文发文数量。

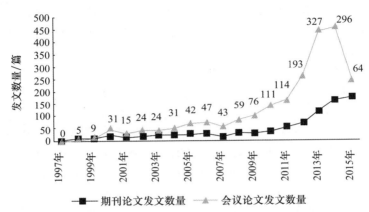

图 1 期刊论文和会议论文产出量年度趋势分布

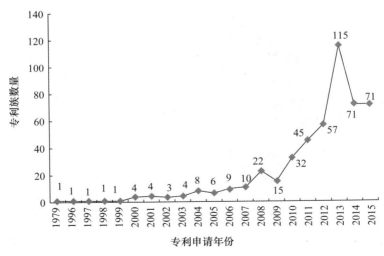

图 2 智慧城市专利年度趋势分布

---

① 尽管智慧城市的概念在 2009 年才诞生,但在此之前早就有引发智慧城市的技术及其相关研究,因此本项目组数据分析的起止时间与数据库收录时间一致。以下相同。

在智慧城市研究领域,1979年至今DII专利共计481族,期间,随着年份的变化专利族数量呈逐步增加趋势(见图2)。1979—2003年,专利族数量保持基本稳定不变,年均不超过4族,专利发明水平尚处于萌芽阶段;2003年至2008年,专利族数量平稳增加,由2003年的4族升至2008年的22族,这一阶段相关发明专利的发展呈现出成长性特点;2009—2013年,DII专利产出数量急速上升,专利族数量以年均22族增速持续增加,于2013年达到峰值,专利产出数量计115族,这一阶段专利的研发呈现出爆发性特征;2013年至今,由于研究者用于研发的资源投入已达到一定规模,技术的相对成熟使研发产出陷入瓶颈,专利产出数量逐渐减缓,趋于稳定,这一时期,专利研发呈现出成熟性特征。

从研究领域来看,学术论文数量占据前10位的分别是Engineering(工程学科)770篇,Computer Science(计算机科学)730篇,Environmental Sciences Ecology(环境生态学)274篇,Business Economics(商业经济学)226篇,Telecommunications(电信学科)213篇,Energy Fuels(能源燃料)167篇,Materials Science(材料科学)139篇,Urban Studies(城市研究)128篇,Public Administration(公共行政)112篇,及Transportation(交通运输)100篇(见图3)。其中工程科学和计算机科学两大类分别占发文总量的35.48%和33.64%,可见该领域是智慧城市研究关注的重要领域。

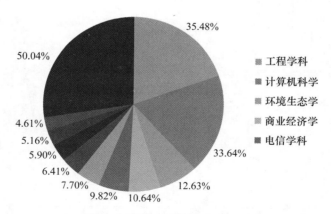

图3 智慧城市研究领域分布图

根据期刊论文和会议论文产出和作者数量生成论文生命周期图(见图4),得出如下推论:智慧城市相关研究在1997—2008年处于缓慢增长期,2008—2013年发文作者数量、发文数量均呈现快速上升,尤其是2013年,发文数量和发文作者数量呈倍数增长,出现爆发增长态势,2014年有小幅回落,目前智慧城市的相关研究仍处于成长期。

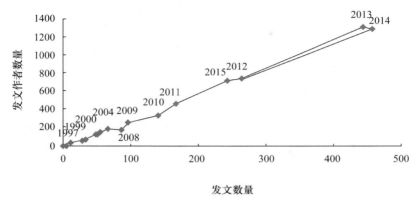

图 4　智慧城市研究领域论文生命周期

依据 DII 专利族数量和发明人数据生成智慧城市研究领域的专利生命周期图（见图 5），1979—2015 年，专利产出与专利权人数量整体呈逐渐增加的发展趋势。期间，1979—2003 年为专利技术研发的平稳期，智慧城市专利技术发展相对缓慢，专利族数量与专利权人数量在这 5 年内发展变动幅度较小；2004—2013 年为专利产出的高发年，专利的发展呈现出高速增长态势，专利族数量与专利权人数量均显著增加，2004 年专利产出量与专利权人数量出现一次快速上升，2005 年专利产出量显著增加，2006 年作者人数急剧扩大，由 2003 年的 4 人增至 14 人。特别需

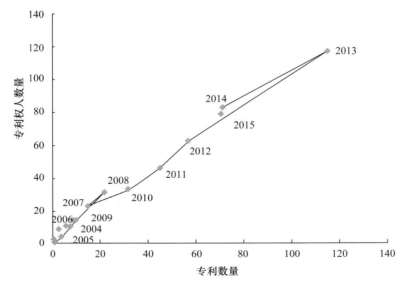

图 5　智慧城市专利生命周期图

要指出的是,2013 年达到专利研究近 30 年的峰值,专利产出数量合计 117 族,专利权人 115 人。2013 年以后,专利研发开始进入稳定发展期,2014 年、2015 两年,随着智慧城市专利研究趋于成熟,专利族数量与专利权人数量有所回落,专利产出均为 71 族,生命周期逐渐趋于稳定。

在智慧城市相关的研究,1997 年至今学术论文研究细分领域位列前五的学科领域分别是工程应用、计算机科学、环境科学与生态学、商业与经济学和电信学等学科(如图 6),2010 年之前,计算机科学一直是智慧城市领域研究的主流,自 2011 年之后,工程应用领域研究异军突起,与计算机学科领域一起引领整体研究趋势。

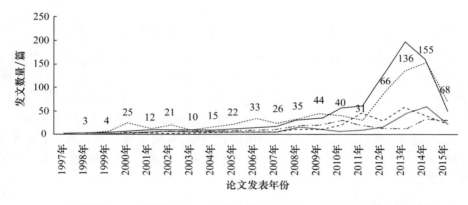

图 6　细分领域论文发表量年度分布

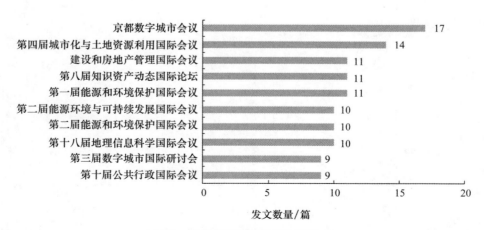

图 7　智慧城市国际会议产出前 10

其中,选取发文量排名前10的国际会议进行分析,结果如图7所示。其中,排名会议发文量前5位的分别是:Kyoto Meeting on Digital Cities(京都,日本)、17篇,4th International Conference of Urbanization and Land Resource Utilization(天津,中国)、14篇,International Conference on Construction and Real Estate Management(堪萨斯市,美国)、11篇,8th International Forum on Knowledge Asset Dynamics Ifkad(萨格勒布,克罗地亚)、11篇,1st International Conference on Energy and Environmental Protection Iceep 2012(呼和浩特,中国)、11篇,说明这些会议是智慧城市学科领域比较重要、有影响力的国际会议。

选取发文量排名前10位的国际会议地点进行分析,如图8所示,排名前3位的分别是武汉、北京、上海,新加坡排名第5位,日本京都排名第6位;前10位的城市中,中国占8个,由此可见,中国召开了比较多有关智慧城市的国际会议,在该领域具有突出的影响力。

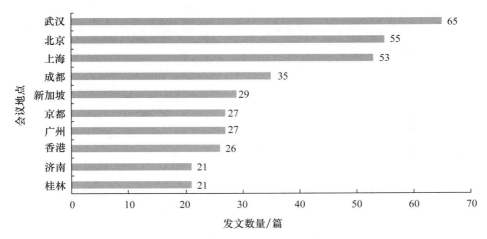

图8 智慧城市国际会议地点排名前10

2. 主要国家科研实力分析

1997—2015年各国智慧城市相关研究论文发表数量(见图9)对比可以看出,具备较强科研实力的国家有中国、美国、意大利、英国、日本、西班牙、德国、澳大利亚、荷兰、韩国等。其中中国占绝对优势,发文量占比高达45.48%,随后依次是美国(11.56%)、意大利(9.52%)、英国(7.31%)、日本(6.51%)、西班牙(4.89%)、德国(4.09%),其他国家的发文均低于发文总量的4.0%。

根据主要国家和研究细分领域论文产出对比,生成优势领域对比图(见图10),由于中国的发文量占绝对优势,在主要领域(位列前五的学科领域分别是工程应用、计算机科学、环境科学与生态学、商业与经济学和电信学等学科)的发文

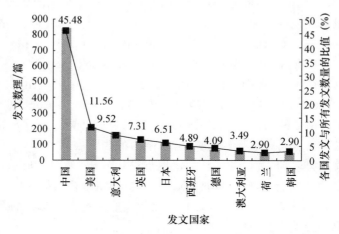

图 9 主要国家论文产出对比

趋势引领了整体发文的趋势,而美国、意大利、西班牙、德国等国家的计算机科学发文超过工程领域发文。

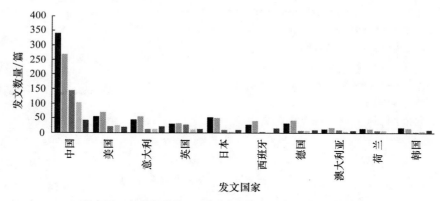

■工程应用　■计算机学科　■环境科学与生态学　■商业与经济学　■电信学

图 10 主要国家优势领域对比

研究智慧城市的主要国家近 3 年(2012—2014 年)发文量对比(见图 11)显示,多数国家近 3 年发文数量处于平稳增长,2013、2014 年的发文量相差不大。但是意大利、德国两个国家在 2014 年的发文数量出现比较大的增加,发文比较活跃。

根据论文产出主要国家近 3 年(2012—2014 年)和近 10 年(2005—2014 年)的对比(见图 12),可以看出论文产出总量位列第六的国家西班牙比值最高,占比 89.06%,其次是产出总量位列第三的意大利,占比 84.62%,接着是产出总量位列第十的韩国,占比 82.50%,占比超过 50% 的国家依次还有:德国(77.05%)、日本

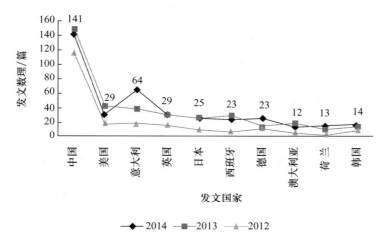

图 11 主要国家近 3 年发文量对比

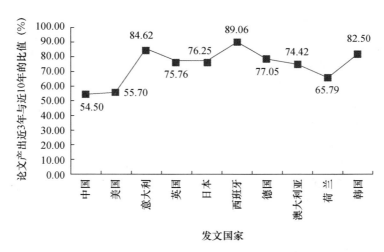

图 12 主要国家论文产出近 3 年占近 10 年百分比

(76.25%)、英国(占比 75.76%)、澳大利亚(占比 74.42%)、荷兰(占比 65.79%)。近 3 年论文产出占比大,说明该国家在智慧城市领域的研究正处于热点期,而中国近 3 年与近 10 年占比显示,发文趋于稳定。

就国家专利产出数量而言,处于遥遥领先地位的是中国,其次是美国、韩国、日本、德国、中国台湾、加拿大、法国、英国和瑞典,如表 1、图 13 所示。中国以 347 族专利位列第一,远远高于列于第二的美国,占据专利产出全球总量的 73.05%,这说明中国在智慧城市研究领域内的专利发明水平位于世界先进水平;美国专利产出位居第二,共66族;TOP10中其他8个国家的专利产出合计60族,只占据全球总量的12.62%。在专利引用方面,引用频次情况与产出数量情况基本一致,中国和美国依旧处于绝对优势地位,其他各国专利水平相对均衡。

表1 主要国家专利产出对比

排名	国家/地区	记录数量	占比(%)	频次
1	中国	347	73.36	347
2	美国	66	13.95	111
3	韩国	25	5.29	20
4	日本	13	3.75	13
5	德国	6	1.27	8
6	中国台湾	5	1.06	5
7	加拿大	4	0.85	4
8	法国	3	0.63	3
9	英国	2	0.42	1
10	瑞典	2	0.42	1

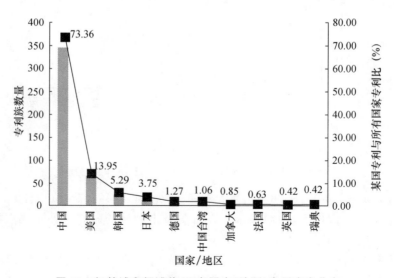

图13 智慧城市领域前10名国家(地区)专利产出分布

3. 主要机构竞争力分析

在智慧城市相关研究中,1997年至今论文产出的位列前15的研究机构依次为中国科学院、武汉大学、京都大学（日本）、哈尔滨理工大学、代尔夫特理工大学（荷兰）、北京大学、天津商业大学、北京师范大学、米兰理工大学（意大利）、清华大学、北京航空航天大学、中国地质大学、北京交通大学、同济大学、波罗尼亚大学（意大利）、那不勒斯菲里德里克第二大学（意大利）、浙江大学（如图14），其中中国的研究机构有12所，日本有1所，意大利3所，荷兰1所，中国的研究机构占绝对优势，尤其是中国科学院，处于领先地位，武汉大学、哈尔滨理工大学分别位列第二、第四。

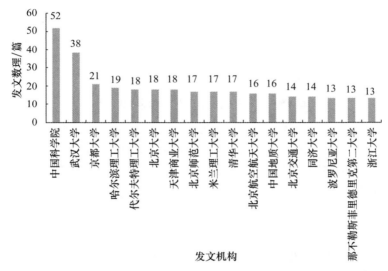

图14　论文产出排名前15位的研究机构对比

对比研究机构近3年论文产出，发文量位居前10的机构依次为：中国科学院、武汉大学、哈尔滨理工大学、代尔夫特理工大学（荷兰）、波罗尼亚大学（意大利）、那不勒斯菲里德里克第二大学（意大利）、北京师范大学、清华大学、浙江大学、北京交通大学（如图15），以上机构均是1997年至今发文排名前15的机构，说明这些研究机构在智慧城市领域的学术研究依然保持活跃。根据论文产出主要机构近3年发文量占10年发文量的比值来看，那不勒斯菲里德里克第二大学、波罗尼亚大学、代尔夫特理工大学的比值分别位列第一、二、三名，其余七家机构近3年发文占比也超过50%及以上，说明以上机构的研究在近3年十分活跃。

依据DII专利产出数据分析，得出专利族数量排名的前15家机构（如表2所示）。智慧城市研究领域中专利族数量最多的机构是美国思科技术公司与韩国三星电子有限公司，专利产出均为10族；并列第二名的是美国帕洛阿尔托研究分公司与美国施乐公司，专利产出为7族；中国东方电力试验研究有限公司与深圳先

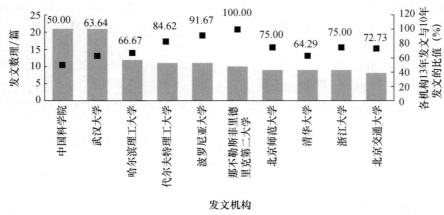

图 15 近 3 年主要研究机构论文产出对比

进技术研究所以 6 族专利并列第三名;第 7—15 家机构并列第四位,专利产出均为 4 族。从专利产出数量上来看,前 15 家机构中,美国机构 6 家,中国机构 9 家,韩国机构 1 家,表明中国、美国的研究机构在这个领域发展实力强劲。就专利权机构的布局而言,美国在前三名机构中占据 50% 的份额,表明美国的单个机构贡献率较高;就数量而言,中国在前 15 家机构中占据 60%,表明中国个体机构的贡献率均衡,但专利产出总数在世界总量中处于绝对领先地位。

表 2 智慧城市研究领域前 15 位机构专利产出分布

排名	地区	机构	专利族数量
1	美国	美国思科技术公司(CISCO TECHNOLOGY INC)	10
2	韩国	三星电子有限公司(SAMSUNG ELECTRONICS CO LTD)	10
3	美国	美国帕洛阿尔托研究分公司(PALO ALTO RES CENT INC)	7
4	美国	施乐公司(XEROX CORP)	7
5	中国	中国东方电力试验研究有限公司(EAST CHINA POWER TEST RES INST CO LTD)	6
6	中国	深圳先进技术研究院(SHENZHEN ADVANCED TECHNOLOGY RES INST)	6
7	中国	北京中辰科技开发有限公司(BEIJING OPPORTUNE TECHNOLOGY DEV CO LTD)	4
8	中国	成都金锐投资有限公司(CHENGDU JIN RUI INVESTMENT CO LTD)	4
9	美国	惠普开发有限公司(HEWLETT-PACKARD DEV CO LP)	4

（续表）

排名	地区	机构	专利族数量
10	美国	国际商业器械公司（INT BUSINESS MACHINES CORP）	4
11	中国	PAN T	4
12	中国	中国国家电网（STATE GRID CORP CHINA）	4
13	中国	国家电网上海电力分公司（STATE GRID SHANGHAI MUNIC-IPAL ELECTRIC）	4
14	中国	北京师范大学（UNIV BEIJING NORMAL）	4
15	中国	武汉大学（UNIV WUHAN）	4

4. 研究主题分析

将检索所得 2119 条题录信息导入 CiteSpace 中，运行软件生成智慧城市热点关键词图谱（如图 16）。图中节点越大代表其出现频次越高，通常频次高的关键词

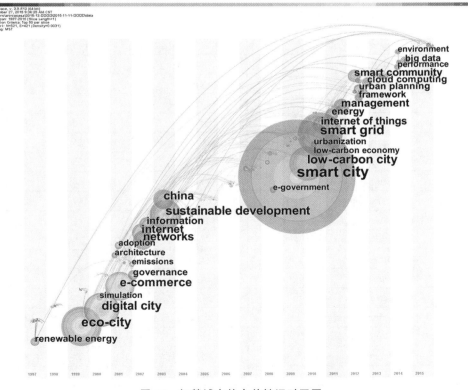

图 16　智慧城市热点关键词时区图

可以表现出一个研究领域的热点。对高频关键词进行统计,得到智慧城市领域关键词排名前 20 的高频热点词列表(见表3)。排名第一的关键词为 smart city(智慧城市),出现频次为 276 次;排名第二的关键词为 smart grid(智能电网),出现频次为 107 次;eco-city(生态城市)、digital city(数字城市)、low-carbon city(低碳城市)、sustainable development(可持续发展)、e-commerce(电子商务)紧随其后,都是智慧城市的热点领域。结合时间轴观察热点领域出现年份,可以看出,2002 年以前,研究热点 digital city(数字城市)、e-commerce(电子商务)、information(信息)、networks(网络)等领域已出现;而 sustainable development(可持续发展)、eco-city(生态城市)在 2002—2009 年间出现并受到关注;2009 年 smart city(智慧城市)概念出现,之后,low-carbon city(低碳城市)、cloud computing(云计算)、urban planning(城市规划)、big data(大数据)逐渐出现并成为关注重点。

表 3 智慧城市领域高频关键词 top20

序号	关键词(英文)	关键词(中文)	频次	年份
1	smart city	智慧城市	276	2009
2	smart grid	智能电网	107	2002
3	eco-city	生态城市	102	2010
4	digital city	数字城市	89	2009
5	low-carbon city	低碳城市	85	2005
6	sustainable development	可持续发展	81	2000
7	e-commerce	电子商务	79	2001
8	networks	网络	56	2003
9	china	中国	55	2002
10	internet	因特网	53	2005
11	management	管理	44	2011
12	internet of things	物联网	41	2002
13	smart community	智慧社区	38	2010
14	information	信息	37	2002
15	energy	能量	33	2011
16	governance	治理	28	2008
17	urban planning	城市规划	28	2006
18	cloud computing	云计算	28	2001
19	renewable energy	可再生能源	27	2012
20	big data	大数据	25	2012

借助 CiteSpace 的词频探测技术和算法,通过对词频的时间分布,探测出其中

频次变化率较高的词(burst term),通过这些词频的变动趋势,来判定前沿技术领域和技术发展趋势。对高 burst 值的热点词进行探测,结果见图 17。在图 17 中,近 5 年的爆发词有:smart city(智慧城市)、low-carbon city(低碳城市)、digital city(数字城市)、low-carbon economy(低碳经济)、electronic commerce(电子商务)、eco-city(生态城市)、urban planning(城市规划)、smart grid(智能电网),说明这些主题是近年来智慧城市的重要前沿领域。

Top 12 keywords with Strongest Citation Bursts

keywords	Year	Strength	Begin	End	1997—2015
smart city	1997	23.3367	2013	2015	
low-carbon city	1997	16.8503	2010	2012	
e-commerce	1997	15.7601	2007	2010	
digital city	1997	8.8256	2000	2011	
internet	1997	8.0949	2002	2019	
low-carbon economy	1997	5.7617	2010	2011	
electronic commerce	1997	4.4504	2005	2012	
ontoiogy	1997	4.4011	2007	2009	
eco-city	1997	4.21	2010	2011	
urban planning	1997	4.0035	2012	2013	
smart grid	1997	3.5988	2012	2015	
broadband	1997	3.3226	2005	2008	

图 17 近 5 年排名居前突增关键词

采用 TDA 对论文作者关键词[①]进行统计分析发现(如图 18),2014 年学术论文较多关注的关键词依次有:智能城市、智能电网、物联网、云计算等,2013 年较多关注的关键词有:智能城市、智能电网、生态城市、物联网、云计算、数字城市等,2012 年较多关注的关键词有:智能城市、智能电网、物联网、生态城市、云计算等,2011 年较多关注的关键词有:低碳城市、生态城市、数字城市、智能城市等。其中,在发文量呈暴涨趋势的 2013 年,对发文涨幅贡献量最大的是"智能城市"和"智能电网"的相关研究成果。

智慧城市研究领域 481 族专利所分布的国际专利分类(IPC)TOP10 如表 4 所示,其中,IPC 分布主要集中于物理、电学、作业运输这三大领域,在 IPC TOP 10 分类中,物理类专利合计 181 族,电学类专利 169 族,作业运输类专利 61 族。就细

---

① WOS 检索系统的关键词有两种,一种是 Key Words by author(论文作者提供的关键词),一种是 Key Words plus(系统从论文的引文标题中抽取的关键词),本文选择前一种关键词进行分析。

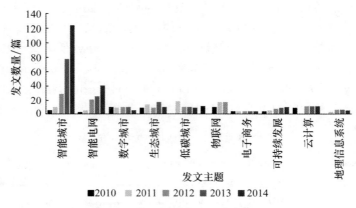

图 18　近 5 年主要主题趋势分布

分技术而言,物理领域中的交通控制系统技术的专利产出数量位居第一,为 74 族。其次还有分布在电学领域中的发电、变电和配电,电通信技术等细分领域,都是专利产出的高发技术领域。其次,涉及较多的细分技术领域还包括电动车辆动力装置、输送、测量等。

表 4　智慧城市研究领域 IPC 排名 TOP10

排名	IPC 大类	细分技术领域	国际专利分类号	专利族数量
1	物理	信号装置:交通控制系统	G08G-001	74
1	电学	发电、变电或配电:供电或配电的电路装置或系统	H02J-003	74
2	电学	电通信技术:数字信息的传输,例如电报通信	H04L-012	51
3	电学	图像通信(如电视):彩色电视系统	H04N-007	44
4	物理	测量测试:无线电定向;无线电导航	G01S-019	35
5	作业、运输	一般车辆:电动车辆动力装置	B60L-003	27
6	作业、运输	输送、包装、贮存:家庭的或类似的垃圾的收集或清除	B65F-009	21
7	物理	测量测试:测量变电量(电性能测试装置)	G01R-031	20
8	物理	测量测试:测量变电量(测量磁变量装置)	G01R-033	19
8	物理	计算、推算、计数:专门适用于行政、商业、金融、管理、监督或预测目的的数据处理系统或方法	G06Q-090	19
9	物理	测量距离、水准或者方位;勘测;导航;陀螺仪;摄影测量学或视频测量学	G01C-021	14
10	作业、运输	不同类型或不同功能的车辆子系统的联合控制;专门适用于混合动力车辆的控制系统;	B60W-050	13

5. 研究总结与发展建议

（1）在发展理念上，关注管理型与人文型智慧城市建设与研究。智慧城市是信息时代的城市新形态，是将信息技术广泛应用到城市的规划、服务和管理过程中，通过市民、企业、政府、第三方组织的共同参与，对城市各类资源进行科学配置，提升城市的竞争力和吸引力，实现创新低碳的产业经济、绿色友好的城市环境、高效科学的政府治理，最终实现市民高品质的生活。智慧城市的建设和研究需要突出"以人为本"的核心价值，方能实现城市建设由技术主导型向可持续方向发展。

（2）在战略推进上，以企业生态圈文化为中心，引领和整合企业发展战略。及早布局重构价值服务模式，最大限度弱化恶性竞争，最大限度培植协调合作环境，以"共同成长，共建共赢"为理念，形成"独乐乐，不如众乐乐"的生态圈，以较低的成本快速解决拖累自身的"社会问题"，为企业的和谐与可持续发展建立"开放共享""互利互惠"的生态圈。

（3）在实施路径上，以企业的技术和产品为基础，以相关技术标准和服务规范为抓手，用技术引导多种协议和方案走向一致，实现数据在多个不同网络之间的有效交换，对大量非结构化且杂乱冗余的数据进行标准化处理，同时，采取跨领域、全资源的整合协调模式，在传输协议、终端架构、操作系统等层面必须形成完整的标准支撑，使智慧产业像互联网一样实现全球的互联互通和协调发展。

2016 上海城市区域创新创业生态指数报告[①]

引言

国家"双创"的大背景下,创新创业生态环境的优化下一步走向何方?

2014年9月,李克强总理在夏季达沃斯论坛上提出"双创"理念迄今已有两年左右的时间,大众创业、万众创新的理念正日益深入人心,各地各部门认真贯彻落实,业界学界纷纷响应,各种新产业、新模式、新业态不断涌现,有效激发了社会活力,释放了巨大创造力,成为经济发展的一大亮点。在"双创"快速发展的同时,模式创新趋同、技术含量高且成长性好的产品匮乏、"双创"支持体系建设滞后等问题也逐渐显露;在"双创"浪潮中不断推出的政策措施的激励下,最早一批开始进行创业实践的项目,也有两年左右时间,成效如何、下一阶段应该如何总结、凝练这些经验,更好的亟待正确认识和科学评价,尽快突破这些制约"双创"的"瓶颈",将有利于推动"双创"逐步向更大范围、更高层次发展。

上海是观察中国"双创"历史进程的重要窗口

上海作为中国重要的经济城市,创业精神一直系上海最重要的城市标签之一,从早年"冒险家的乐园"到当下打造"具有全球影响力的科技创新中心"都体现了上海对创新创业的重视,同时经济发达的上海也有过青年人"宁做白领、不做首领"的质疑和困扰,面对这些综合、复杂的时代环境变化,上海的双创环境究竟如何,创新创业的实际状况如何需要全面、客观的评估;2016年,杨浦区和上海交通大学分别作为城区和高校入选全国首批"双创"示范基地,面对这一轮的"双创"浪潮应如何结合好上海的城市特点,建立符合创业创新规律的政府服务模式,支持各类专注于创新型企业和投融资机构的集聚都亟待破,其典型经验可以成为中国很多城市的借鉴。

为此,本课题组以上海为主要样本,开展以城市区域为研究对象的创业生态指数研究,并发布此报告。

一、创业指数为什么

创业环境是创业行为的重要外部约束条件。创业活动作为创意和科技创新

[①] 本研究同时系"国家自然科学基金,71502105,在校期间创业学习对大学生创业者机会识别和创业绩效的影响研究"资助成果。

最终转化为现实生产力的桥梁，长久以来一直被看作是驱动经济发展和提高创新能力的引擎，无论一个国家、区域还是城市的发展都与创业活跃程度呈现出密切的正相关关系；创业意愿、创业能力以及创业活跃程度的一个重要决定因素就是创业环境，不同的创业环境不仅在很大程度上影响创业活动的成败，也决定了创业者采取不同类型的创业活动。完善的创业环境，有助于加快创新型国家的建设，有助于推动教育、科技的进步，有助于促进产业经济的发展；特别是对于处在经济转型期的中国，其制度环境与西方具有显著的差异性，从而对创业活动的影响也有其独特性，直接影响着创业活动的活跃程度。观察中国特有的创业制度环境，可以更好地揭示出中国转型情境下创业活动的特点及特殊性，从而更好地指导创业研究与实践。

在创业环境包含的具体维度选择和归类上一般凸显政府主导、社会认知、资源供给等方面对创业行为的巨大影响，但划分与归类依据、具体表述方式等并不完全一致。Bruno 等研究认为可将创业环境分为风险资本的可获得性、供应商的可获得性、新市场或顾客的可获得性、富有经验创业者的数量、技术熟练劳动者的数量、接近大学的程度、交通的便利性、是否有优惠的政府政策、土地和基础设施的可供应量、支持性服务的可获得性、生活条件的吸引力程度等 12 个方面；Gartne 在后继增加了五项内容，认为创业环境还应该包括近期移民占总人口的比例、城市区域规模的大小、工业基础的雄厚程度、金融资源的可获得性、工业专业化的程度等因素；Gnyawali 和 Fogel 提出的五维度模型，分别为政府政策和工作程序、社会经济条件、创业和管理技能、对创业资金支持和对创业的非资金支持，并在五个维度下细分为 33 个子维度；还有相关学者具体研究了区域创业环境要素体系，如通过对硅谷地区创业者研究，探讨了当地的创业环境，主要包含以地区网络为基础的工业体系、密集的社会网络、开放的人才市场、地区的社会文化氛围。

创业环境评价的结果一般以指数报告的形式呈现，通过结构化、数据化的创业指数报告展示创业环境的构成及相应评价标准下的观测结果。创业指数报告对围绕创业的众多利益相关者有重要的参考价值。

创业者：我该去哪里开始创业？哪个孵化器最适合我的行业？如果我找了三个风险投资都拒绝了我，说明我的项目很糟糕吗？其他人一般都找了几个？A 轮的平均融资额度是多少？

政府部门：我们的政策得到创业者的认可了吗？我们这些工作的进展成效如何，达到预计的效果了吗？创业者看中哪些服务？接下来在哪些方面加大投入能取得成效？

求职者：在创业企业工作是怎样一种体验？创业企业发展正如媒体报道那么迅速发展为"独角兽"？如果从创业失败企业离职再次就业会否受到歧视？

二、创业指数是什么

1. 世界主要的创业指数研究体系和各自特色

世界各国家和地区的创业活动都到了科学评价的阶段,按照观察对象的不同层级,目前的指数一般有三种层面:国家或者地区层面、城市或者区域层面、城区或者街镇层面。国家或者地区层面的指数,主要有美国率先发布的世界范围创业环境评价——全球创业观察(GEM),GEM报告由美国百森商学院牵头,已经开展17年,2015年度的最新观察对象是全球的62个国家或者地区经济体,该指数从九个方面,即金融支持、政府政策、政府项目支持、教育与培训、研究开发转移、商业和专业基础设施、进入壁垒、有形基础设施、文化与社会规范等全面评估创业环境;城市或者区域的创业指数:Compass公司的全球创业生态系统报告GlobalStartupEcosystemRanking对全球20个主要的城市进行创业生态环境的综合评价;美国考夫曼基金会的考夫曼创业活动指数(The Kauffman Index:Startup Activity)对美国的所有州、40个大都市等进行创业评价;区域和街镇层面的创业指数:美国硅谷指数,作为被世界范围对标的创新创业区域,究竟是什么要素驱动硅谷成为美国乃至世界的科技创新中心一直是各个国家和地区争先研究的问题,硅谷指数1995年首次发布,对硅谷地区经济与社会发展情况进行定量分析,提出可测量、可实现的方案。硅谷指数的评价指标体系主要包括人口、经济、社会、环境、治理五个部分。

此外,世界银行、欧盟理事会等也对创业对经济发展的贡献度等进行过相关的研究和评估。

中国创业实践最为发达的地区也开始进入创业成效评价阶段。具体而言,2015年国内的主要报告中反响比较大的是中关村指数、中国人民大学发布的中国城市创新创业环境指数等。中关村指数参照硅谷指数,确定了创新创业环境及能力、产业发展、企业成长、辐射带动、国际化六大类指标,但相较于硅谷指数,中关村指数的核心理念是企业创新与发展;2015年中国人民大学以副省级和计划单列市为对象开始评价中国主要城市的创业指数,指标包括政策支持、市场环境、文化环境、创业者活动四个方面,该指数的特点在于既包含总指数,也分为创新型创业和产业型创业两类。

总体而言,虽然各个指数采用的指标体系和计算方法不完全一致,侧重点也不尽相同,但基本涵盖创业环境、创业条件、创业活跃、创业产出等主要内容。

目前创业指数的局限

以上研究由于侧重点、数据获取等条件限制,每次研究只能聚焦有限目标,研究对象大多集中在城市以上层面的调研;多数采用年度统计数据,用年度统计的指标测度创业，很多创业的发展是以月、季度为单位，包括创业孵化平台等，按照年度注册型企业数量等，较难反映出创业起步阶段的加速过程变化；以往的城市创业指数中将地区的 GDP、大中专院校学生数等合成后的作为测度数据，虽然一定程度上可以反映该地区的经济增长性、人力资源的充裕性等，但对于测度和反映创业环境过于间接，期间的逻辑关系和关联性十分脆弱；一些研究从政策提供角度，只要有政策存在即视为有效，而不是从创业者感知的角度，也是为何在实际中造成政策悬空等根本原因。

2. 上海创业指数的特点

本指数以创业者感知为核心，以创业过程为线索重新界定了创业关键环节和关键要素，本指数包含创业制度与环境、创业文化与氛围、创业质量与成长、创业生态与潜力等 4 个一级维度、20 个二级维度、39 个三级指标，在指标维度选择上既继承此前国内外指数的优秀经验，提高可比性、可借鉴性，又添加了新的维度，探索中国情景、创业质量、创业失败等创新观察点。

以城区为研究对象。这是一个新的尝试，也更加符合创业特点；创业者活动范围一般在一个城区内，因此城区是创业活动的聚集单位，事实上狭长的硅谷地带，也是由库比提诺、山景城、帕洛阿托等城区带组成；选择城区作为研究对象的政策优化建议可执行性、可调整性强，避免只能陈述事实而无法改变的"空心研究"。

基于创业者和创业过程视角。采用直接调研，针对创业企业的人才需求来测度创业企业的实际人才满足程度，而不是采用区域内适龄就业人口、区域内大中专院校毕业生人数等作为间接体现；创业者参加创业培训后对何种形式与内容的创业辅导及培育方式的评价，而不是采用年度活动场次、活动人数等整合后的宏观数据；测量创业者感知与创业活动直接关联，从创业者实际接触的角度对税收、政府扶持等政策的实际收益和感知等，而不是仅按照政策存在与否作为观察点；多层次、多来源、多视角等数据和信息来源——专家学者、孵化平台工作人员、创业者、不同层级员工、非创业者等方面采集数据，相互验证，避免偏见和盲区。

侧重结果的可获得性和可实施性。创业指数除了客观反映创业环境、创业能力等现状，更重要的是能够针对结果中的问题进行改进和调整，故此，本指数以问题为导向，在量表开发中较多关注可能的短板和不足，而非"自我鉴定、自我表扬型"测评；在报告中也用较大篇幅阐述报告反映出的深层次问题，以期实现创业环境优化在高水平上的再突破。

上海城市样本的典型性。上海发展历史是中国现代城市区域的缩影，有老工业基础，又面临转型压力，并非完全的新兴城区；有一定的创业基础，有一定的高等院校，但又需要合作模式的突破和革新；既初步搭建了要素齐备、业态良好、氛围友好的创业城区,又处于向产业孵化纵深发展的阶段,这样的城区最适宜开展创业的调研,避免了创业成效的滞后性而带来的"测不准"难题,或是正在突击建设的"临阵效应",能够较好的测度一个比较稳定建设和发展的城区环境如何影响人们的创业认知与意愿,创业成效与期望等关键问题。

3. 创业指数体系的构成

通过创业制度与环境、创业文化与氛围、创业质量与成长、创业生态与潜力等4个方面全面观测创业生态体系的健康、友好、多元程度,其中既有刚性约束的制度、政策等要素,也有社会价值观、创业动机等人文认知;既关注创业活跃度等过程性指标,又注重实际成效的结果导向;既观测现有创业环境、服务举措等现实环境,又前瞻创业退出、创业潜力等发展空间,综合评价城市区域范围内的创业特质。

创业制度与环境:制度环境和硬件条件是创业生态里的基石制度约束,包括法律、程序等规范和规则,本研究通过对创业融资渠道及难易程度、行政管理效率等观测基本规则;人力资源成本等经营条件,也是构成创业基础的主要因素,以上构建和勾勒了创业生态的基本框架。

创业文化与氛围:文化氛围是创业生态的"软环境",是创业生态的润滑剂和黏合剂,决定着创业生态的活跃、友好程度。一个城市中同样的刚性政策规则下却有不同的创业活动,很大程度上是取决于"人"的要素。本研究从机会感知、创业动机、创业能力、失败宽容、社会价值观等方面,通过具体观测创业能力自我认识、创业机会的识别与把握、媒体舆论等观察创业者和公众对创业的感知和认识。

创业质量与成长:衡量创业生态的实际产出,既关注效率,又关注效果。创业不仅要活跃,更要存活,按照国际创业体系中创业密度等宏观角度考察创业生态中的活跃程度和初创绩效;在创新程度、企业成长性、社会效益等企业层面考察创业企业的成长速度;从吸纳就业等方面考察综合社会效益;率先探索国际化程度等高要求的导向性指标。

创业生态与潜力:创业生态潜力关注未来发展和成长空间。创业不仅是从0到1的婴儿阶段,还要不断发展为有生命力、影响力,乃至引领行业发展的关键企业,良好的创业生态不仅要能满足企业眼前的迫切需要和实际问题,还要能支撑、培育、聚集起产业领袖级的长远发展。通过多样性、公平创业、反垄断等方面的考察探寻创业生态的开放性、包容性,同时通过对退出机制的观察创业生态中优胜劣汰、适者生存的良性循环。

表 1 上海城市区域创新创业生态指数构成维度

一级指标	二级指标	三级指标	具体测量指标（举例）	数据来源
创新型城区创业生态指数	创业制度与环境	创业融资	融资渠道	问卷调查
		政府政策和项目	政策满意度	问卷调查
		教育与科研	高校、科研机构资源	统计数据
		人力资源	人力资源获取	问卷调查
		孵化条件	众创空间数量	统计数据
	创业文化与氛围	机会感知	机会识别	问卷调查
		能力感知	机会把握	问卷调查
		创业动机	创业吸引力	问卷调查
		社会价值观	职业选择	问卷调查
		失败宽容	创业失败认知	问卷调查
	创业质量与成长	创新性	产品或者服务新颖程度	问卷调查
		国际化	国际营收比重	问卷调查
		成长性	经营绩效增长率	问卷调查
		社会效益	创业带动就业比	统计数据
		龙头企业	"专特精新"中小企业	统计数据
		创业密度	工商登记中新创企业数量	统计数据
	创业生态与潜力	多样性	产业生态	统计数据
		公平创业	创业公平	问卷调查
		准入制度	准入资质	问卷调查
		退出机制	退出程序	问卷调查

此外，非创业者样本作为重要的数据来源起到两方面的作用。首先作为对照组，观察与创业者对同样环境的感知是否存在异同；其次，对非创业者创业意愿、创业动机及不创业原因进行了进一步追问，能够从另一个方向审视创业阻力的来源。

4. 研究对象与数据

指标开发：结合研究对象与目的，本研究以国际通用和中国实际相结合，广泛汲取 Global Entrepreneurship Monitor、KauffmanIndex、TheGlobalStartupEcosystem Ranking、Silicon Valley Index 等国际指标中的有效条目，实现国际比较与对标的可比性，同时结合中国国情进行拓展和扩充，更好地反映中国的文化背景、经济转型、创业实践的特殊性和特色，通过定性与定量相结合的方式，以量化指数的方式对四个维度的情况进行评价，客观反映创业城区建设的实际进展、成效与不足，并通过创业典型的访谈，探析创业孵化服务中的瓶颈，以期进一步强化优势，将资源配置到核心发力点，同时深化改革、创新制度，补足和突破短板。

数据采集：直接数据来源采用多渠道、多来源的数据，相互验证，以避免偏见；权重比例通过国际研究文献和多位专家访谈确定；间接数据来源采用发改委（统计局)、工商局、税务局、公安局、人社局等公开统计数据,作为人口、登记企业数量、利税金额的可靠来源。根据随机抽样的原则,对问卷顺序、题目顺序等进行随机化,并对区域内所有孵化机构进行分层配比抽样,保证来自不同区域、行业、创业阶段等的创业者,不同年龄、行业、单位属性等非创业者均有入选。

数据处理:严格保证数据质量,剔除不合格数据、奇异数据、不完整数据;剔除部分不符合本次指数关键概念界定的样本,如注册时间超过36个月的企业样本;数据检验:对数据的信度和效度进行统计学检验,确保一致性。

三、创业指数如何说——上海创业生态体系总体达到发达国家水平

1. 指数结果

(1)总指数结果

上海创业生态总指数达到72,显示出创业生态总体水平达到良好的标准。创业制度与环境、创业文化与氛围、创业质量与成长、创业生态与潜力等4个方面基本均衡,其中制度与环境建设、创业质量与成长两个方面表现不俗,创业生态和潜力建设有待进一步发掘。

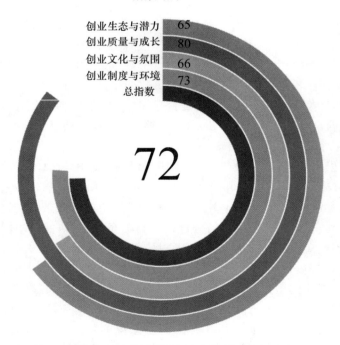

图1　上海城市区域创新创业生态指数总指数结果

上海一直高度重视创新创业环境的建设和改善,吸引了中国(上海)创业者公共实训基地、全国首个大学生科技创业基金会等机构落户上海,各城区均建设众创空间等载体,提供"一站式"开业指导服务等。从评估结果来看,创业制度与环境维度达到73,获得创业者的高度认可;在具有全球影响力的科创中心建设过程中,各媒体、活动中广泛宣传创新意识、创业文化,使民众对创业有较为全面的认知,对创业行为比较认同,但是由于传统意识和观念,对创业失败等依然有较大的顾虑和担忧,创业文化与氛围维度为66,反映出改变人们的思想观念和认识需要更加漫长的积累和耐心;上海的创业企业质量表现突出,得益于众多知名高校、科研院所的存在。上海的创业保持在以科技型、引领型为主,同时吸引了一定数量的海归创业、境外人士(含港澳台)创业,其在创业国际化程度、创业者成功率、创业辐射作用等方面均高于全国平均水平,创业质量与成长维度达到80的高分,体现了创业产出的成效显著;由于城市区位面积有限、部分老工业区和企业的搬离、改造、转型等相对困难,上海在创业生态与潜力维度得分65,相对薄弱,如何克服地理位置和纵深腹地不足等,培育和留住行业领袖级、区域代表性的重量级创业企业有一定难度,目前与北京、深圳、杭州等相比,未能培育出百度、阿里、腾讯层级的企业。

(2)分指数结果

创业制度与环境

包括创业融资、政府政策和项目、教育与科研、人力资源、孵化条件等5个二级维度。从指数结果上看,人力资源和孵化条件的表现突出,这和上述分析相吻合,上海在场地建设、高校毕业生资源方面有突出优势,在创业融资方面也有较好表现,事实上获取投资永远也不应该出现非常容易的现象,对项目的高标准、严要求也不是坏事,各投资方的意见和质疑实际上有利于创业企业更好的优化项目,消除可能存在经营风险(不同渠道的融资方式和难易程度请参见后继的详细解读)。

创业文化与氛围

包括机会感知、能力感知、创业动机、社会价值观、失败宽容等5个二级维度,得分比较均衡,处于正常水平,其中机会感知和社会价值观稍低,前者说明创业机会的识别作为创业第一步确实存在难度,如何有一个好的创意、确认一个有市场潜力的商业机会是十分具有挑战性、创造性的工作,创业者对此观测点的评分显示出对创业难度认知的客观与理性,没有过高评估自己的能力;后者则显示出在民众观念中对创业不确定性依然存在不安与顾虑,是比较客观的态度。

创业质量与成长

包括创新性、龙头企业、成长性、国际化、社会效益、创业密度等6个二级维度。创新性和成长性这两个重要的创业绩效衡量指标表现不俗,创业企业能够有

图 2　上海城市区域创新创业生态指数分指数结果

意识的采用新技术和利用新机会,实现基于创意、创新的创业,而不是进入同质化严重的市场进行竞争;企业在销售额、雇员数量方面的增长迅速,体现出经营良好的发展势头,也印证了创业企业在促进经济增长、吸纳就业等方面的带动作用,说明了"双创"的重要意义和巨大潜力。

创业生态与潜力

包括公平创业、退出机制、多样性、市场准入等 4 个方面的二级维度。从培育区域代表性企业的高标准看待,目前这方面的潜力还很有待进一步释放,在市场进入方面创业者依然感觉相当高的难度,体现了"创业维艰"——尽管创业现象的关注度、活跃度在提升,但是实际适合创业起步的行业、产业依然有限,部分行业的进入对资金、资质等仍有门槛;一些行业中的垄断企业对创业企业进入行业的阻碍是较大的。

(3) 国际比较

上海创业生态体系达到发达国家水平。对比 2016 版全球创业指数（global entrepreneurship index，2016），上海城市区域的创业总体水平处于较高水平，其得分仅次于美国、加拿大、澳大利亚、丹麦、瑞典等五个国家（地区），与瑞士、英国、我国台湾地区等大体持平[①]。

上海创业群体特征与国际主要区域类似。调查显示，上海创业者平均年龄 34.4 岁，与北京（38.5 岁）、硅谷（36.2 岁）等基本一致，并略微年轻，也说明这是一个创业成熟的黄金年龄段；女性创业比例达到 36%，高于美国主要城市硅谷（24%）、波士顿（29%），性别比例基本稳定而合理[②]，说明中国职业女性的独立与创业精神更强。

2. 指数解读——上海创业质量高、服务优，生态体系健康程度高

（1）从创业者角度看，年龄结构合理、创业动机端正、创业准备认真、行业选择理性

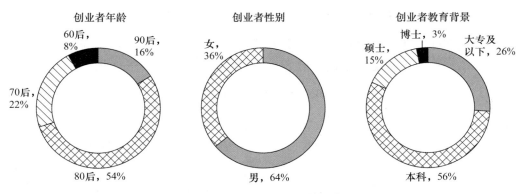

图 3　创业者年龄、性别及教育背景

80 后创业成主力，90 后比例增长快，女性创业比例高，超七成创业者拥有本科及以上学历。调查显示，80 后的创业者占比超过了五成（54%），而一批 90 后创业者正在快速加入创业大军（16%）；创业者教育背景的统计显示，超过七成（74%）的创业者拥有本科及以上的教育背景，显著高于全国（49.8%），这表明大部分上海创业者在创业时具备良好的专业知识基础及一定的学习能力。

创业动机理性、准备充分：80 后 90 后更加"理想"，而 70 后更加"务实"。创业

---

① 全球创业指数（global entrepreneurship index）从创业认知（机会识别、风险承担、文化氛围）、创业能力（技术采用、人力资源）、创业成效（创新性、成长性、融资等）等维度评价创业生态，与本研究有很大相似度，但由于研究对象的区域层级不同（以国家或地区的研究对象），维度不完全一致，仅供大致参考。

② 参照 global startup ecosystem ranking 2015 的国际数据。

动机都很端正,更好的自我实现、追求新的机会等机会性创业的比例很高,达到90%,仅有10%左右的人是因为没有理想工作而创业,属于生存型创业;创业者的动机与不同年龄段的有明显区分,这与他们年龄阶段面临的实际需要和现实问题直接关系,80后90后的创业主要动因是为了个人的创业梦想,而70后的首要动因是增加收入,说明现在的70后处于人生的中年阶段,事业瓶颈和现实压力最大的一个年龄阶层,大部分创业者期望通过自己创业,更快的增加经济收入,提高生活质量。

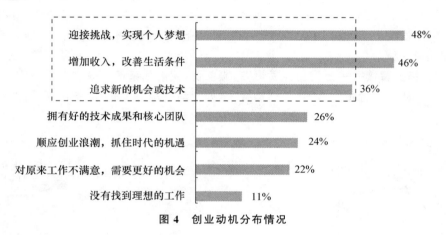

图 4　创业动机分布情况

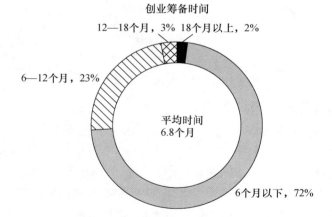

图 5　创业者筹备创业所需时间

创业的筹备时间平均为 6.8 个月,属于比较恰当、充分的准备,也说明创业者的动机端正,创业很少是仓促或者冲动决策,而是能够较为充分的为创业做准备,在半年左右的时间里完成团队组建、场地确定、项目确定,同时有序的办理离职程序等必要步骤,创业的决策多基于个人的理由(个人成就动机或者事业发展需要),并没有受到环境驱动的盲目创业。

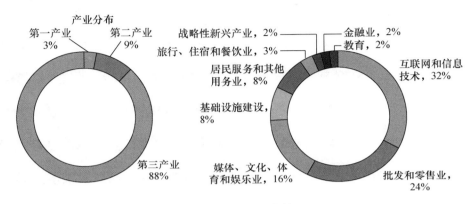

图6 创业行业分布情况

行业分布多样化,第三产业占主导:从创业产业结构来看,第一产业比例为3%,第二产业比例为9%,而第三产业占到整体调查样本的近90%。对第三产业进行细分后可以发现,互联网和信息技术占整体比例为32%,表明利用互联网和信息技术的服务业是第三产业中的主力军。

(2) 从创业环境角度看,创业设施齐备、创业资源丰富、民众创业包容度高

创业平台业态多样、层次丰富、分布合理。科技园、众创空间等各级各类创业孵化场地的分布、密度等都已经比较合理,可以满足创业需要、服务到位,创业者对此问题不再担心,能够更好地集中精力,关注与创业经营业务直接相关的市场推广和人力资源环节,而省去了在选找场地等基本事务上的精力。

创业氛围友好,无论成败均得认可:值得欣慰的是,无论是创业者、还是非创业者,社会价值观对创业的正向肯定几乎都达到6分以上,说明经过多年舆论宣传和真实案例引导,全社会对创业的认识更加理性和成熟,创业已经成为一种常态化的职业选择,既不被误解为找不到工作,也不会被升华为超级英雄。理性创业、有序经营,享受创业的状态愈发被公众接受,无论创业是否顺利、成败与否,都和在其他行业的职业发展一样被正常看待。

(3) 从创业成效角度看,高学历和技术型比例大、创业密度高、带动和吸纳就业成效显著、国际化程度较高

本次创业指数中,不仅是创业活跃,更要富有成效,不仅"能创业",更要"创成业",创业扶持与孵化不能只是各种活动的场面热闹,更要有实实在在的培育效果。从结果看,上海的创业品质很高,在创业国际化程度、创业者成功率、创业辐射作用等方面均高于全国平均水平,创业活跃程度快速接近世界水平。

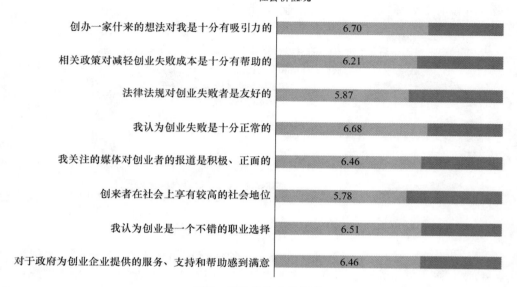

图 7　创业者社会价值观

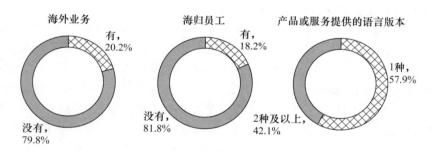

图 8　创业企业海外业务、海外员工及产品(服务)提供的语言版本

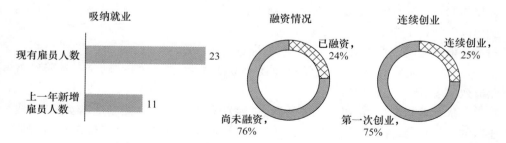

图 9　创业企业吸纳就业、融资情况及连续创业者统计

国际化程度高:本指数率先测度创业国际化水平,从某个侧面反映上海建设具有国际影响力的科技创新中心的进展和成效。有 20.2% 的初创企业涉及海外业务,在产品国际化、人才国际化、市场国际化方面领先,有 18.2% 的团队中存在海归,42.1% 的企业的产品或服务提供两种及以上的语言版本。

创业企业发展迅速、加速突破创业生死线:——初创企业平均 3 年度过小微企业成长期,迅速接近中小企业规模(小微型企业 1—20;中小型企业 20—100;中大型企业>100);初创阶段后获得资本市场青睐,初创 3 年内顺利完成过融资的企业占比达 24%,创业成功率和品质有较高水平。

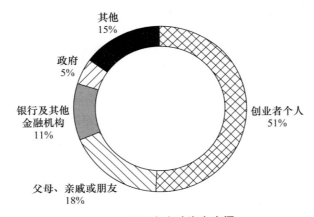

图 10　创业者启动资金来源

(4) 从创业生态潜力看,率先诊断生态健康程度,关注潜在创业者等新群体,前瞻探索进一步释放创新创业潜力

上海定位于建设具有全球影响力的科创中心,站在新的起点,自我加压,更加深入、细致地梳理服务项目,对创业中的融资困难、挫折项目和有创业意愿却没有创业行动的潜在人群等做出进一步分析和思考。

创业资金来源,大部分创业者自筹启动经费或者向家人寻求支持:一方面说明创业融资的获取还不是十分通畅,涉及的程序、时间周期等还有一定的门槛,在创业早期需要团队、项目、场地等众多事务处理,将时间和精力放在外部融资上不是创业者性价比最高的首选;另一方面创业者一般有一定的财务积累(与创业者平均年龄相印证),同时客观上创业启动成本迅速降低,创业者理性在起步阶段自己筹资有助于控制公司的股权和决策权、避免了早期的股权稀释和流失等,而靠自筹费用度过初创期后将在后继的融资中有更大的话语权,这是创业者日趋理性和创业能力日益娴熟的表现。

资金链管理和团队人员问题是创业转折的主要痛点:如何控制现金流是创业

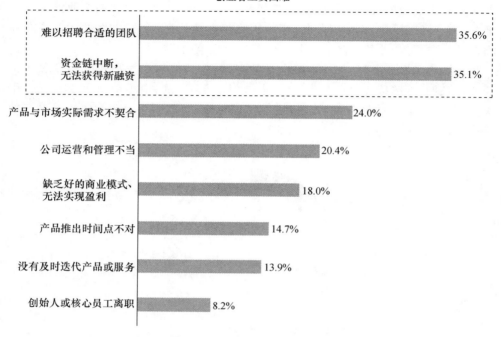

图 11　创业者主要面对的困难

者的主要痛点，所谓"不当家不知柴米贵"，创业者多数是专业领域人才，在自己的技术领域或者营销设计上或有专长，但是对统筹公司财务方面尚不娴熟，不少创业者存在一些财务上的未预计支出：除了支付员工本人的薪资，公司配套的四金和保险等需要追加约 50% 左右，部分创业者对办公环境等要求偏高，在装修和装饰上消耗了资金，对办公场地装修的可能延误、产品囤积和周转的损坏率、货款的结算周期延迟及坏账准备等估计不足，过于乐观地估计市场占有率和发展速度等存在创业理想化的问题，都导致资金链的紧张甚至断裂；创业团队人员招募难，事实上，与大型企业的稳态运行、完善的制度和流程规范成为运行保障相比较，创业企业的特点决定了对个体的自觉性、能动性、创造性的要求比大企业更高，人员的素质对初创企业的决定性作用和影响更加重要，很多初创企业表示难以获得亟需的人才。

创业"退缩"的主要原因是担心失败。在对非创业者的民众调查中有一类特殊人群，即有创业意愿并认真考虑过创业可能性的"潜在创业者（Nascent Entrepreneur）"，尽管认为创业失败是可以理解的，但是其对于创业失败的恐惧导致很多潜在创业者难以走出第一步。走出心理舒适区需要极大的勇气，即便创业成本

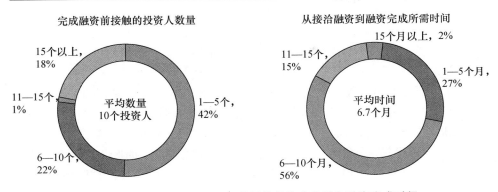

图 12　创业者完成融资需要接触的投资人数量和融资完成时间

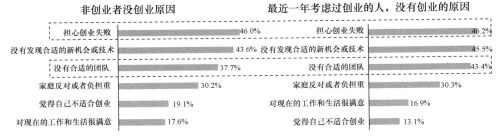

图 13　非创业者尚未创业的原因

降低、创业起步门槛降低,此前的创业政策已经营造了很好的创业环境,但多为如何激励、扶持成功企业加速成长,而对创业失败后的善后事宜,包括对个人信用、再次就业、自信心受损等问题的关注不足,今后要更多关注创业失败的保护和关心,使得创业失败后也能从容再次就业或者创业,将有助于推动更多人挑战自己的人生梦想。另外,当非创业者真正认真开始考虑创业的可行性时,因为没有合适的团队而最终暂缓其创业计划的创业者比例大幅上升,这意味着创业扶持机构应当更加重视为创业者提供搭建团队的渠道及信息,让志同道合的创业者能够汇聚到一起,在创业的道路上携手前行。

四、创业扶持,让创业服务的创新跟上创业成长的速度

创业服务的创新要跟上创业成长的速度!经过"双创"助推的两年加速发展,新兴经济将成为最主要的支撑,催生了一大批创业企业,其中不乏商业模式、运行机制、产品服务的众多创新,这些打破常规、高速成长的"巨婴企业"(Baby Giant),原有的孵化模式中资金、场地、举措等都无法满足创业服务日益深化的趋势和需求,通过"两创新、两升级"应对创业扶持的新挑战。

1. 创新投资模式

大部分创业者的启动资金大多来自原个人和家庭，分析其原因主要有：天使和风险投资机构的起投点相对较大，而初创企业的需要较小（特别是此次创业浪潮中兴起的互联网企业、服务型企业，与过去的传统行业的融资需求有明显不同），最初也不愿意出让太多股权，使得未来的企业利益分配受损；同时，与过去传统行业产业的另一个不同是，互联网和服务型行业的创业属于智力和技能密集型，不会形成较高额度的固定资产等质押物，所以对于小额贷款等也存在"玻璃门"现象——看得见、摸不着。可见，随着创业门槛的降低，创业启动资金的需求量比以往的创业投资更加小，需要根据这种新形式，及时探索启用新模式的投资方式。

对于起始投资额降低现象，互联网等"轻启动"创业模式资金的需求量比以往的创业投资更加小，在美国硅谷等地方存在，出现了 YC 孵化器、500startup 等新型孵化器，提出了"批量投资"的概念。以 YC 的独特模式为例，天使投资人给创业公司提供种子基金并非新鲜事，但 YC 另辟蹊径，采取一年冬夏两次批量投资的方式大规模生产创业公司；定额投资方式，"5000＋5000n"美元投资（n 是愿意参与此项目投资的 YC 合伙人的人数），在创业者起步阶段 YC 介入提供为期 3 个月的培训、2 万美元或以下的种子资金，以及 YC 公司 15 万美元的可转换债券投资；同时，其收益来源比例也比较固定，一般占入孵项目 2%—10% 的股份，比例低于一般的天使和风险投资。此类批量投资的好处是，通过批量的规模效应，减少了整体风险，降低了单个项目的投资金额和相应的股权汇报比例，更接近现在创业者的实际需要；与以往一事一议模式不同，此类投资也将少了过去冗长的谈判过程，提高了创业投资的效率。

对于银行信贷方式的"玻璃门"现象，由于与商业银行的性质以及运行模式有关，实际上对于上市公司的行政干预色彩与商业银行的市场化运行存在本质矛盾、商业银行本身的盈利点不在创业投资，其对风险投资项目的筛选也不专业等等，其对创业项目的投资实际上还是无抵押贷款的业务，对小微企业的支持程序较为复杂，在其他国家的商业银行也很少参与创业投资，可见由商业银行直接发放的小额贷款仅仅是作为一种鼓励和配套，而不能成为主要方式。对于这一状况，应推动"硅谷银行"一类的科技银行的建立。通过委托代理机制，商业银行不直接投资于初创企业，而是通过出资建立科技银行，通过专业风险投资机构合营，既能够发挥银行的资金优势，又能发挥投资机构的项目筛选专长，各自从事最专业的事情，才能发挥出"投贷联动"的效应。

上海此前设立的硅谷银行是一个有益的尝试，但是目前发挥的效果十分有限，与美国本土的硅谷银行相比"名不副实"，其运行模式依然有一般商业银行的模式、甚至一些科技企业债券融资业务更偏向于私募股权PE模式,没有发挥出科技银行在投资初创期企业的应有作用,未来如果切实达到在美国本土的运行效果,其在具体运行机制、路径上需要更多的"放权";建立梯级投资基金的储备,将此前的"天使基金＋接力基金"的模式进一步完善,统筹"大钱"和"小钱"的使用,更好地促进天使、风险投资和接力投资的关系,避免所有资本都涉及全链条、全行业,而是根据资金的来源、性质、基金大小、投资期望等进行不同阶段、不同产业的专注投资,而不是跟着项目跑,所有资本一哄而上。

2. 创新增值服务

人力资源成为创业企业发展瓶颈。58.8%的创业企业的主要成本投入和最大瓶颈都在人力资源方面,特别是大型企业的稳态运行、完善的制度和流程规范成为运行保障,而创业企业的特点决定了对个体的自觉性、能动性、创造性的要求实际上比大企业更高,人员的素质对初创企业的决定性作用和影响更加重要;同时也反映出创业企业在人力资源市场存在事实上的偏见,也就是说除了部分创业者自己或者潜在创业者之外,大部分的普通求职者仍不会把创业企业作为首选。

整合品牌资源,为创业企业背书。组织对创业企业的专场实习或者校园招聘,这也是红杉资本等能超越其他投资机构的重要"投后服务",红杉资本组织投资后企业的校园招聘,以红杉资本的强大品牌为创业企业背书,虽然初创企业没有知名度,但是红杉资本的注资在一定程度上为作证这些创业企业的行业前景和企业实力作证,这种"站台"弥补了初创企业知名度低的短板,成为最重要的增值服务之一。类似的,可以通过创业孵化平台的集中人才集市,能够给创业企业带来实际帮助。

搭建创业者社区,创造多元化、差异化的交流平台,异质性是创业萌发的最关键因素,也是一个优秀创业生态的核心,应该打造外国投资、外国人员进入的最低门槛,增强流动性,增强不同文化的碰撞和交流,带来新的火花。很多创业者活动、知名讲师等资源固然是一个方面,更多的是要创业者之间的交流和碰撞,很多参加国际青年创业论坛等的创业成功代表也坦言,参加创业活动聆听和学习产业趋势等还在其次,事实上在媒体发达的今天,多数演讲都会实施披露,而花费精力和时间、费用成本参加此类活动,更主要的目的就是拓展自己的关系网络,需要合作伙伴、潜在业务机会等,构建便利的商机、项目测试、合作伙伴需求、人才招聘和跨界合作等机会的创业者社区。

互联网＋创业服务的"网络"模式。对"互联网＋"、新媒体的理解不能停留在简单的新闻推送、线上报名,而是形成真正的资源网络。以美国Wework的孵化模式,除了提供线下的办公空间,其有价值的增值服务是建立了有效的创业者线上交流平台,这个交流平台目前已经累积了5万创业、创投、技术等人才,其中可以及时地在平台上发布人员招聘、产品信息对接、样本发布等，也或有其他人点评你的创业项目、给出建议，其创业者社区的价值超过了线下的场地支持条件。

3. 升级场地供给模式

此次指数调查中创业者在硬件条件满意度高，特别是场地供给方面满意度最高，创业者可以较为方便地找到孵化机构并获得服务，但是在具体的场地提供方面，创业者比较务实和理性，对场地的需要主要是针对自身的发展的要素，特别对于地理位置等与公司发展和业务联络有关的关注度很高，而对创业孵化机构的品牌和机构所谓能对接的资源满意度不高，甚至对过多的参观、交流接待等工作存在逆反。

本次的创业指数还特别关注了创业企业离开孵化器的原因。孵化机构的形式单一、服务同质化、缺少行业特色、缺乏区域布局和引导等逐渐显现，特别是"交接脱节易掉棒"——养鱼池后继没有鱼塘，导致部分企业离开，孵化器的预设时间缺少弹性，对创业孵化缺乏耐性，通常在3个月到6个月，时间偏短，很多企业刚有业务就面临转移办公地点等，而另一部分"明星"企业又常驻不走，导致孵化器和服务机构处境尴尬。

针对创业者需求，强化办公功能：创业者在选择孵化器时，更多考虑的还是孵化器本身的实用性并且对价格成本很敏感：入住成本、低成本使用场地的时间、孵化器所处地理位置。然而现实是，部分孵化器功能配置冗余，部分孵化器过于重视空间美感和交际功能，越来越像"咖啡馆"，公共空间偏大，装修越来越艺术化，但孵化的功能却日益弱化，同时由于空间的成本问题，牺牲了地理位置，初创期间兼顾商务交往、交通便利等多样化需求，给入驻企业的业务发展带来较大的不便。从本次调研结果看，地理位置的便利性处于重要的位置，建议可以参考Wework的发展模式，选址全部在大都市的核心区，寸土寸金，但其强化办公和初创，设置10平方米左右满足3—6人的办公区域最多；实现咖啡机等自助模式，既保证服务又实用，同时降低了孵化器的服务人员数量，削减了人力成本，突出核心功能，将资源集中于关键点。

针对孵化平台的衔接问题：1. 依据行业特点分类指导，合理配置周转周期：一方面是对孵化周期的合理推定，针对不同行业实现不同的考核周期，避免"一刀切"，采用统一标准并不合理；2. 对项目主动分流、引导到后继的发展空间：此次填写调研的孵化企业有部分成立于2013年以前[①]，已经成了成熟企业，却还没有输送出去，孵化平台成了"写字楼"，对于这些进入平稳经营的企业，应该按照正常的

---

① 此部分样本不符合本指数的创业周期界定，数据甄选过程中已经剔除，未加入研究其他分析，但反映出孵化周期的一些问题。

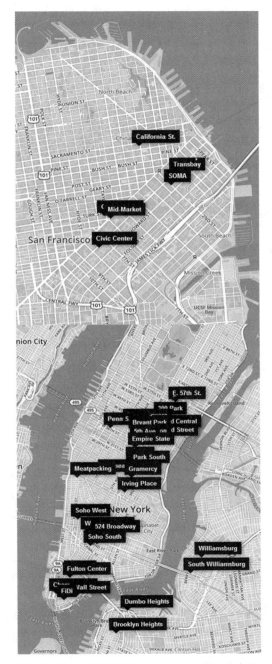

图 14　Wework 在旧金山和纽约的地理分布图

创业孵化结束对待,逐步分流、疏解到其他商务平台,为不断产生的新创企业腾挪,也确实发挥孵化平台关注从0到1的功能定位;3.对接创业者工作节奏的服务:一些孵化平台的管理角色较强,工作节奏与创业者的需求存在脱节,管理有余,服务不足,如创业团队晚上加班的作息规律、周末加班进行项目冲刺等情况;部分孵化平台用餐时间、物业管理等兼顾管理人员和创业者,实际上是按照管理人员的便利设计,需要进一步市场化的服务机制,如场地管理与服务团队、餐饮提供与配送等更多地采购第三方服务;未来的创业孵化器的差异化发展,主要是在行业领域、企业量级等方面做好差异化规划,区内联动统筹,打造创业走廊,区内不同的孵化平台能主动引导和分流、承担企业的成长,既能避免"掉棒现象",也杜绝一些企业在各个孵化平台"兜圈子"。

4. 升级孵化服务模式

如同所有产业的发展存在"生命周期",创业孵化与服务的工作也同样需要与时俱进,不断创新服务产品的内容和功能。创业大赛、创业沙龙等在创业文化的启蒙阶段确实发挥了重要作用,但是随着国家双创的推出和深化,创业已经逐渐走过了启蒙阶段,各类媒体报道了很多创业典型、推出了大量创业节目,社会大众普遍接受创业文化,创业者对现在频繁的创业大赛、沙龙等活动热情正在退潮,创业者每个月平均只参加1.5次创业活动(大赛、沙龙、论坛等)。

升级创业辅导,从群体辅导走向项目专属的伴随成长。有58%的创业企业都配备了创业导师。然而当创业者真正遇到困难时,向创业导师寻求帮助的比例非常小(11%),创业导师与其所配对的创业企业的关系并不紧密,提供的帮助也是形式大于内涵。目前创业者已经可以通过众多各类书籍、杂志等,了解了创业的基本知识,这时候作为孵化平台,对其专业服务的属性的要求日益强烈,创业者入驻孵化平台并实际开始创业后,期望的是和一般大众公共信息平台不一样的信息、指导和服务,而非一般性的概念普及了,创业服务从精神启蒙走向实际帮助,这时候一般的讲座、大赛等粗浅层次的面上服务已经无法满足初创企业的需要,跟不上创业企业的成长节奏和步伐,采用"师徒制",除了评审导师、辅导导师外,更需要伴随式的一对一导师,通过让导师担任公司独立董事等制度创新,与创业企业进行更加紧密、深度的合作。

升级公共服务,向创业出口方向延伸,助推创业发展。创业是一个持续过程。生下来、活下去、逐步壮大才是创业的成功,这期间虽然所谓从0到1的第一步最艰辛,但从1到N的成长、冲出创业"死亡谷"才更重要,在起步时靠创始团队的艰苦创业,但是起步后与一般公司相比创业企业的稳定性、人员培训、组织管理等等都还有待提升,很多看上去很有潜力的初创期企业难以跨越事业瓶颈,无法实现规模化从而盈利的关键阶段,大量集中倒闭,产生所谓创业"A轮死"现象。目前多提供开业指导、一站式办证、法律咨询、财务外包等诸多服务还主要集中在外围和前端的服务,而不少企业在研发和技术等核心环节投入大量人力和资源,但对上市销售前的最后 20% 往往难以顾及,导致品质感不足,初创草根、山寨的色彩浓厚,无法获得满意的利润回报,下一步的创业服务中可引入产品外观包装工业设计、产品推介、项目交易等后端和直接业务的服务,尤其是这些服务的提供者也可以是创业团队,实现生态系统的进一步多样、丰富和完备。丰富中介组织,更多的创业者服务创业者:进一步深化资本管理制度的改革,简政放权,通过设立合理的准入机制、动态管理、评价体系,在保证公正、质量的前提下,更多丰富中介组织,让更多的创业者服务创业者,"发挥市场在资源配置中的决定性作用",所谓"让专业的人做专业的事",其中的关键环节是"发挥好政府的作用",政府进一步明确自己的定位——"既不缺位,也不错位,更不越位",政府对于平台的管理机制、民间资源引进等方面的规则制定和绩效评估,更好地搭建平台、制定规则、做好裁判,更多采用和选购第三方的、专业化的服务等,如辅导、课程等,实施动态评价。以华夏幸福资本等为例,其在产业新城等规划和运作方面有长期积累,大至规划、建设,小到运营、物业等有自己的专场,并形成规模效应、降低成本,可以成为很好的第三方伙伴。

五、上海"双创"的特色之路

与其他省份、城市相比,上海早在十余年前就以前瞻的战略眼光布局创新创业环境优化,在服务模式、场地面积、品牌塑造等诸多方面已经起到引领作用,成立全国首个大学生科技创业基金会、建设中国(上海)创业者公共实训平台、建设高校创业学院等举措都是源自或者落户上海,诸多举措开创了国内先河,其创业带动就业比例、创业活跃程度等都高于其他区域。在新一轮"双创"浪潮应如何结合好上海的城市特点,率先深化创业实践、探索纵深发展经验的新机遇,需要输出可复制的创新经验也是新挑战。

与北京、深圳、杭州等其他城区相比,目前上海的在上一轮的互联网创业浪潮中错失机遇,面临创业企业量级偏小,国际化和开放性不强,缺乏有影响力的领军创业企业、形成上海特色创业行业领域的深层难题,比如上述三城各自占据互联网巨头 BAT(百度、阿里、腾讯)中的一个,而上海缺失;与百年名校聚集的对接特色不明显,上海虽有复旦、交大、同济、华师大等 4 所 985 院校为代表的一批顶尖高校,但是目前这些高校等仅是地理位置的存在,还未能深入有机融合,实现良好的互动等,特别是部属高校等管理体制、层级、条线等深层次难点,也是未来深化改革、简政放权的攻坚点。

加快知识溢出,让高校聚集的潜在优势"显性化"。上海的高校科研院所丰富且集中,进一步加强"城区与校区"的联动发展,与上海区域内的高校、科研机构更紧密、深入的互动,使得在校学生数量、教师数量等潜在优势"显性化"。很多环高校创业带的建设,不是简单的地理位置的接近,而是深度的互动融合。斯坦福、伯克利为硅谷地区提供的源源不断的人力资源补充,斯坦福大学(Stanford)对于硅谷的作用,除了重视创新精神、创业能力的培养,很多创始人直接是斯坦福的校友之外,另一个更重要的作用是斯坦福专业发展中心(Stanford center for professional development,SCPD)的存在,当年斯坦福工学院特曼教授支持自己的学生创办惠普(HP),不仅是对两个联合创始人的支持,更是针对惠普(HP)这类科技企业发展中技术人员能力不足的最大瓶颈采取了重要举措,成立 SCPD,为这些科技型创业企业的大量人员补充、培训和再提升等需要提供了保障,这也是惠普(HP)等科技公司能够跨过初创门槛,迅速发展壮大的一个关键要素;斯坦福与硅谷的合作也是实业界和学术界交流的典范形式,实际上 Google-X 的主要领导者之一正是斯坦福大学(Stanford)学术休假的教授塞巴斯蒂安·特龙(Sebastian Thrun);强化与区内学校的合作,对部分实验室的有条件使用,对创业人才供给、培训提升、合作研发等基于全方位相应的支持,这需要高校科研体制和成果转化体制改革与城区创新创业政策改革的协同,也是此前难以实现而在此次可借助"双创"示范而着力突破。

从创业孵化走向产业孵化,构建的产业集群。加强各级各类创业孵化场地的联动,及时周转、输送好的项目,纵深发展需要 Incubator、Accelerator、Clusters 的"业态链"。目前孵化平台正在进入专业的创业服务机构与行业龙头企业携手的时代,一个孵化平台除了常规的政策、资金、生活、物业服务,还需要提供和产业、行业与企业配套的基础设施、试验场甚至客户群等渠道,这需要对行业的系统研究、很强的整合能力和一批紧密的合作伙伴,产业、行业链条的选择与本区域长期积累行程的资源优势等有关,如杭州,形成了"杭州模式"的特点是以服务业立足,尤其是与互联网相关的互联网金融、电子商务、大数据等产业发展极快,成为"电商之都""快递之乡""互联网金融"的重镇,北上广深等都望其项背,上海可以汲取经验,协调创业企业与上海各城市区域的产业空间发展格局相对应,如张江的生物医药、徐汇的文化创意产业等,从供给侧结构性改革,谋划创业纵深场地的供给。

六、突破生死线——写给创业者的箴言

创业生态体系优化的最终目的是服务创业者,让创业者享有更好的创业环境、汲取更多的创业经验,早日实现创业梦想。以下是创业者们实际经历的寻找合伙人、获取融资、选择场地、稳定团队等创业路上的各种磕磕绊绊,也是众多夭

折项目的"死亡谷",期待创业者们的这些心得能成为下一批创业者的借鉴。

1. 天时

顺势而为,把握进场时机:从此前的可穿戴设备、3D打印、大数据到当下的现实增强、虚拟现实技术(AR、VR)、新技术、新名词不断涌现,然而这些热潮是否能成为真实的创业机会,还是媒体热炒的繁荣幻象?究竟是属于早期的科技研发与探索,还是可以大规模商用的成熟技术?市场和消费者是否进入可接受的恰当阶段?这些问题都是创业者面临的重要节点,如果进入得太早,技术和市场还不成型,容易成为"先烈",而进入晚了,又丧失机遇,面临激烈的竞争,Gartner的新兴科技技术成熟度曲线等可以成为创业的风向参考,同时指数中新增创业企业的行业分布,也可作为当下市场热度的"晴雨表";未雨绸缪,提前融资过冬:创业投资环境依然严峻,虽然天使投资、风险投资机构大量涌现,使得创业投资更加活跃,通过各种创业路演活动等接触机会增多,但实际获得投资依然需要较长的时间,创业者必须学习从容的控制现金流(现金流断裂是创业失败的主要原因,比例超过30%),同时对融资金额需求和时间周期做好充分准备,此次研究中为了融资接触过的投资人数量达到10个,而从接触到融资完成的时间平均为6.7月,这也意味着创业企业至少需要半年以上的现金流储备和融资提前量。

2. 地利

第一个主要办公或者业务场地一定要靠近投资者,在获取投资方便点的地方,也容易收受到资本的关注;从小起步,最初的办公室可以选得小一点,创业成长的速度没有你想的那么顺利,或者真的爆发式增长,前面较小的办公场所也容易变更,所以无论创业成败,最初都应从小做起;在必要的时候设立第二办公室:及时建立第二个办公室,那里要么接近市场,要么接近人力资源;涉及实体产品生产、加工等的创业企业,更应设立两个办公区域,及时将第二个办公室靠近生产基地,降低人力成本或便于产品加工等,解决主要的发展瓶颈。此前的上海瑞一医药在发展中经历了这个典型的过程,先从孵化基地到邻近的工业园,再到上海周边的江苏海门建厂,兼顾了市场和生产。

3. 人和

上阵亲兄弟,知根知底的合伙人:此前成功的创业团队一般有着较为深厚的合作联系,同一个宿舍的室友相互的了解和认识,有些来自同一个公司的辞职创业等等,创业者在选择伙伴时必须可靠、可信,甚至有过共事、合作的经历,彼此熟悉、认可,创业者更多从校友、过去的同事等方面建立联系,即便没有直接合作,这些社会网络也会提供很多宝贵、真诚的建议;创业靠大家,利益共享的共同体:创业企业需要及早深思,除了创始人团队获得的股份、声誉之外,对公司发展后的关键阶段,新加入的成员应该如何激励,这是除了创始团队出现问题之外,创业企业在人力支撑方面的一个重大挑战,事业的挑战、期权池预留、股权分享激励等有效措施,才能在后继的发展中突出重围,特别是随着企业经营规模的扩大,众多的员工成为普通的工作人员,与创始团队的情怀不同,他们需要获得更加实在的激励。

结束语

本研究以城市为研究对象,覆盖创业过程中的关键环节,对创新创业生态指数进行了探索和分析。限于时间等因素,在指标开发、数据获取、指数计算等方面还存在一些局限。创新创业生态的培育和发展根植于本地社会经济背景、文化历史纹理,未来如何在指数方面体现这些本地特点,使指数不仅起到横向比较与纵向比较的功能,还能体现出创新创业生态与本地社会经济、文化历史的有机嵌入,值得进一步的深入思考。中国无法复制美国的硅谷,但可以孕育能够吸引全球创新创业人才的上海。从这个角度而言,这项研究才刚刚开始,并体现了鲜明的创业特征。我们需要来自各个领域、各个角度的建议,并不断迭代研发,做出更有价值的工作,使每一位创新创业生态的主体从中受益。

2016 上海市都市旅游品牌资产评估报告

一、绪论

1. 研究背景

伴随着旅游业的快速发展,旅游目的地日益趋同,竞争也越来越激烈。旅游目的地必须寻求品牌化来定位及区别自己,进行有效的市场开发,并向旅游者传达积极的信息[1],以提高自己在旅游市场中的竞争力。尽管在旅游市场营销中,品牌化还是一个相对较新的概念,但是品牌化已经扩展到了旅游目的地管理中,并将成为目的地营销最强有力的市场开发武器[2]。

然而,目的地品牌化(Destination Branding)直到 1998 年才引起学者的广泛关注[3],在此之前只是隐含于目的地形象(Destination Image)的研究框架之内。其实,目的地形象只是目的地品牌的重要组成部分[4]。与目的地形象相比,目的地品牌化具有更重要的营销功能,更利于目的地竞争优势的建立。有效的目的地品牌化一方面可以塑造对目的地的公众认知,为游客提供高质量旅游体验的保证[5],从而影响游客的决策过程和旅游行为,并强化其旅游之后对目的地的感知;另一方面也有助于目的地确立区别于竞争者的市场定位和销售策略,并通过增加经济资产、减少市场沟通成本、培养顾客忠诚度提升目的地价值。

近年来部分学者开始考虑将市场营销学中品牌资产(Brand Equity),特别是基于消费者视角的品牌资产(Customer-Based Brand Equity,简称 CBBE)测度应用于目的地层次,构建"基于游客的目的地品牌资产(Customer-Based Brand Equi-

---

[1] Aaker, D. A. (1991). *Managing brand equity*. New York: Free Press.

[2] Morgan, N., Pritchard, A., & Pride, R. (2002). Destination branding—Creating the unique destination proposition. Oxford: Butterworth—Heinemann.

[3] Dosen, D. O., Vranesevic, T., & Prebezac, D. (1998). The importance of branding in thedevelopment of marketing strategy of Croatia as tourist destination. *ActaTuristica*, 10, 93—182.

[4] Tasci, A. D. A., Gartner, W. C., &Cavusgil, S. T. (2007). Measurement of destinationbrand bias using a quasi-experimental design. *Tourism Management*, 28(6): 1529—1540.

[5] Blain, C., Levy, S. E., & Ritchie, R. B. (2005). Destination branding: insights andpractices from destination management organizations. *Journal of Travel Research*, 43: 328—338.

ty for Tourist Destination,简称 CBBETD)"[①],旨在从游客的视角揭示目的地品牌资产的来源,多维度评估目的地的实际表现,从而为旅游目的地的研究提供了新的框架和思路。那么,基于顾客的旅游目的地品牌资产(CBBETD)由哪些维度构成?各维度之间的相互关系又如何?已有学者借鉴 Aaker 和 Keller 的品牌资产理论对这一问题进行了探索性研究[②],但是研究结果仍然存在差异。而明确构成维度不仅是基于顾客的旅游目的地品牌资产(CBBETD)研究的基础,也能为目的地品牌管理和营销提供实践指引。旅游目的地是一个比产品和服务更加复杂的多维度的综合体,对基于顾客的旅游目的地品牌资产(CBBETD)的研究必须充

---

① Pike,Steven D. (2005). Destination brand performance measures:a consumerbased brand equity approach. In:International Conference on Destination Brandingand Marketing for Regional Tourism Development,8—10 December 2005,Institute forTourism Studies,Macau S. A. R.,China;Konecnik, M.,& Gartner, W. C. (2007). Customer-based brand equity for a destination. Annals of Tourism Research,34(2):400—421.;Boo, S.,Busser, J.,&Baloglu, S. (2009). A model of customer-based brand equity andits application to multiple destinations. Tourism Management,30,219—231.

② [2] Pike S D. Destination brand performance measures:A consumer based brand equity approach [Z]. International Conference on Destination Branding and Marketing for Regional Tourism Development,8th—10th December 2005,Institute for Tourism Studies,Macau S. A. R.,China.
[3] Konecnik M,Gartner W C. Customer-based brand equity for a destination [J]. Annals of Tourism Research,2007,34(2):400—421.
[4] Boo S,Busser J,Baloglu S. A model of customer-based brand equity and its application to multiple destinations [J]. Tourism Management,2009,30 (2):219—231.
[5] Pike S. Destination brand positions of a competitive set of near-home destinations [J]. Tourism Management,2009,30(6):857—866.
[6] Pike S. Destination branding case study:Tracking brand equity for an emerging destination between 2003 and 2007 [J]. Journal of Hospitality & Tourism Research,2010, 34 (1):124—139.
[7] Pike S. Consumer-based brand equity for Australia as a long-haul tourism destination in an emerging market [J]. International Marketing Review,2010,27(4):434—449.
[8] Chen C F. Exploring relationships between Mongolian destination brand equity, satisfaction and destination loyalty [J]. Tourism Economics,2010, 16 (4):981—994.
[9] Gartner W C,Konecnik M. Tourism destination brand equity dimensions:Renewal versus repeat market [J]. Journal of Travel Research, 2011, 50 (5):471—481.
[10] Im H H,Kim S S,Elliot S,et al. Conceptualizing destination brand equity dimensions from a consumer based brand equity perspective [J]. Journal of Travel & Tourism,2012,29(40):385—403.;Ferns B H,Walls A. Enduring travel involvement, destination brand equity, and travelers' visit intentions:A structural model analysis [J]. Journal of Destination Marketing & Management,2012,1(1/2):27—35.
[11]
[12] Bianchi C,Pike S,Lings I. Investigating attitudes towards three South American destinations in an emerging long haul market using a model of consumer-based brand equity (CBBE) [J]. Tourism Management,2014,42 (7):215—223.
[13] Kladou S,Kehagias J. Assessing destination brand equity:An integrated approach [J]. Journal of Destination Marketing & Management,2014,3 (1):2—10.

分考虑目的地的特点①。另一方面,现有成果对应从哪些方面对旅游目的地品牌资产的各维度进行测量还未达成共识,在一定程度上限制了旅游目的地品牌资产研究的发展。而通过系统的方法开发基于顾客的旅游目的地品牌资产量表将是解决这一系列问题的关键。因此有必要开发基本测量工具——CBBETD 量表,用于 CBBETD 模型的进一步研究及目的地品牌资产的实际测量。本研究的主要工作即是从旅游目的地的特点和游客的感知和体验出发,采用扎根理论(grounded theory)的定性研究方法对旅游目的地品牌资产的结构维度进行理论探索,再在此基础上编制问卷对都市这一旅游目的地类型进行实证测量,以期为旅游目的地品牌提供有效的测量工具,并对上海这一国内主流的都市旅游目的地的品牌资产进行评估。

2. 研究目的及意义

(1) 研究目的

本研究的研究目的是:在基于顾客的品牌资产和目的地品牌研究的基础上,通过扎根理论的定性研究明确基于游客的目的地品牌资产(Customer-Based Brand Equity for Tourist Destination,简称 CBBETD)的构成维度及内涵,探索 CBBETD 的理论模型,并在此基础上编制都市旅游目的地品牌资产评估的量表,将其应用到上海这一都市旅游目的地的品牌资产分析评价中,从而为上海的目的地品牌管理和营销提供基本决策依据。

(2) 研究意义

① 理论意义

目前在国际上虽然已有目的地品牌资产的研究,但都处于起步阶段,还没有系统地研究旅游目的地品牌资产的结构及评估。本研究通过系统的定性和定量研究明确了旅游目的地品牌资产的构成维度及理论模型,将旅游目的地品牌资产的研究从探索阶段向更深层次推进。

从国内来看,有关目的地品牌资产的理论研究成果极少,仅就景区型目的地品牌资产的评估模型进行了研究。胡北忠用最大品牌权益法从财务角度计算旅游风景区品牌资产的经济价值②,崔凤军和顾永键提出了景区型目的地品牌资产评估的经济性和非经济性指标体系。③ 而旅游目的地是可以吸引游客短暂停留的

---

① [3] Konecnik M, Gartner W C. Customer-based brand equity for a destination [J]. Annals of Tourism Research, 2007, 34(2): 400—421.
[4] Boo S, Busser J, Baloglu S. A model of customer-based brand equity and its application to multiple destinations [J]. Tourism Management, 2009, 30(2): 219—231.
② 胡北忠:《基于旅游者的旅游风景区品牌价值评价》,《江西财经大学学报》2005 年第 2 期。
③ 崔凤军、顾永键:《景区型目的地品牌资产评估的指标体系构建与评估模型初探》,《旅游论坛》2009 年第 2 期。

景区、乡村、城市、省份、国家或大洲[1]，主要分为国家旅游目的地、区域性旅游目的地、城市旅游目的地和景区型旅游目的地[2]，本研究将目的地品牌资产的研究从景区层面推进到城市层面，并借鉴品牌管理的成熟理论，探讨如何从游客角度评估和测量城市旅游目的地的品牌资产，拓展了国内目的地品牌资产研究的领域。

② 应用价值

旅游目的地之间的激烈竞争造成目的地之间的同质化发展，通过目的地品牌增强品牌识别已成为目的地营销的重要策略。本研究根据扎根理论分析结果编制的量表为都市旅游目的地品牌资产的评估提供了有效的测量工具，将对目的地品牌管理及营销有重要意义。通过量表的使用，旅游目的地营销管理机构可以：1）对特定目的地品牌资产进行测量，从游客角度了解其目的地品牌优势和劣势；2）可将目的地品牌与其竞争对手进行比较，从而认识其市场地位；3）对目的地品牌资产进行长期跟踪以评估营销策略的有效性及其对游客的影响。这些方面的应用均可为目的地营销管理机构制定目的地营销组合提供有益的启示和参考，从而提升目的地品牌的吸引力和竞争力。

本研究对上海目的地品牌资产进行实证测量，有利于分析上海作为旅游目的地的品牌优势及存在的问题，为上海旅游吸引力和竞争力的提升提供营销借鉴和思考。

3. 研究内容

本研究的研究内容主要有以下两方面：

（1）基于游客的都市旅游目的地品牌资产的维度

在品牌资产方面已有基本的理论基础和很多实证结果；在目的地品牌方面也有丰富的研究成果。但是将品牌资产理论应用到旅游目的地品牌研究仍处于探索阶段。这需要进行基础性的理论研究。本研究在品牌资产和目的地品牌研究成果的基础上，进行系统的定性研究，采用扎根理论对深度访谈的资料进行深入分析，以确定 CBBETD 的构成维度，构建 CBBETD 的理论模型。

（2）基于游客的上海目的地品牌资产评价和建议

目前目的地品牌资产的研究中尚缺乏权威的测量工具，本研究以上述研究结果为基础设计问卷进行调研，对上海的旅游目的地的品牌资产进行测量，并对如何提升目的地品牌资产，进行上海的旅游营销和管理以提升其在旅游市场中的竞

---

[1] Pike, S. (2004). Destination marketing organizations. Elsevier Ltd.

[2] Buhalis, D. (2000). Marketing the competitive destination of the future. *TourismManagement*, 21 (1), 97—116.

争力,提供创新性的营销建议和策略指引。

4. 研究方法

本研究按照国际学术界对于实证研究的基本规范要求,采用定性研究与定量研究相结合的方法,在重视定量方法严谨性的同时,强调定性研究方法操作的规范性。

定性研究主要为文献研究、深度访谈和扎根理论分析,用于探索旅游目的地品牌资产的构成维度和理论模型,并为量表的生成提供原始测项库。文献研究的范围主要集中于品牌资产的概念及测量、目的地及目的地品牌化、目的地品牌资产的相关研究;深度访谈的对象为目的地旅游主管部门工作人员、旅行社经理、研究旅游目的地的学者以及潜在与现实游客,其中所有访谈内容将被录音并转换成文本形式,采用扎根理论进行系统的编码和分析。

定量研究采用问卷调查。以上述定性研究结果为基础设计问卷,用于生成旅游目的地品牌资产评估的量表,并对上海的目的地品牌资产进行评价分析,针对上海目的地品牌资产提升、旅游营销及管理提出对策建议。问卷调查所获得的数据将采用 SPSS16.0 和 AMOS16.0 进行统计分析。

二、基于游客的都市旅游目的地品牌资产构成维度

1. 研究设计与过程

(1) 扎根理论方法及实质

由于目前旅游目的地品牌资产的结构维度尚不明确,且目的地的复杂性和多维化对如何测量目的地品牌资产提出了更高的要求,本研究运用扎根理论这一定性研究方法对深度访谈的文字资料进行分析。扎根理论由 Barney Glaser 和 Anselm Strauss 两位学者于 1967 年共同提出并完善,是带着研究问题直接从实地调研着手,从原始资料中归纳、提炼概念与范畴,从而上升到理论的一种自下而上的质性研究方法,其核心是同步进行的数据收集与分析过程,在资料与理论之间不断比较、归纳与修正,直至形成一个能够反映现象本质和意义的理论。[①] 2004 年以来,扎根理论广泛应用于旅游领域的研究中,如旅游业文化适应性[②]、城市形象

---

① Glaser B G, Strauss A. *The Discovery of Grounded Theory: Strategies for qualitative research* [M]. Chicago: Aldine Publishing Company, 1967:1—40.

② Hottola P. Culture confusion intercultural adaptation in tourism [J]. Annals of Tourism Research, 2004, 31(2): 447—466.

定位与塑造[1]、旅游保险发展影响因素研究[2]、外国游客感知视角的我国入境旅游不足[3]、旅游品牌内化[4]、游客对旅游"非营利"理念的感知[5]、在线旅游服务提供者顾客需求知识[6]、旅游企业诚信概念及其结构维度[7]等。这些研究验证了用扎根理论方法从资料和游客感知角度进行研究的科学性和有效性。

由于国内外目前对基于顾客的旅游目的地品牌资产的研究仍处于探索阶段，且主要借鉴产品和服务品牌资产的研究结果，本研究的重点是从旅游目的地的特点、游客感知和体验角度对都市旅游目的地品牌资产维度及其内涵进行描述和归纳。扎根理论是在访谈和焦点会议的基础上通过连续比较和理论采样来经营资料从而实现理论的构建。[8] 因此是本文进行旅游目的地品牌资产基础研究的有效工具。

（2）深度访谈的设计与实施

本研究采用深度访谈法（in-depth interview）搜集研究基础数据。访谈提纲在相关文献的基础上拟定，涉及受访者背景情况、受访者对旅游目的地的理解和评价、受访者对旅游目的地的偏好和选择、受访者的旅游经历和体验4个部分。访

---

[1] Zhang Yi, Liu Jinping, Zhang Rui. On the positioning and creation of urban image based on grounded theory: A case study of Chongqing [J]. Tourism Tribune, 2009, 24(9):53—60. [张燚,刘进平,张锐.基于扎根理论的城市旅游形象定位与塑造研究：以重庆为例[J].旅游学刊,2009,24(9):53—60.]

[2] Zhu Jinsong. Study on the affecting factors of the development of China's tourist insurance based on grounded theory [J]. Tourism Tribune, 2010, 25(1):38—41. [朱劲松.基于扎根理论的中国旅游保险发展影响因素研究[J].旅游学刊,2010,25(1):38—41.]

[3] Gao Jun, Ma Yaofeng, Wu Bibu. Defects of China's inbound tourism from foreign tourists' perspective: An analyze based on grounded theory research paradigm [J]. Tourism Science, 2010, 24(5):49—55. [高军,马耀峰,吴必虎.外国游客感知视角的我国入境旅游不足之处——基于扎根理论研究范式的分析[J].旅游科学,2010,24(5):49—55.]

[4] Qiu Wei, Bai Changhong. Study on the internalization of tourism brands based on Grounded Theory: A case of a five-star hotel [J]. Tourism Tribune, 2012, 27(10):46—52. [邱玮,白长虹.基于扎根理论的旅游品牌内化研究——以一家五星级酒店为例[J].旅游学刊,2012,27(10):46—52.]

[5] Xiong Wei, Hu Yang. Research on tourists' perception of "nonprofit philosophy" in tourism development: Based on the grounded theory [J]. Tourism Tribune, 2012,26(2):67—76. [熊伟,胡洋.旅游者对旅游"非营利"理念的感知研究——基于扎根理论[J].旅游学刊,2012,26(2):67—76.]

[6] XieLishan, Guan Xinhua. An exploratory study of customer need knowledge (CNK) of E-Travel service providers: Based on a survey of E-Travel service providers and customers [J]. Tourism Science, 2013, 27(3):1—17. [谢礼珊,关新华.《在线旅游服务提供者顾客需求知识的探索性研究——基于在线旅游服务提供者和顾客的调查》,《旅游科学》2013年第3期.]

[7] Yao Yanbo, Zhang Dan, He Lei. The concept of tourism enterprise's integrity and its construct dimensions: An exploratory research based on grounded theory [J]. Nankai Business Review, 2014,17(1):113—122. [姚延波,张丹,何蕾.《旅游企业诚信概念及其结构维度——基于扎根理论的探索性研究》,《南开管理评论》2014年第1期:113—122.]

[8] Glaser B G, Strauss A. The Discovery of Grounded Theory: Strategies for qualitative research [M]. Chicago: Aldine Publishing Company, 1967:1—40.

谈对象共15人,除普通游客外,还包括多名有更多旅游经验且对旅游目的地有更深层次理解的旅游行业研究和管理者,以从多角度挖掘不同类型游客对旅游目的地的看法。深度访谈在2013年6月进行,每人访谈的时间是20—50分钟,研究者根据被访者的回答进行不同程度的追问和互动。整个访谈过程均在被访者同意的前提下进行录音,累计总访谈时间8小时20分钟,人均访谈时间为36分钟,全部访谈结束后将录音转成文字稿,总计9.4万字。

为便于访谈资料的分析与整理,本研究对每位被访者按"♯—＊＊＊"的形式记录,其中"♯"代表访谈者类型,用S代表旅游目的地研究学者;G代表旅游主管部门工作人员;A代表旅行社总经理;T代表游客。"＊＊＊"为被访者姓名缩写。访谈对象的基本情况及访谈记录编码如表1所示。

表1 访谈对象基本资料

编号 Num.	性别 Gender	年龄 Age	受访者类型 Type of interviewee	访谈记录编码 Coding of interview record
1	男 Male	60—70	旅游目的地研究学者 Scholar on destination research	S-XXG
2	男 Male	40—50	旅游目的地研究学者 Scholar on destination research	S-HP
3	男 Male	30—40	旅游目的地研究学者 Scholar on destination research	S-GYK
4	男 Male	60—70	旅游目的地研究学者 Scholar on destination research	S-XLG
5	男 Male	60—70	旅游目的地研究学者 Scholar on destination research	S-LJJ
6	男 Male	20—30	旅游主管部门政府工作人员 Staff of tourism authority	G-XCT
7	男 Male	40—50	旅游主管部门政府工作人员 Staff of tourism authority	G-LJ
8	男 Male	40—50	旅游主管部门政府工作人员 Staff of tourism authority	G-WCM
9	男 Male	60—70	旅行社总经理 General manager of travel agency	A-GWJ
10	男 Male	40—50	旅行社总经理 General manager of travel agency	A-YWH
11	女 Female	20—30	普通游客 Tourist	T-YJ
12	女 Female	20—30	普通游客 Tourist	T-GZL
13	女 Female	30—40	普通游客 Tourist	T-ZY
14	女 Female	30—40	普通游客 Tourist	T-TJ
15	女 Female	30—40	普通游客 Tourist	T-TXL

(3) 扎根理论的编码过程

在采用扎根理论对资料的具体分析中,本研究实施了开放性编码(open coding)、主轴编码(axial coding)、选择编码(selective coding)3个步骤。为确保编码结果的可靠性与有效性,本研究的两名作者分别对访谈资料进行独立编码,并在各自每一步编码结束后进行反复的讨论与修正。此外,本研究的编码过程反复进行,不断与前次的编码结果进行比较,最终形成一致的意见与结果。本研究按照 Boyatzis 提出的信度计算公式计算编码信度[45]:

$$信度 = \frac{n \times 平均相互同意度}{1 + [(n-1) \times 平均相互同意度]}$$

其中,相互同意度 $= \frac{2M}{N_1 + N_2}$

计算公式中 n 为参与编码人数;M 为不同编码人员相同的编码数,值为 727;N_x 为第 x 位编码员的编码数量,分别为 948 和 931。经计算,两位编码人员的相互同意度为 0.774,信度为 0.872,通过 Boyatzis 大于 0.70 的要求,说明编码结果可信度较高。

① 开放性编码。开放性编码是一个资料收集与分析的过程,通过发现概念与范畴并予以命名来正确反映资料内容。在具体操作过程中,本研究对原始访谈文本进行逐句编码,再将性质与内容相近的要素重新综合形成范畴。本研究的访谈与开放性编码同步交替进行,并反复在资料、概念和范畴之间进行求同性和求异性比较。在对 15 位受访者的访谈资料进行开放性编码后,数据达到理论饱和,最终得到 42 个概念,并归类提炼为 20 个范畴。

② 主轴编码。主轴编码是对开放性编码所获得的各个独立范畴之间建立起联系,挖掘各项范畴之间潜在的逻辑关系。通过分析 20 个范畴之间的相互关联和逻辑顺序,本研究归纳出 6 个主范畴,分别为品牌意识、品牌形象、感知质量、品牌体验、品牌联想和品牌忠诚。这 6 个主范畴及 20 个范畴即为基于顾客的旅游目的地品牌资产(CBBETD)的维度及各维度的构成要素(表2)。

③ 选择性编码。选择性编码对主轴编码的内容进行再一次的精炼和整合,即从主范畴中挖掘"核心范畴",并通过描述现象的"故事线"来分析核心范畴与主范畴的联结,从而形成理论框架。通过对 20 个范畴和 6 个主范畴的深入分析,在与原始资料比较互动的基础上,本研究提炼出"基于顾客的旅游目的地品牌资产结构维度"这一核心范畴,并在此基础上构建了基于顾客的旅游目的地品牌资产(CBBETD)的理论框架。

表 2 开放编码和主轴编码的主要结果

维度 Dimensions	范畴 Categories	概念 Concepts	访谈记录举例 Examples of interview records
品牌意识 Brand awareness	品牌识别 Brand recognition	游客知道某地是旅游目的地	• 大城市要看,如果非常有名的,比如我还没有去过纽约和华盛顿嘛,我以后去美国我会往那边去玩。东京也还没去过,以后也还会去。——(T-GZL)
	品牌回忆 Brand recall	游客能直接说出某一旅游类别或是其之前的旅游经历中的旅游目的地	• 如果开展商务旅行服务的话,你一定是个商都啊,或者商务型的城市。如果你说是观光啊这一类,可能就是像城市,古都啊,像北京、西安——(S-XXG) • 我对厦门的印象很好,应该超过其他的城市。——(G-WCM)
品牌形象 Brand image	目的地自身吸引力 Attractiveness of the destination	目的地本身的地位、形象、知名度对游客的吸引力,而非其中单项旅游产品的吸引力	• 我想去旅游,我首先想到的是目的地而不是单项的旅游产品。比如我要去巴黎,肯定是为了去巴黎而去巴黎,而不是为了去看某个景点,不是为了去看埃菲尔铁塔去巴黎。——(T-TJ) • 通常来说现在最吸引中国游客的城市是对中国人来说比较耳熟能详的城市,比较有代表性的一些国家的标志性的城市——(A-GWJ)
	旅游吸引物 Tourist attractions	旅游目的地中能对游客产生吸引力的历史文化、民俗风情、美食、旅游产品、旅游景点景区、节庆活动等。旅游吸引物应丰富、有特色且能持续更新	• 我认为现在经过一二十年的出国旅游,老百姓对选择城市基本上有一个共通的取向,在历史上比较著名的,有文化底蕴的,比较有渊源的或者有历史沿革的,对他们来说相对来说比较更关注一些。——(A-YWH——历史文化) • 或者是城市中一些比较特殊的节庆活动,也是一个比较大的吸引力。——(T-YJ——节庆活动) • 华盛顿这种地方,你去看的话你肯定会去看几样东西,首先他那个博物馆,……第二,毕竟是作为一个首都,白宫啊,国会山啊,林肯纪念堂啊,很多游客不可能不会去的。——(S-HP——旅游景点景区)

（续表）

维度 Dimensions	范畴 Categories	概念 Concepts	访谈记录举例 Examples of interview records
品牌形象 Brand image	社会环境 Social environment	旅游目的地的安全、公平诚信、居民的素质和精神面貌及友好好客的态度、游客素质、文化包容等	• 游客本身的素质，这个在国内关注的不够。所以作为主管部门一方面要加强行业里面的培养、培训和教育，整个社会游客的素质提高了，对整个行业的水准或形象也起到很重要的作用。——（S-XLG——游客素质） • 你像澳大利亚就很好，这些移民国家多元文化的容纳力很强，使得人家宾至如归，不要说宾至如归吧，至少不被排斥，感觉很好就可以了。——（S-XXG——文化包容） • 还有城市的文明素质不是能够装出来的。墨尔本城市的居民素质非常高，他的着装，谈吐，一下子给你吸引，让你感觉到这是一个文明的世界。——（A-GWJ——居民素质和精神面貌） • 对所有的游客来说安全是第一位的，我们出去旅游我觉得是两个概念，一个是安全，一个是舒适，没有了安全，舒适免谈。——（A-YWH——安全）
	市容环境 City appearance and environment	旅游目的地的规划布局、生态气候、市容市貌、空气质量等。	• 第三，从规划、功能来讲，整个公用要素布局要规划好，做到以人为本。比如像现在的世博园区，现在进去道路很宽，走起来很累。在这种功能这块并不是很好。——（G-LJ——规划布局） • 像有些城市里都有城市当中的河流、水域。这也是在环境方面一个很好的体现。有些城市的河污染很严重，水的污染程度也是很重要的评价指标。——（T-YJ——生态气候） • 印象最深的还是洛阳。当时经验还不是很多的时候觉得这个城市非常干净，城市的街道都是笔直的，东西南北，干净幽静等等。使得洛阳这个城市给我的感觉到现在都是，非常干净，跟上海不一样的感觉。——（S-LLJ——市容市貌）

（续表）

维度 Dimensions	范畴 Categories	概念 Concepts	访谈记录举例 Examples of interview records
感知质量 Perceived quality	旅游服务 Travel services	能满足游客食住行游购娱需求的酒店、餐饮、景区等相关服务，以及通过旅游咨询中心、旅游指南、网络、移动通信技术等为游客提供目的地相关信息	• 再细化一点我觉得做旅游目的地就要讲到一些服务方面的，比如涉及旅游的食、住、行、游、购、娱啊，在目的地中能得到很好的完善啊规划啊。——（T-YJ） • 一进香港的海关，只要过香港，踏入香港关内的话，就有人发给你一个brochure，这个brochure给你的话就是吃住行游购娱，You are here，你在这里，你要吃到哪里，住到哪里，它都有一个推荐，很方便，一个很小的像广告宣传一样的，那么我觉得很自在的，我马上觉得不陌生了这个城市。——（S-XXG）
	综合服务 Comprehensive services	旅游、通讯、交通、金融、保险、零售等相关产业提供的服务，需多业态混合并持续创新，以满足大规模游客的需要	• 城市所做的东西，是各行各业发展的成果，创新的成果，这也是不一样的。产业、业态、创新力度越大，在国际国内的介入比较高，吸引力影响力就越大。——（G-WCM） • 多业态混合，满足大规模游客需要，即食住行游购娱6要素需具备。——（G-LJ）
	旅游设施 Tourist facilities	满足不同游客需求的酒店、餐厅、景区、标识系统等相关硬件设施。	• 所以我们安排线路到当地用餐，……很多地方以前根本没有中餐厅，因为我们不断的诉求，他们也开了中餐厅。——（A-YWH——餐厅） • 比如到一个景点里，他的路线标识特别细的话，我就感觉很好，这样我找起来，因为对陌生的游客来讲他是第一次到这里来，如果你把这个标识还有路线标得特别清楚的话，我会感觉很好，很贴心。——（T-TXL——标识系统）
	基础设施 Infrastructure	旅游目的地所具备市政基础设施、公共卫生设施、可进入性及市内交通、网络（Internet、WIFI和移动终端）等	• 其实现在很多城市如果能作为旅游目的地的话，基础建设都做得还不错。大的方面，公共的，除了专门供旅游用之外，跟当地居民共同使用的公共设施都还不错。——（T-TXL——市政基础设施） • 第二是交通，交通一定要便捷，可达性要强，特别是现在有黄金周，就对交通提出了更多的要求。——（G-LJ——交通） • 然后现在上海也在搞，你到车站有无线，可以无线上网，但是不是全部可以覆盖，局部的地方可以覆盖，机场啊，公共的地方可以internet上网，那么现在又要移动终端了，WIFI来上网了。这是城市旅游目的地给你提供的一个方便。——（S-XXG——网络）

（续表）

维度 Dimensions	范畴 Categories	概念 Concepts	访谈记录举例 Examples of interview records
品牌体验 Brand experience	体验当地历史文化 Experience on local history and culture	游客对旅游目的地的历史、文化的体验	• 老外到中国来，当然，不排斥他们也会到现在具有代表性的，到北京、上海、桂林、西安，这是一条黄金路线。但是通常他们跑下来，他们会觉得对西安的感觉、对北京的感觉会更深，上海就是表示一种震撼，确实modern，确实不可思议，但是到了西安，到了北京之后除了这种震撼，觉得这个地方是有历史的，看2000多年以前的兵马俑，北京的故宫长城也好，给他们带来的东西似乎更深刻一些。——(A-YWH)
	体验居民生活状态 Experience on local residents' life style	游客对旅游目的地居民生活状态和风土人情的体验	• 其实我们有时候去很多地方去，不是某一个景点给他带来一种非常满意或非常不满意，而是接触到当地的人让他感觉到意外的收获。比如上海，虹口公园那边，住在天鹅宾馆那边的老外，……早上一起来以后，一下看到上海本地居民早上起来一种买汰烧，早上起来买小菜，练太极剑，他觉得特别新鲜，这是他在那种旅游景点没享受到的，这样他的满意度城市形象就会非常深刻。觉得本地人是这种生活方式。——(S-HP)
	旅游经历 Travel experiences	游客旅游过程中难忘的、愉快或不愉快的经历	• 因为我一去苏州就碰到小偷了，所以对苏州印象这么差有很多原因，黑车、小偷、晚上不敢出门。——(T-ZY)
品牌联想 Brand association	品牌属性 Brand attributes	旅游目的地在形象、定位、特色、吸引物等方面所特有的描述性特征	• 像巴黎肯定贯名浪漫之都，纽约肯定贯名文化之都，澳大利亚的墨尔本肯定最宜居的城市，埃及最古老文明的城市，或者像伊斯坦布尔它是东西文化交流的城市了，因为它横跨欧洲亚洲嘛。比如莫斯科被定为最古老的俄罗斯文化的代表，等等。东京你会定位为动漫之都，香港你会说是动感之都，购物天堂，美食天堂。——(A-GWJ) • 比如一提到乌镇，人们就想到江南水乡，想到《似水流年》那个电视剧。——(T-YJ)

（续表）

维度 Dimensions	范畴 Categories	概念 Concepts	访谈记录举例 Examples of interview records
品牌联想 Brand association	品牌利益 Brand benefits	旅游目的地能给游客带来的个人价值和意义，是否能满足需求	• 美国的一些城市我喜欢到洛杉矶，那里有outlet，买名牌衣服，我夫人也说到那里，目的很强的。喜欢购物的人喜欢到那里去。（S-XXG）
	品牌态度 Brand attitudes	游客对旅游目的地的总体评价	• 从我目前讲起来可能莫斯科是一个很好的城市，……一个是有历史文化的沉淀，第二它确实有多元文化的相容性。第三老百姓的素质也不错。……从这几点讲起来是不错的城市。——（S-XXG）
品牌忠诚 Brand loyalty	重游意愿 Intention to re-visit	游客愿意再次到某一旅游目的地旅游	• 忠诚度表现在去了还会再去，或者他对这个城市的评价上面，在语言行为上面，可能会不断赞扬，不断地表示他会去，不断地推荐。——（S-LJJ）
	推荐意愿 Intention to recommend	游客愿意向他人推荐某一旅游目的地	• 身边的人说不知道到哪里去玩，但又想出去玩，我会给他推荐，这个地方蛮好的，还会给他详细介绍一下我这次非常满意的旅游当中，哪些他可以去体验一下，哪些要稍微注意一下，哪些是一定要去尝试一下，类似这样的一些信息会告诉他。——（T-TXL）
	溢价支付意愿 Willingness to pay price premium	游客愿意为旅游目的地支付较高价格	• 会愿意支付，但是这个价格也要有一个选择的区间，不要高得太离谱。我会订一个价格区间，在这个价格区间稍微靠上也会接受的。——（T-YJ）
	目的地关注度 Concern on destinations	游客通过传统媒体与新媒体关注旅游目的地	• 还有刚开始玩微博的时候，如果喜欢一个地方会去关注官方微博。会看它最近有一些什么活动。比如我去过四姑娘山之后，就加了它的官方微博，经常会有它的一些登山方面的信息，会看它的相关新闻，或者在电视报道方面就会感觉比较亲切。——（T-YJ）

2．研究结果

（1）基于顾客的旅游目的地品牌资产（CBBETD）维度及其构成要素

通过扎根理论主轴编码，本研究确定了基于顾客的旅游目的地品牌资产（CB-

BETD)由以下 6 个维度组成：

① 品牌意识(brand awareness)。品牌意识是形成品牌知识差异化的必要条件，也是建立品牌资产的第一步[1]，主要指潜在顾客能够辨认或回忆出某一品牌属于特定产品类别的能力[2]，它与品牌在顾客心目中存在的强度有关，包括品牌识别(brand recognition)和品牌回忆(brand recall)[3]。Konecnik 和 Gartner 用目的地的"名字"和"特征"来测量品牌意识[4]。本研究发现，对旅游目的地而言，品牌意识是潜在游客能够辨认或回忆某一旅游目的地的能力。有较强品牌识别的目的地往往知名度较高，而有较强品牌回忆的目的地通常有鲜明的定位和特色，或令游客印象深刻。类似于在产品和服务购买决策中的关键作用[5]，品牌意识也是游客目的地选择决策中的关键，因为只有潜在游客意识到的旅游目的地才会被纳入到决策范围[6]。

② 品牌形象(brand image)。品牌形象是指顾客对某一特定品牌的理性或感性认知。[7] 学者普遍将品牌形象作为基于顾客的旅游目的地品牌资产的重要维度，但是对其界定和测量却存在差异。如 Boo 等将旅游目的地的品牌形象限定为品牌的社会形象和自我形象，用"该目的地符合我的个性""如果我去该目的地旅游，朋友会看得起我""目的地的形象与我个人的形象一致""到该目的地旅游反映了我是谁"来衡量[8]。其他学者用旅游目的地形象(tourist destination image)、特

---

[1] Keller K L. Conceptualizing, measuring, and managing customer-based brand equity [J]. *Journal of Marketing*, 1993, 57(1): 1—22.

[2] Aaker D A. *Managing Brand Equity* [M]. New York: Free Press, 1991:1—25.

[3] Keller K L. Conceptualizing, measuring, and managing customer-based brand equity [J]. *Journal of Marketing*, 1993, 57(1): 1—22.

[4] Pike S. Destination brand positions of a competitive set of near-home destinations [J]. *Tourism Management*, 2009, 30(6): 857—866.

[5] Kwun J W, Oh H. Effects of brand, price, and risk on customers' value perceptions and behavioral intentions in the restaurant industry [J]. *Journal of Hospitality and Leisure Marketing*, 2004, 11(1): 31—49.

[47] Sivakumar K, Raj S P. Quality tier competition: How price change influences brand choice & category choice [J]. *Journal of Marketing*, 1997, 61(3): 71—84.

[6] Goodall B, Ashworth G. *Marketing in the Tourism Industry: The Promotion of Destination Regions* [M]. London: Croom Helm, 1988:244.

[7] Keller K L. *Strategic Brand Management: Building, Measuring, and Management Brand Equity* [M]. Beijing: China Renmin University Press, 2003:10—50.

[8] Boo S, Busser J, Baloglu S. A model of customer-based brand equity and its application to multiple destinations [J]. *Tourism Management*, 2009, 30 (2): 219—231.

别是其认知形象(cognition image)测量品牌形象①。本研究的访谈和扎根理论分析结果中发现,对品牌形象的感知,游客几乎没有提及目的地的社会形象和自我形象,而是更多集中于目的地的认知形象,即游客对目的地有形与无形、单一与整体属性的信念和印象。因此,在目的地形象、营销领域中品牌形象含义的基础上,结合访谈和扎根理论分析结果,本研究将品牌形象界定为游客对某一目的地自身吸引力、旅游吸引物、社会环境和市容环境4个要素的认知和印象,4个要素的含义及其包含的具体内容均通过扎根理论分析得出(表2)。

由于旅游目的地品牌形象在游客目的地决策行为和目的地品牌评价中有重要作用②,如何通过有效的营销和推广强化目的地的品牌形象是目的地品牌建设的重点。品牌形象受到游客先验知识、经验、商业和非商业信息、甚至在当今媒体环境中的用户生成内容的影响③。访谈结果表明游客主要通过网络、电视节目、书籍、网上评价、搜索平台、旅行社等获取旅游目的地信息,因此除传统媒体外,旅游目的地营销应更有效地利用新媒体,并充分考虑游客不同的年龄、文化背景、职业和消费行为特点来选择合适的营销渠道组合,以取得更好的营销效果。

③ 感知质量(perceived quality)。感知质量是顾客对于某产品或服务相对其替代品的总体质量或优势的感知④,与顾客溢价支付意愿、品牌购买意向和品牌选择有关联,是基于顾客品牌资产的核心要素⑤。本研究证实了感知质量同样是目的地品牌资产的重要维度⑥,主要指游客对目的地旅游设施、旅游服务、公共基础设施和综合服务4个方面总体质量的感知。旅游目的地的设施和服务应注重细节,不仅要能满足游客现实需求,还需发现并满足其潜在需求。此外,研究中有两

---

① Konecnik M, Gartner W C. Customer-based brand equity for a destination [J]. *Annals of Tourism Research*, 2007, 34(2): 400—421.

[8] Chen C F. Exploring relationships between Mongolian destination brand equity, satisfaction and destination loyalty [J]. *Tourism Economics*, 2010, 16 (4): 981—994.

[9] Gartner W C, Konecnik M. Tourism destination brand equity dimensions: Renewal versus repeat market [J]. *Journal of Travel Research*, 2011, 50 (5): 471—481.

[11] Ferns B H, Walls A. Enduring travel involvement, destination brand equity, and travelers' visit intentions: A structural model analysis [J]. *Journal of Destination Marketing & Management*, 2012, 1(1/2): 27—35.

② Konecnik M, Gartner W C. Customer-based brand equity for a destination [J]. *Annals of Tourism Research*, 2007, 34(2): 400—421.

③ Stepchenkova S, Li X. Destination image: Do top-of-mind associations say it all? [J]. *Annals of Tourism Research*, 2014, 45(3): 46—62.

④ Aaker D A. *Managing Brand Equity* [M]. New York: Free Press, 1991:1—25.

⑤ Netemeyer RG, Krishnan B, Pullig C, et al. Developing and validating measures of facets of customer-based brand equity [J]. *Journal of Business Research*, 2004, 57(2): 209—224.

⑥ Konecnik M, Gartner W C. Customer-based brand equity for a destination [J]. *Annals of Tourism Research*, 2007, 34(2): 400—421.

点发现值得注意：

第一，感知质量不同于目的地的实际质量。游客对旅游目的地的感知质量受游客主观感受、对目的地的期望、旅游经历、旅游经验、旅游需求、语言障碍以及目的地游客数量等因素影响。

第二，游客对旅游目的地感知质量的评价影响其满意度和重游意愿，这与"感知质量与品牌忠诚和感知价值正相关"[①]的研究结论一致。

④ 品牌体验（brand experience）。在服务领域，品牌体验被看作品牌资产的主要驱动力[②]。Boo 等首次将品牌体验纳入到旅游目的地品牌资产的维度中，并用品牌形象（社会形象和自我形象）和感知质量予以衡量[③]。但是本研究根据扎根理论分析结果认为，品牌体验是游客在旅游目的地愉快或不愉快的旅游过程和经历，及其对目的地历史文化和居民生活状态的感知和体验。品牌体验受目的地形象和目的地表现影响，是构建目的地品牌的基础[④]，也是游客对旅游目的地的印象、评价和重游意愿的重要影响因素。

⑤ 品牌联想（brand association）。品牌联想是指顾客与某一品牌相关的所有记忆[⑤]，通过对品牌信息的回忆影响顾客的购买决定。[⑥] 对旅游目的地而言，品牌联想则是人们脑海中关于某一旅游目的地的所有记忆。在现有的基于顾客的旅游目的地品牌资产研究中，部分学者未对品牌联想和品牌形象加以区分，如 Pike

---

① [52] Cretu A E, Brodie R J. The influence of brand image and company reputation where manufacturers market to small firms: A customer value perspective [J]. *Industrial Marketing Management*, 2007, 36(2): 230—240.

[53] Rajiv K, Bojanic D. A structural analysis of value, quality, and price perceptions of business and leisure travelers [J]. *Journal of Travel Research*, 2000, 39(8): 45—51.

[54] Michell P, King J, Reast J. Brand values related to industrial products [J]. *Industrial Marketing Management*, 2001, 30(5): 415—425.

② Berry L L. Cultivating service brand equity [J]. *Journal of the Academy of Marketing Science*, 2000, 28(1): 128—137.

③ Boo S, Busser J, Baloglu S. A model of customer-based brand equity and its application to multiple destinations [J]. *Tourism Management*, 2009, 30(2): 219—231.

④ Buhalis D. Marketing the competitive destination of the future [J]. *Tourism Management*, 2000, 21(1): 97—116.

[56] Hall D. Brand development, tourism and national identity: the re-imaging of former Yugoslavia [J]. *Brand Management*, 2002, 9(4/5):323—334.

[58] Ooi C S. Poetics & politics of destination branding: Denmark [J]. *Scandinavian Journal of Hospitality & Tourism*, 2004, 4(2):107—128.

⑤ Aaker D A. *Managing Brand Equity* [M]. New York: Free Press, 1991:1—25.

⑥ Aaker D A. *Building Strong Brands* [M]. New York: Free Press, 1996:5—30.

在其研究中用目的地形象的认知和情感属性来测量品牌联想。① 但本研究认为，品牌联想不应简单地等同于品牌形象。Keller 提出品牌联想有品牌属性(brand attributes)、品牌利益(brand benefits)、品牌态度(brand attitudes)3 种类型。② 以此为理论依据并结合扎根理论分析结果，本研究对品牌联想的 3 种类型作如下界定：品牌属性主要指旅游目的地在形象、定位、特色、吸引物等方面所特有的描述性特征；品牌利益主要表现为旅游目的地能给游客带来的个人价值和意义，是否能满足需求，这里更强调的是目的地给游客带来的功能、象征和经验利益，而非经济利益；品牌态度指游客对旅游目的地的总体评价。可见，品牌形象作为游客对目的地各方面的认知和印象更具体、全面，而品牌联想强调的是目的地抽象、独特的属性，以及目的地给游客带来的利益和游客对目的地的总体评价。

访谈中发现，游客选择旅游目的地时受其对目的地的印象、旅游目的、偏好、旅游经验、工作需求、时间、预算、身体状况以及群体影响、目的地口碑等因素影响，恰与品牌联想相契合。因此旅游目的地具有强烈、正面、独特的品牌联想对目的地品牌资产的构建和游客的目的地选择行为非常重要。

⑥ 品牌忠诚(brand loyalty)。品牌忠诚是顾客对某一品牌的依恋③，表现为对某一品牌的赞成态度，在一段时间持续购买该品牌④，是品牌资产的核心维度。本研究在已有研究成果和访谈结果的基础上，认为旅游目的地品牌忠诚是游客对某一目的地的喜爱和依恋，包括行为忠诚和态度忠诚，具体可表现为重游、推荐和溢价支付的行为和意愿。此外，本研究还发现，在一段时间内对旅游目的地的持续关注也是游客对旅游目的地品牌忠诚的表现方式之一。

(2) 基于顾客的旅游目的地品牌资产(CBBETD)的理论框架

本研究围绕"基于顾客的旅游目的地品牌资产结构维度"这一核心范畴，用"故事线"梳理出基于顾客的旅游目的地品牌资产的理论框架(如图 1 所示)：

第一，旅游目的地品牌形象影响品牌意识。由于目的地品牌意识是存在于潜

---

① Pike S D. Destination brand performance measures: A consumer based brand equity approach [Z]. International Conference on Destination Branding and Marketing for Regional Tourism Development, 8th—10th December 2005, Institute for Tourism Studies, Macau S. A. R., China.

Pike S D. Destination branding: Analysing brand equity for Queensland's coral coast [Z]. Council for Australian University Tourism and Hospitality Education 2008 Conference, 11th—14th February 2008, Gold Coast, Australia.

② Keller K L. Conceptualizing, measuring, and managing customer-based brand equity [J]. *Journal of Marketing*, 1993, 57(1): 1—22.

③ Aaker D A. *Managing Brand Equity* [M]. New York: Free Press, 1991:1—25.

④ Aaker D A. *Building Strong Brands* [M]. New York: Free Press, 1996:5—30.

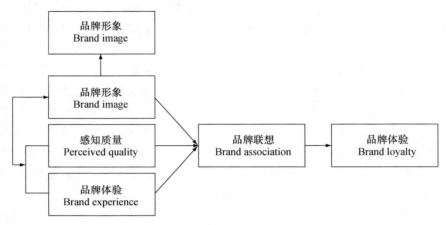

图 1 基于顾客的旅游目的地品牌资产理论框架

在游客脑海中的目的地形象[①]，因此目的地较高的知名度和鲜明的特色会形成强烈的品牌意识，进而影响游客的目的地选择。

第二，游客对旅游目的地感知质量和品牌体验受到品牌形象的影响，并反作用于品牌形象。这一相互影响发生在旅游过程的不同阶段。品牌形象是游客感知质量的直接决定因素[②]，游客在去某一目的地之前已经形成对于目的地形象的认知，这一认知会影响游客对目的地感知质量和品牌体验的期望和评价标准；而在旅游过程中和旅游结束后，游客则会根据自己对目的地感知质量和品牌体验的评价不断强化和修正其头脑中已存在的品牌形象。

第三，品牌联想在品牌形象、感知质量和品牌体验的共同作用下形成，并进而对品牌忠诚产生重要影响。品牌形象对目的地评价有重要作用[③]，感知质量和品牌体验也影响游客对目的地的感知价值。[④] 游客在对目的地的期望（品牌形象）和实际体验（感知质量和品牌体验）的比较过程中形成品牌联想，即对目的地品牌属

---

① Gartner W. *Image Formation Process. In Communication and Channel Systems in Tourism Marketing* [M]. New York: The Haworth Press, 1993:191—215.

② Chen C F. Exploring relationships between Mongolian destination brand equity, satisfaction and destination loyalty [J]. *Tourism Economics*, 2010, 16 (4): 981—994.

③ [62] Echtner C, Ritchie B. The measurement of destination image: An empirical assessment [J]. *Journal of Travel Research*, 1993, 31 (4):3—13.

[63] Gallarza M, Gil S, Calderon G. Destination image: Towards a conceptual framework [J]. *Annals of Tourism Research*, 2002, 29 (1):56—78.

④ Boo S, Busser J, Baloglu S. A model of customer-based brand equity and its application to multiple destinations [J]. *Tourism Management*, 2009, 30 (2): 219—231.

Deslandes D D. *Assessing Consumer Perceptions of Destinations: A Necessary First Step in the Destination Branding Process* [D]. Tallahassee: The Florida State University. 2003.

性、品牌利益和品牌态度的认知和评价。品牌联想是顾客品牌忠诚的基础[①],如果游客对目的地有正向的品牌联想,就会对目的地有较高的品牌忠诚,表现为重游或推荐;反之亦然。

由此可见,要构建旅游目的地品牌资产,关键在于两个方面:一是通过品牌营销,树立目的地在游客心目中的鲜明的品牌形象,从而提高游客对旅游目的地的品牌意识;二是通过目的地管理,提高游客在整个旅游过程中的感知质量和品牌体验。

三、基于游客的上海旅游目的地品牌资产评估

1. 量表发展与问卷编制

（1）问卷编制

目前国际上有关旅游目的地品牌资产的研究还处于起步阶段,研究者多使用结构化测量进行实证研究,但是所用的测量工作直接来源于现在的营销学和旅游目的地研究的相关文献以及研究者自己对目的地品牌资产各维度的理解。相比于普通的产品,旅游目的地更加复杂和多维,因此旅游目的地品牌资产的量表发展也需要更加系统的研究。

本研究以对上述深度访谈的扎根理论分析结果为依据编制问卷,形成有关旅游目的地品牌资产测量的测项,以使所编制的量表更好地契合旅游目的地的特点。根据扎根理论分析结果,本研究共提炼出42个测项形成初始的都市旅游目的地品牌资产量表,然后对10位专家和游客进行预调查,听取他们的意见,将其中相互包含、意义相近的测项进行删除和合并,对其进行表面效度和内容效度核检后,最终形成由24题组成的旅游目的地品牌资产量表,以此为基础编制调查问卷。问卷选择上海、北京、杭州、香港四个有不同特点的国内主流旅游目的地城市作为测试对象,要求被试者从这四个城市中选择一个曾经去旅游过且印象最深刻的一个城市,以此进行旅游目的地品牌资产和品牌形象部分的评价。若被试者这四个城市均没有去过或印象都不深刻,则允许被试者填写一个其印象深刻的城市并以此为对象完成问卷。调查问卷的主要内容包括以下两部分:

① 基于游客的旅游目的地品牌资产部分。包括24项,采用Likert7点量表。其中"1"代表"非常不同意","7"代表"非常同意"。

② 背景资料。包括被试者的性别、年龄、教育程度、职业、年收入以及来源地等基本信息。

---

① Aaker D A. *Managing Brand Equity* [M]. New York: Free Press, 1991:1—25.

教育部哲学社会科学系列发展报告
MOE Serial Reports on Developments in Humanities and Social Sciences

（2）施测过程及样本情况

本研究采用两种方式进行便利抽样。一种在上海浦东国际机场、虹桥机场、虹桥火车站对候机（车）的乘客发放问卷；另一种为通过笔者的社会关系对15岁以上的群体发放电子版和纸制问卷，以保证问卷填写的质量和有效性。问卷在2013年8月上旬集中发放，共发出问卷650份，回收486份，回收率为74.8%；对填写不完整和有明显逻辑错误的问卷予以剔除，得到有效问卷为476份，有效率为97.9%。其中随机抽样现场回收问卷317份，占总样本66.5%，便利抽样回收问卷159份，占总样本33.5%。样本中男女比例接近1:1.2，女性游客稍多，主要为15—44岁、大专及以上教育程度、个人年收入在10万元以下的大众游客。江浙沪地区的样本占总样本的51.4%。

总样本中选择上海完成问卷的样本数为174份，本研究将根据该样本进行上海旅游目的地品牌资产评价。其中随机抽样现场回收问卷124份，占总样本71.3%，便利抽样回收问卷50份，占总样本28.7%。样本背景资料分布详见表3。样本中男女比例接近1:1，女性游客稍多，主要为15—44岁、大专及以上教育程度、个人年收入在10万元以下的大众游客。华东地区是上海旅游主要的客源地，这一地区的样本占总样本的61.5%。

表3 样本背景资料分布情况

题项	类别	频数	比例	题项	类别	频数	比例
性别	男	85	48.9%	职业	政府公务员	4	2.3%
	女	88	50.6%		企事业单位管理人员	18	10.4%
年龄	15—24岁	56	32.2%		工人	33	19.0%
	25—44岁	91	52.3%		专业技术人员	20	11.5%
	45—64岁	25	14.4%		学生	34	19.5%
	65岁以上	2	1.1%		服务销售人员	26	14.9%
教育程度	高中以下	17	9.8%		退休人员	11	6.3%
	高中	33	19.0%		教师	19	10.9%
	大专	44	25.3%		其他	9	5.1%
	本科	68	39.%	来源地	江苏	32	18.6%
	研究生及以上	12	6.9%		浙江	31	18%
个人年收入	2万元以下	53	30.5%		福建	8	4.7%
	2万—5万元	49	28.2%		上海	13	7.5%
	5万—8万元	47	27.0%		山东	13	7.5%
	8万—10万元	19	10.9%		安徽	9	5.2%
	10万元以上	3	1.7%		其他	68	38.5%

（资料来源：根据问卷统计结果整理）

(3) 量表测项确定

本研究使用 SPSS16.0 对第一次回收的 256 份有效样本进行探索性因子分析,以初步确定基于顾客的旅游目的地品牌资产量表结构。首先对目的地品牌资产量表的 24 个测项进行项目—总体相关性分析,删除项目—总体相关系数小于 0.4 的 1 个测项,其余 23 个测项的 Cronbach α 系数在 0.947—0.951 之间,表明各测项的内部一致性可以接受。再进行因子负荷检验,正交旋转后 23 个测项的因子负荷均大于 0.5,全部保留以进行进一步的因子分析。因子的萃取是采用主成分分析法(Principal Component Analysis),以特征值大于 1 为原则,用最大方差正交旋转(Varimax Rotation),得到四个因子,四因子的方差贡献率为 66.931%。根据各因子的测项构成,分别命名为品牌意识、品牌形象/品牌体验、感知质量、品牌联想/品牌忠诚。KMO 值为 0.934;巴特利特球型检验的 $\chi^2 = 3757(df = 253, sig = 0.000)$。总量表的 Cronbach α 系数为 0.950,各因子的 Cronbach α 系数也均符合 Nunnally(1994)提出的最小不低于 0.7 的标准[①],说明量表具有良好的信度。

第二次回收的 220 份有效样本使用 AMOS17.0 进行验证性因子分析,以确定量表结构及测项。根据验证性因子分析结果,将"品牌形象/品牌体验"分拆成"品牌形象"和"品牌体验","品牌联想/品牌忠诚"分拆为"品牌联想"和"品牌忠诚",最终确定基于顾客的旅游目的地品牌资产量表的结构及测项构成。

2. 上海旅游目的地品牌资产总体评价

根据调研结果,本研究中上海旅游目的地品牌资产的描述性分析以均值(Mean)体现游客对上海品牌资产的评价,具体结果详见表 4。

表 4　上海旅游目的地品牌资产描述性分析

项目	均值	标准差	排序	因子	因子均值
[1]提到旅游,我很容易想到 X 城市	5.09	1.800	17	品牌意识	5.31
[2]我对 X 城市印象很深刻	5.53	1.408	4		
[3]X 城市有良好的市容环境	5.39	1.455	11	品牌形象	5.64
[4]X 城市的旅游吸引物丰富、有特色	5.53	1.328	4		
[5]X 城市有很好的旅游形象	5.53	1.252	7		
[6]X 城市有良好的社会和人文环境	5.65	1.320	6		
[7]X 城市有很好的口碑	5.29	1.393	13		
[8]X 城市的知名度很高	6.10	1.417	1		

---

① NUNNALLY JC & BEMSTEIN IH. Psychometric theory [M]. New York: McGraw-Hill, 1994: 57—70.

(续表)

项目	均值	标准差	排序	因子	因子均值
[9]在X城市的旅游过程非常顺利	5.36	1.316	16	品牌体验	5.14
[10]在X城市旅游,我对当地的历史文化有了进一步的了解	5.05	1.418	17		
[11]在X城市旅游,我能很好地体验到当地居民的生活状态和社会风情	5.00	1.392	22		
[12]X城市有高质量、专业的服务(餐饮、酒店、景区、公共服务、信息服务等)	5.76	1.440	8	感知质量	5.69
[13]X城市有类型多样、满足需求的餐厅/酒店	5.85	1.428	5		
[14]X城市有非常合理的金融、保险、通讯等旅游相关产业构成和配置	5.55	1.544	14		
[15]X城市有方便的满足需求的配套设施(道路、机场、公共设施、卫生设施、网络等)	5.61	1.500	10		
[16]提到X城市,我能很容易想到这个城市的特色和形象	5.62	1.403	2	品牌联想	5.30
[17]X城市能满足我的旅游需求	5.09	1.329	21		
[18]我认为X城市非常值得去旅游	5.24	1.514	9		
[19]总体而言,我对在X城市的旅游感到很满意	5.24	1.306	15		
[20]我会持续关注X城市	5.33	1.799	12	品牌忠诚	4.98
[21]我愿意再去X城市旅游	5.12	1.745	19		
[22]我会将X城市推荐给我的亲朋	5.12	1.647	20		
[23]相对而言,我愿意为在X城市的旅游支付较高的价格	4.33	1.835	23		
品牌资产总体	5.34				

(资料来源:根据调查结果整理)

(1) 游客对上海旅游目的地的感知质量较高

游客来到城市,首先接触到的就是城市的各项公共设施。在满目钢筋水泥的都市森林之中,城市公共设施于细微处承载了人与城市沟通的桥梁。人们通过一张休闲椅,一块指路牌,都能感知到城市环境的亲和度和人文味。因此,布局合理、设计周到的公共设施能使游客切身体会到来自城市建设者的关怀和人性化的服务,从而赋予了该城市与众不同的形象和魅力。根据数据,我们不难发现,游客对上海旅游目的地的感知质量较高,被调查者普遍认同上海拥有完善的公共服务设施、专业的公共配套服务,以及类型多样可以满足不同需求的旅游及其相关设施。这得益于上海数十年不间断地在公共设施及服务方面的高水平建设,表明上海作为一个享有国际声誉的大都市,经过多年的探索和经营,不仅在城市各项硬件设施上不断发展完善,在象征城市软实力的"综合服务质量"上亦取得了长足的进步。

(2) 游客对上海旅游目的地的品牌形象认同度较高

根据表4,我们发现被调查者对上海旅游目的地的品牌形象认同度较高,特别是在"上海的城市知名度很高"和"上海有良好的社会和人文环境"这两项上获得了普遍的赞同。就"知名度"而言,自开埠以来,上海就一直充当着中国的经济中心和国际文化交流中心,她是中国第一个近代意义上的城市,亦是在中国启动最早、表现最典型的现代化城市,被称为解开"现代中国的钥匙"。[①] 早在20世纪30年代,上海就以其繁华的都市景观,多元的文化交融和开放的国际环境而声名远播,享有"东方的巴黎"、"远东第一大都市"的美誉。改革开放以后,数十年来连续的高速发展,使得上海的城市化程度已经接近国外发达国家的水平。今天的上海,不仅是中国的国际门户枢纽和信息枢纽,发挥着创新经济驱动和服务辐射带动功能,更是具备国际影响力的国际金融、贸易和航运中心,以其国际化大都市的形象而闻名遐迩。

就"良好的社会和人文环境"而言,上海有其历史特殊性。上海的社会和人文环境是多种文明和多元文化辐射交融的结果,并通过城市的人文景观,市民的言行举止,社会的伦理道德,生活的形式观念体现出来。每一个来到上海的游客,都能感受到这座城市海纳百川、大气谦和的精神内核。举例来说,由于上海城市生活商业气息浓重,全国其他地方的人一直对上海人注重经济,追求实利,小家子气等特质多有微词,但是在调查过程中,很多来过上海的游客又不得不承认,上海良好的社会和人文环境令人感觉舒适。走在上海的街头,目光所及,是打扮得体举止低调的上海人,是两边立着高大梧桐干净宽敞的道路,是隐藏在弄堂深处的名人故居,还有街边巷尾小巧精致的咖啡馆,凡此种种,无一不体现了这座城市独有的雅致风韵。

(3) 游客对上海旅游目的地的品牌忠诚度有待加强

品牌忠诚度作为一种认知现象,常常被认为是一种购买和重复购买某种品牌的内心承诺,可以简单地概括为再购买行为。[②] 人们完成了一次满意的旅行,除了自己反复回味之外,还有一种重复体验的强烈愿望,并不由自主地持续关注该城市的有关信息,也会向他人描述旅途中的美好经历,进而向他人推荐该城市。在本次调查中,我们发现游客对上海旅游目的地的品牌忠诚度相对较低,再次来上

---

① 尹继佐:《2003年上海文化发展蓝皮书:文化发展与国际大都市建设》,上海社会科学出版社2004年版,第272—256页。

② 闵学勤:《感知与意象——城市理念与形象研究》,东南大学出版社2007年版,第85页。

海旅游以及向亲朋推荐上海的意愿不是很高，在"我愿意为在上海旅游支付较高的价格"这一项上评分尤低，且低于北京、香港、杭州三地。造成这一现象的原因可能有三个方面：一是上海旅游产品的类型多为观光游览，而非休闲度假，因此游客的重游意愿不高；二是上海的城市形象在营销推广方面，一直以来"高大上"有余，而亲和力不足，不太容易引起游客在情感上的共鸣和亲近，因此游客的推荐意愿不高；三是上海的物价水平偏高，尽管就世界范围而言，各大城市的物价都是偏高的，但是上海的问题在于高昂的价格却无相对应的高旅游品质和体验，因此游客对于高价格的支付意愿相对较低。

3. 上海旅游目的地品牌资产对比分析

本研究将游客对上海、北京、香港、杭州四个城市的品牌资产六个维度和各个测项进行单因素方差分析，以评价上海品牌资产各维度和各测项与其他三个城市相比的优势与劣势。具体结果详见表5。

表5　上海旅游目的地品牌资产与其他城市对比

项目		上海(a)	北京(b)	香港(c)	杭州(d)	均值
品牌意识		5.31^{bc}	5.66^{ac}	6.09^{abd}	5.53^{c}	5.54
[1]提到旅游，我很容易想到X城市	17	5.09^{c}	5.38^{c}	6.11^{abd}	5.40^{c}	5.37
[2]我对X城市印象很深刻	4	5.53^{bc}	5.94^{a}	6.07^{ad}	5.65^{c}	5.71
品牌形象		5.64^{bc}	5.99^{ad}	6.03^{ad}	5.57^{bc}	5.73
[3]X城市有良好的市容环境	11	5.39^{b}	5.88^{ad}	5.75^{d}	5.32^{bc}	5.50
[4]X城市的旅游吸引物丰富、有特色	4	5.53^{bc}	6.04^{ad}	5.98^{a}	5.63^{b}	5.71
[5]X城市有很好的旅游形象	7	5.53^{c}	5.66^{c}	6.11^{abd}	5.52^{c}	5.62
[6]X城市有良好的社会和人文环境	6	5.65	5.88	5.95^{d}	5.55^{c}	5.69
[7]X城市有很好的口碑^{c}	13	5.29^{c}	5.64	5.71^{a}	5.40	5.44
[8]X城市的知名度很高^{c}	1	6.10^{b}	6.47^{ad}	6.38^{d}	5.85^{bc}	6.11
品牌体验		5.14^{b}	5.61^{ad}	5.30	5.30^{b}	5.30
[9]在X城市的旅游过程非常顺利	16	5.36	5.25	5.62	5.38	5.38
[10]在X城市旅游，我对当地的历史文化有了进一步的了解	17	5.05^{bd}	6.18^{acd}	5.11^{b}	5.40^{ab}	5.37
[11]在X城市旅游，我能很好地体验到当地居民的生活状态和社会风情	22	5.00^{b}	5.39^{a}	5.18	5.13	5.13
感知质量		5.69^{d}	5.57^{cd}	6.03^{bd}	5.25^{bc}	5.57

(续表)

项目		上海(a)	北京(b)	香港(c)	杭州(d)	均值
[12]X 城市有高质量、专业的服务（餐饮、酒店、景区、公共服务、信息服务等）	8	5.76[cd]	5.55[c]	6.24[abd]	5.22[ac]	5.60
[13]X 城市有类型多样、满足需求的餐厅/酒店	5	5.85[cd]	5.66[c]	6.31[abd]	5.32[ac]	5.70
[14]X 城市有非常合理的金融、保险、通讯等旅游相关产业构成和配置	14	5.55[d]	5.49[d]	5.71[d]	5.08[abc]	5.40
[15]X 城市有方便的满足需求的配套设施（道路、机场、公共设施、卫生设施、网络等）	10	5.61	5.60	5.87[d]	5.40[c]	5.57
品牌联想		5.30[bc]	5.61[a]	5.87[ad]	5.46[c]	5.47
[16]提到 X 城市,我能很容易想到这个城市的特色和形象	2	5.62[bc]	6.03[ad]	6.02[a]	5.64[b]	5.75
[17]X 城市能满足我的旅游需求	21	5.09[c]	5.12	5.55[a]	5.17	5.18
[18]我认为 X 城市非常值得去旅游	9	5.24[bcd]	5.90[a]	6.05[a]	5.66[a]	5.59
[19]总体而言,我对在 X 城市的旅游感到很满意	15	5.24[c]	5.39[c]	5.85[abd]	5.39[c]	5.39
品牌忠诚		4.98[c]	5.07[c]	5.82[abc]	5.16[c]	5.16
[20]我会持续关注 X 城市	12	5.33[c]	5.56[c]	6.13[abd]	5.34[c]	5.47
[21]我愿意再去 X 城市旅游	19	5.12[c]	5.22[c]	5.95[abd]	5.44[c]	5.35
[22]我会将 X 城市推荐给我的亲朋	20	5.12[c]	5.13[c]	5.80[ab]	5.44	5.31
[23]相对而言,我愿意为在 X 城市的旅游支付较高的价格	23	4.33[c]	4.36[c]	5.40[abd]	4.45[c]	4.51
品牌资产总体		5.34[c]	5.58	5.85[ad]	5.38[c]	5.5
样本量		174	87	60	151	472

注:表中数字代表平均值;a,b,c,d,e 分别代表各个城市,数值右上方的上标字母代表该城市与该列的城市相比存在显著差异性,显著性水平在 0.05—0.001 之间。

(1) 上海旅游目的地的品牌意识和品牌联想不够鲜明

如前所述,"品牌意识"指潜在顾客能够辨认或回忆出某一品牌属于特定产品的能力,包括品牌识别和品牌回忆。而"品牌联想"则是人们脑海中关于某一旅游目的地的记忆,包括品牌属性、品牌利益和品牌态度。简言之,这两个维度代表了旅游目的地的知名度高低,及其定位和特色是否鲜明,具有识别性。从调查结果来看,四个城市中,就"品牌意识"和"品牌联想"的评价而言,香港最高,其次为北京、杭州和上海稍逊一筹;其中上海和北京、香港相比存在显著差异性,这表明就城市的识别度和特色而言,上海与这两座城市相比,并不突出,这可能与上海文化符号体系尚未建立,缺乏历史延续性有关。

提及上海,人们自然而然会想到石库门内的弄堂、梧桐树下的老洋房、西式花园、张爱玲以及老式挂历中身着旗袍的上海小姐……然而这些深入人心、广为流传的文化符号,属于20世纪30年代的上海,正如张鸿雁所说:"好像上海只能是裹着一身旗袍裹着羊毛披肩的洋场少妇,定格在老上海文化的怀里,或者是老上海文化的影子里!我们不知道今天的上海应该创造什么样的文化。"①诚然,新时代的上海亦有很多代表城市文化的景观符号出现,如陆家嘴的高楼,新天地的风情,然而这些代表21世纪新上海的文化符号与人们记忆中的上海符号并不能很好地连接在一起,缺乏历史感和文化延续性。反观北京和香港,一个是绵延数百年,底蕴厚重的"帝都",一个是活力四射的"自由港",其城市形象呈现出一以贯之的连续性和整体感,因此在游客心中,这两座城市既有很强的识别性又有特别的地方性文化内涵。而上海,因为尚未建立起独属于自己的城市符号体系,因此其城市文化符号呈现碎片化、断裂化的现象。当游客带着20世纪30年代的记忆来到21世纪的新上海,其所见所闻与其期待存在一定的差异,因此难以形成深刻的印象,使得上海旅游目的地的品牌意识和品牌联想与北京和香港相比,显得不够鲜明。

(2)上海旅游目的地的品牌形象有待提升

品牌形象代表游客对旅游目的地的感知印象,从调查结果来看,四个城市的品牌形象都比较好。其中最优的是香港,其次北京,然后是杭州和上海。在"城市的旅游吸引物丰富、有特色","城市有很好的旅游形象"和"城市有很好的口碑"这三项上,上海与香港存在明显差异。

在城市旅游吸引物方面,上海和香港同属国际化大都市,在景观类别上存在诸多相似之处。然而调查显示,游客普遍认为香港的旅游吸引物类别丰富,富有特色,而上海与之相比则略显不足。究其原因,可能源于香港旅游业发展历史悠久,在旅游资源开发和整合方面经验丰富,并形成了层次多样,结构完整的旅游产品体系。而上海旅游业的发展,无论是城市经典景观的建设,还是核心旅游产品体系的构建,均仍需进一步加强和完善。

调查还显示,在城市形象和口碑方面,上海与香港相比亦有所欠缺。众所周知,良好的城市形象和口碑,离不开卓有成效的城市营销。香港素有"东方之珠"的美誉,以其繁荣、创意、进取和中西合璧的文化深受世人瞩目,香港的城市营销

---

① 张鸿雁:《上海文化核心价值的缺失批判与"新海派文化"的建构研究——上海城市发展与规划战略纠谬与创新》,《中国名城》2011年第2期。

颇具特色,尤其在品牌建设方面很有经验。自2001年以来,香港推出了一系列战略性城市营销规划与推广,使得香港品牌和香港城市形象深入人心。有学者认为,香港的旅游目的地营销最突出的特点莫过于其"营销传播的一元化策略",即在某个鲜明主题的引领下,把广告宣传、促销活动等一切相关传播活动都涵盖在营销活动的范围内,真正实现了"Speak With One Voice"的目的。① 与香港相比,上海在城市营销方面的整体性和一贯性仍然有待提高,或可结合自身特点,学习香港经验,探索更为有效的营销推广机制。

(3) 上海旅游目的地的品牌体验缺乏情感共鸣

品牌体验表明游客在旅游目的地的感受和评价,其中游客对城市历史文化与社会风情的感知程度是重要的影响要素。从调查结果来看,北京的品牌体验度最优,其次是香港和杭州,最后是上海。在"对当地的历史文化有了进一步的了解"和"能很好地体验到当地居民的生活状态和社会风情"这两项上,上海与北京存在明显差异。换言之,游客在北京,能更好地感知当地历史文化和社会风情。这固然有一部分因素是因为北京的旅游资源禀赋要优于上海。毕竟自明朝以来,北京就一直是中国政治经济文化的中心,在旅游资源的价值、品位、数量和类型上得天独厚;而上海则以近现代人文旅游资源为主,缺乏一流的名山胜水和高品位的文物古迹,难以与北京相比。但是笔者以为,更为重要的原因在于,上海未能很好地包装、组合自己独特的旅游资源使之形成最佳的意象空间。在城市旅游产品的设计和规划中,必须以周密的市场分析为基础,以城市鲜明、生动、突出的形象为主要特征,通过多种艺术手段,引导游客围绕某一主题线索展开旅游活动,唯此才能引起人们的共鸣和联想。然而纵观上海现有的旅游产品,既缺乏深度发掘城市文化底蕴的"经典",又未形成深度贴近城市居民世俗生活的"特色",造成游客体验不足,难以引发情感共鸣。

(4) 上海旅游目的地的感知质量较高

在城市品牌资产六项维度的对比中,"感知质量"是上海最具优势的一项。从均值来看,香港最优,其次为上海,北京和杭州稍逊。但对比而言,上海与香港并无显著差异,两座城市在这方面的总体水平相当。具体项目上,在"城市有高质量、专业的服务"和"城市有类型多样、满足需求的餐厅/酒店"这两项上,上海与香港有显著差异,评分略低于香港,表明在这两方面,上海仍需进一步的完善和提高。

(5) 内地城市旅游目的地品牌忠诚度仍需提升

如前文所述,品牌忠诚反映了游客对某一旅游目的地的喜爱和依恋程度,体

---

① 何亦星:《试论香港旅游目的地营销及对内地的启示》,《湖北科技学院学报》2015年5月第5期。

现在行为上则表现为重游、推荐和溢价支付的行为。根据调查数据,在品牌忠诚这一维度上,香港最高,另外三座城市差别不大。就均值来看,上海在这一项的分数最低。具体原因前文已经分析过了,在此不再赘述。需要指出的是,在旅游目的地品牌资产的六项维度的评价中,香港有五项位居第一,可见其在品牌建设上确有过人之处,存在诸多优势,值得内地旅游城市借鉴和学习。

四、都市旅游目的地品牌资产提升的建议

1. 强化上海在消费者心目中世界著名旅游城市的品牌意识

旅游者作为消费者中的特殊类型,他们在选择旅游目的地时必然会受到通过旅游目的地品牌构成元素而形成的品牌意识的影响。旅游的魅力在特色,特色的内涵在文化。回顾中国各大重点旅游城市,每个城市都提出了自己品牌的愿景,北京的品牌是"中国的政治中心,历史文化名城",香港的品牌是"亚洲国际都会"。上海举什么旗,打什么牌呢?我们常说上海是一座兼容并蓄、海纳百川的城市,这里既有复古风情的十里洋场,又有现代摩登的都市景观,古与今在这里汇集,中与外在这里交织。这些碎片化的城市文化符号如何整合成一个整体,如何表述才能反映上海的实际,才能与众不同,才能把客人招揽过来,确实很需要费一番脑筋。

上海在旅游业"十二五"规划中提出"要建成魅力独具、环境一流、集散便捷、服务完善、旅游产业体系健全、旅游产品丰富多样、旅游企业充满活力的世界著名旅游城市"。① 这一定位符合上海的实际情况,能够有效地构建上海都市旅游目的地的文化符号体系,增强城市的辨识度,强化特色品牌意识。遵循"建设世界著名旅游城市"这个思路,结合当下的大环境,我们对上海的旅游资源进行梳理与整合,可以从以下几个角度重点构建上海都市旅游目的地的品牌建设。

一是打好"海派旅游"牌的同时,加快上海旅游产业的转型升级,形成有代表性的旅游名品。利用上海特有的历史、艺术、风情、民俗元素,时尚、创新、思古、怀旧元素,精彩的体育赛事、演艺娱乐、节庆盛典、美食美景元素,展示上海国际大都市的良好形象,让海派文化的形象在游客心目中进一步根深蒂固。在此基础上,通过产业的转型升级,为"海派旅游"注入新的血液。例如,全力推进上海国际旅游度假区开发建设和有序运营,充分放大迪士尼乐园的溢出效应,让上海迪士尼成为上海旅游的新名片。深化上海中国邮轮旅游发展实验区的建设,加快推进邮轮基础设施建设,积极构建邮轮旅游产业链,把发展国际邮轮母港作为建成国际航运中心的重要抓手。深入推进佘山国家旅游度假区建设,促进临港地区、虹桥商务区、世博地区等重点区域旅游产业提升,探索建立国家级旅游度假区、旅游休

---

① 上海市旅游局:《上海市旅游业发展"十二五"规划》,2012 年 3 月。

闲区的综合管理机构,探索推进崇明岛全域旅游开发,提升上海旅游度假产品的覆盖面与品牌影响力。

二是抓住时代契机,通过重大的旅游项目的推进,将上海推向世界著名旅游城市的舞台。例如,紧扣"一带一路"国家战略,建立与沿线国家及重点省市旅游合作交流机制,拓展以"一带一路"为主线的国际、国内旅游市场。积极参与长江旅游带建设,推动打造区域旅游公共服务平台,积极落实长三角144小时过境免签政策,将上海打造成为长三角区域重要的旅游核心节点城市,扩大其在国内外旅游市场上的影响力。

通过紧扣国家战略,深化打造特色旅游名品,强化上海在消费者心目中世界著名旅游城市的品牌意识。

2. 完善上海旅游形象识别系统,创新品牌营销策略

旅游形象是旅游目的地综合特征的高度概括,承载着大量旅游目的地信息,对于促进旅游者形成对目的地较优的感知,做出出游决策起着十分关键的作用。对于上海市旅游形象的构建,我们可以借鉴 CIS 理论,完善上海旅游城市的形象识别系统,创新上海旅游品牌的营销策略。

(1) 完善上海旅游形象识别系统

城市旅游形象识别系统是受企业形象识别系统(CIS)的启发,将运用于企业的 CI(Corporate Identity)理念嫁接于城市旅游规划与设计中,是一项体现城市个性的城市形象品牌化系统工程。上海城市旅游形象识别系统的构建可以从理念识别系统(MI)、行为识别系统(BI)、视觉识别系统(VI)三个维度去完善。

理念识别系统是城市旅游形象的灵魂,包括城市对社会的使命、发展策略、方向、目标等内容。① 城市的功能定位(如北京—政治文化中心)、独特的自然环境(如青岛—海滨城市)、城市的文脉(如曲阜—孔子故里)等,这些因素都直接或间接形成城市的形象理念。上海的"海派文化"丰富多彩,"世界著名旅游城市"的提出为上海都市旅游形象的构建勾勒出了明确的理念识别。在这一理念指导下,上海应该重新审视和整合旅游文化资源,围绕整体的旅游形象和城市形象,对旅游资源和现代城市发展进行梳理和整合。首先,在空间上保持与强化各区块旅游资源的特色,相互补充,形成完整体系。其次,在内涵上挖掘旅游资源文化的广泛性与典型性,通过特色主题旅游线路的设计,搭建好上海都市旅游产品的总体框架。

---

① 葛小涛、张述林、蒋坤富:《云阳城市旅游形象识别系统构建研究》,《荆楚理工学院学报》2009 年 9 月第 9 期。

表 6 上海都市旅游形象识别系统构建①

三大构成要素	要素细分	措施
MI	城市旅游形象核心价值 城市旅游发展宗旨和目标 城市旅游文化 城市旅游发展战略	制定核心价值宣传口号 制定旅游发展指导思想 构建都市旅游文化体系 制定科学的旅游发展规划
BI	目标市场细分,选择及定位 主要产品品牌客户开发 广告与促销活动 文化娱乐活动 服务行为	旅游产品的细化完善 主题旅游线路的设计 策划多种类型的节庆活动 公关策划与宣传营销 提供优质的旅游服务 培育良好的人文社会环境
VI	城市旅游标识图案 名称标准字 颜色识别 代表景点选择 符号系统及风格 建筑造型 企业服务标识	保护开发具有代表性的历史建筑 完善道路、小品、绿化、路灯、指示牌等系统 完善服务标识系统 设计具有代表性的标准字、色彩 设计具有海派文化特色的纪念品、 广告、宣传册、海报、音像

行为识别系统是城市形象构建的另一重要组成部分,其中最核心的要素是城市的人文环境。上海的旅游人文环境有较好的基础,在接下来的工作中,可以进一步通过节事活动的打造展示城市形象,创新上海旅游节、上海艺术节等节庆活动。提升旅游节庆的国际化水平,吸引更多的国家和地区参与,提高上海旅游节庆活动的国际知晓度和影响力,丰富上海各种旅游节庆活动的内容。此外,每一个城市人个体的形象也可能成为城市形象的表现方式。在城市的旅游活动中,旅游服务人员提供服务的质量和旅游地居民对旅游者的态度,都会在旅游者心里留下印象。因此,要加强上海市旅游市场的监督管理,树立良好的城市形象。

视觉识别系统是城市形象最为直观的展示和体现,上海可以在确立城市旅游主题形象和宣传口号、设计城市形象吉祥物、开发特色城市旅游纪念品、包装城市道路及交通工具、选择城市形象代表、打造独具特色的城市户外广告等方面做出努力。

(2) 创新上海旅游品牌营销对策

上海在目的地营销的基础上,要进一步强化客源地营销的新理念,主动融入

---

① 资料来源:笔者经过对资料的整合梳理制作完成。

客源地的营销建设过程。在客源地推行多元化、细分化、持久化的形象保持机制，创建系统化的驻地营销模式，形成便利的服务网络。在继续巩固日、韩、美、德等上海最重要的国际客源市场的同时，关注印度、俄罗斯、东欧和中东等极具潜力且高速增长的新兴客源地，加大营销力度，构建多元化的国际旅游客源市场格局。顺应高铁时代的到来和长三角地区同城化的趋势，继续巩固以江浙为代表的周边市场，拓展挖掘以北京为中心的北方地区、以广州为中心的珠三角地区和以成都、重庆为中心的中西部地区等上海最具潜力的国内客源市场。

上海要创新旅游营销管理机制，构建协同联动的营销格局，整合全市上下各方资源，组成各级政府部门、旅行社、景区、相关企业等共同参加的、"产品、市场、销售"协同联动的旅游营销格局。整合全市相关资源，依托重大会展活动、体育赛事、文艺演出等，向世界营销上海。加强与世界旅游专业机构和著名旅游刊物的联系，借助其宣传，提高上海的国际美誉度，增加上海对国际游客的吸引力。

3. 加快智慧旅游城市建设，提升游客感知质量

建设便捷高效的旅游公共服务体系一直都是上海都市旅游发展中的重要经验和特色。在今后的旅游发展中，上海要继续在游客的食住行游购娱这六大方面，加快建立与国际通行规则相衔接的都市旅游标准体系。

当前，随着信息技术的不断发展和完善，自助式旅游比例的不断提高，对旅游公共服务体系的要求也日益提高，构建智慧型的旅游公共服务体系在提升游客感知质量方面变得尤为重要。上海要进一步构建健全、规范的都市自助旅游公共服务设施体系，完善全市旅游标识系统。完善旅游集散中心的建设，提高旅游集散网络覆盖率。要紧贴旅游业发展现状和未来发展趋势，着眼游客、市民和涉旅企业的需求，聚焦线上线下资源的整合和共享、聚焦公共支持平台的建设和开放、聚焦信息发布和服务到达，完善旅游公共服务、深化旅游市场监管、引导智慧旅游营销，进一步推进上海市智慧旅游健康生态系统的形成，力争把上海建设成为国际知名、国内领先的智慧旅游城市。

4. 创新丰富都市旅游产品，以地域文化增强品牌体验

经过前文横向对比，我们发现强化地域文化特色，创新丰富都市旅游产品，是增强上海的旅游品牌体验的重要途径。

深入挖掘城市地域文化内涵，强调城市旅游品牌的个性挖掘，就必须依托"海派文化"特色资源，挖掘城市文化内涵，做到发展城市旅游与弘扬地域文化相结合。旅游产品是上海旅游品牌的载体，应丰富创新富含地域文化的经典旅游产品，可以从沪上的饮食文化、旗袍服装文化、石库门建筑、方言文化等方面入手，依托地方优势特色资源，精心设计，争取开发出一批具有"老上海"地域标志的城市旅游产品。依托上海丰富的文化资源和东西方文化交融的优势，充分开发文物保护单位和名人故居的旅游功能,利用类型丰富、底蕴深厚的文化演出,形成上海特有的"海派文化之旅"旅游产品,推出不同的文化旅游线路。加强衡山路、华山路、巨鹿路等特色文化旅游街区开发,推进多伦路文化名人街改造、静安寺文化旅游功能区打造、文化广场都市文化综合体、广富林等项目,将旅游休闲与文化娱乐、商业购物等有机结合,形成新的旅游热点。强化城市的旅游购物功能,优化购物旅游产品结构,创建各具特色的旅游购物新区。

5. 树立"旅游者满意"理念,提高品牌忠诚度

在本次调查中,我们发现游客对上海旅游目的地的品牌忠诚度相对较低,再次来上海旅游以及向亲朋推荐上海的意愿不是很高。为此,要重视旅游者需求的调查和预测,并加强质量管理,具体可以从以下几个方面入手:

第一,及时全面监控旅游者满意情况,分析满意与不满意的原因,对导致旅游者满意方面的因素继续发扬并优化,对导致旅游者不满方面的因素及时清除改善,并采取补救措施。在对旅游者满意的动态监控中不断提高旅游者满意度,建立与旅游者长期良好的情感关系,实现旅游者持续忠诚。

第二,高度重视有重游倾向的旅游者。重游倾向与口碑宣传之间存在递进关系,即对旅游地忠诚的旅游者,不但自己忠诚,而且会对自己的亲朋好友进行积极的口碑宣传。旅游地管理人员可以适当建立有重游倾向旅游者的档案资料数据库,巩固与有重游倾向的顾客关系,这样不但有益于旅游者重游的实现,而且有利于开拓新的市场。

第三,以旅游者满意为核心理念,突出特色和标准化服务、以多元化服务满足旅游者的个性化需求,建设标准化旅游设施,全面提升交通、通信、宾馆、饭店、公园、会展中心、特色街区、体育、娱乐、健身等基础设施,增强城市的旅游观光、商务会展、休闲度假、文化节庆等旅游功能,增加旅游者的旅游方式选择,提高旅游者满意度,进而提升旅游者的忠诚度。

2016世界都市文化发展报告

2016年7月，美国国家城市联盟发布了2016城市发展年度报告，通过这一交流平台，一百余位来自不同位置和规模城市的市长向大家展示了各自城市建设所取得的成就、面临的挑战以及对未来的展望。从市长们的报告中可以发现，经济发展已连续三年成为最受关注的议题首位，排在第二、三位的议题是城市公共安全和市政预算。此外，其他最受市长们关注的议题依次是基础设施建设、教育、住房、环境和能源、人口、数据和技术、健康。本年度的世界都市发展以及社会文化状况也从上述各个层面进行了具体报告。

随着经济全球化进程的不断深入，发展的天平日益向发展中国家特别是亚太地区倾斜，亚洲地区快速的城市化进程已受到越来越多人的瞩目，成为全球经济社会发展和资源流动的重要因素之一。因此，本年度报告除了发达国家城市的发展状况外，比以往更多地关注发展中国家，展示多种城市发展以及社会文化的现状。

一、都市空间和政策规划

1. 英国"脱欧"下的伦敦何去何从

2016年6月23日，英国在全民公决投票中决定退出欧盟，"脱欧"的结果给整个欧洲带来了震惊，英国"脱欧"与否终于尘埃落定，但英国与欧盟及全球关系究竟会受到何种影响，其整体的经济和社会发展将会何去何从，其中伦敦作为顶级的全球大都市之一，其城市发展将会出现哪些趋势，都值得关注。

英国"脱欧"后全球金融市场出现动荡的趋势，英国经济受到重创。英镑创下高低点振幅7.5%的盘中记录，英镑触及1.3965美元兑1英镑的低点，跌幅高达5.7%。① 除金融以外，受影响的还有伦敦国际性的创意经济：建筑师事务所、互联网初创企业或非政府组织（NGO）中半数员工系持有欧盟护照的非英国人，如果已经在运营一个类似机构，也许会留在伦敦，原因是搬迁费时费力，然而如果想在明天设立某个类似机构，并且不想在英国脱欧后的法规公布前等上多年，也许会把

---

① 《英国公投决定脱离欧盟》，何黎译，金融时报中文网网站2016年8月30日。

目光投向英吉利海峡的另一边。①

此外,伦敦城市发展的前景也因此受到影响。如果在伦敦工作的欧洲人才逃离伦敦,那么这个城市就会陷入困境,乍看之下,伦敦发生人才逃离的可能性不大,德勤(Deloitte)年初发布了一项分析结果:伦敦拥有170万高技能人才,得益于科技业的发展,这类人才仅在过去3年中就增加了23.5万人,伦敦的高技能工作岗位比纽约多55万,但是许多高技能人才来自海外,每3个伦敦人就有一个是在海外出生的,每10个伦敦人里就有1个来自欧盟其他国家,如果1年流失3万名高技术移民,只需严格控制移民10年,伦敦的高技能人口就会因为英国退欧而大幅减少。② 从这个意义上讲,"脱欧"会使伦敦作为全球城市运转的逻辑陷入困境。

2. 韩国仁川新建全球企业城市——未来城市

随着全球人口激增,世界各国的城市化进程也不断升级,特别是亚太地区的新城市和新城区日渐增多,新城市和城区的新建之初通常围绕某项或几项城市功能展开,近年来随着对生态环境和资源的关注,出现了生态新城、知识新城、教育新城等,而韩国仁川地区的新城建设则是围绕产业布局进行。韩国仁川市市长刘正福3日上午将在迪拜会见迪拜投资厅副社长兼未来城市总裁,接受迪拜在仁川黔丹洞构建全球企业城市——"未来城市"的投资意向书(LOI),据仁川市政府介绍,双方此次将签署的谅解备忘录具体包括了投资计划和项目内容,具有较强的约束力,签署MOU后,迪拜投资厅将在仁川市西区黔丹地区的386万平方米建地上投资36亿美元,构建全球企业城市,迪拜选择仁川黔丹地区是因为该地区旅游需求旺盛,且具备良好的基础环境,另外,仁川还拥有国际机场及港湾,交通十分便利,未来城市建成后,仁川黔丹地区有望成为仁川的新兴据点城市。③

3. "上海2040"追求卓越的全球城市目标

《上海市城市总体规划纲要概要(2015—2040)》于2015年底正式发布,"上海2040"的城市愿景为"追求卓越的全球城市",建设创新之城、生态之城和人文之城,目标在2040年将上海建设成为综合性的全球城市,国际经济、金融、贸易、航运、科技创新中心以及国际文化大都市。在区域发展方面,充分发挥上海在国家"一带一路"和长江经济带发展战略中的支点作用,更好地促进长三角区域协同发展。"上海2040"提出了"弹性适应"的规划理念,其中包括完善多情景规划策略,应对城市发展面临的潜在风险和不确定性,为城市空间未来多情景发展预留必要的规划弹性和应对预案,保障规划的科学性;建立空间留白机制,加强重要通道、

---

① 《伦敦没了,还有巴黎》,简易译,金融时报中文网网站2016年8月30日。
② 《伦敦的未来:衰落还是转型?》,徐行译,金融时报中文网网站2016年8月30日。
③ 杨玲:《韩称迪拜拟斥资36亿美元在仁川构建"未来城市"》,环球网2015年3月3日。

重大设施和重大项目的空间预控,规划战略性空间储备用地,针对不可预期的重大事件做好战略留白,应对重大技术变革对城市空间结构和土地利用的影响,提高空间的包容性;构建动态调整机制,运用信息技术和大数据平台,建立"实施—监测—评估—维护"机制,根据城乡发展关键指标的变动,及时调整规划策略,增强规划的适应性。①

在这份远景规划中,争议较大的是上海的人口控制政策,"上海2040"提出,至2040年将人口控制在2500万人左右,缓解人口激增与有限环境资源之间的矛盾。截至2015年底,上海市常住人口约为2415万人,是2000年后上海常住人口首次出现负增长,尽管出现下降趋势,上海常住人口已经逼近2500万,因此在规划期内上海人口是否能够达成2500万的控制目标,目前还是个悬而未决的问题。此外也有研究人员提出人口控制在很大程度上将限制外来人口的就业和生活,基础设施和公共服务供给的压力得到一定缓解,但可能有损城市发展的多元化和活力。

4. 韩国的产城融合再开发

随着经济全球化的不断发展,国家和地区间联系日益紧密,产业结构的不断变迁对产业发展环境和设施的要求也逐渐提高,产城融合的发展不仅能够促进城市的经济发展,同时对城市基础设施以及公共服务的提供是一个契机。

近日,首尔市市长朴元淳举办了一场恳谈会,邀请了7名来自美国哥伦比亚大学建筑学院的教授,朴元淳在恳谈会上表示,首尔市将在今年以首尔站高架公路公园化工程为开端,在上岩数码城(DMC)、永登浦、长安坪等7处地方开展产业结合型城市再生工程,并脱离以住宅区建设为中心的大规模开发,形成以产业基建为中心的新型城市再开发,首尔市计划在今年拆除高线公园(High Line Park),并计划在2017年之前,将首尔站高架公路改造成公园,使首尔站一带实现旅游资源最大化,被选定为首尔市内产业结合型城市再生地区的有上岩数码城至水色一带、永登浦、文莱洞、长安坪、岭东圈、世运商界、仓洞至上溪一带。②

5. 全球十大发展最快金融中心

据 Business Insider 报道,尽管纽约、伦敦和东京这些大都市稳居全球金融中心榜首,但位于东亚、中东和非洲的一些发展中国家发展速度十分迅猛。通过对比2015年和2010年的"全球金融城市指数",可得出全球十大发展最快的金融中心排行榜。其中首尔位居第四,而利雅得勇夺第一名。排名依次是利雅得、伊斯

---

① 《上海2040》,《上海市城市总体规划纲要概要(2015—2040)》。
② 刘靓妮、梁倩:《首尔将开展7处产业融合城市再开发工程》,人民网2015年3月6日。

坦布尔、约翰内斯堡、首尔、卡萨布兰卡、巴拿马、多哈、吉隆坡、曼谷、阿拉木图。①

排行榜证明,全球金融中心已经打破了国家或区域的限制,其中最显著的标志是金融资源在全球范围内进行流动,资本的逻辑在全球范围内对相关资源进行配置,位于东亚、中东以及非洲一些金融城市在金融城市指数排名中的跃升体现出这些城市以及国家全球影响力的提升,金融资源更多地以这些城市为节点来流通,也体现出这些城市对全球经济活动的控制力增强。

二、城市生活发展

1. 全球生活质量排名维也纳位居榜首

据英国每日邮报报道,Mercer咨询公司于2015年3月4日发布了全球生活质量排名结果,其主要指标涉及环境、医疗和教育、交通治安以及外籍人士生活感受等方面,排名前十位的城市分别是奥地利的维也纳、瑞士的苏黎世、新西兰的奥克兰、德国的慕尼黑、加拿大的温哥华、德国的杜塞尔多夫、德国的法兰克福、瑞士的日内瓦、丹麦的哥本哈根、澳大利亚的悉尼。②

2. 全球生活成本调查新加坡位居首位

经济学人智库于2016年发布了最新的《全球生活成本》调查结果,该调查着重考量主要商品和必需品价格,如面包、红酒、汽油、房租、交通、私立学校和家庭帮佣等。

新加坡仍然位居首位。排在并列第二位的是中国香港、苏黎世,排在第四至第十位的是日内瓦、巴黎、伦敦、纽约、哥本哈根、首尔和洛杉矶,排在前十位的城市中有三个位于亚洲,分别是新加坡、中国香港和首尔,而日本的东京在过去20年中,共有十四次位居全球生活成本排行榜首位,在本年度的评比中东京位列第十一位,而上海大幅上升了十三个位次,本次与东京并列全球第十一位,深圳上升了十二个位次排在第十六位,新加坡再次成为全球最昂贵的城市,但相比之下,随着全球市场波动性增加、油价及大宗商品价格暴跌,一些国家货币贬值及地缘政治局势紧张,一些城市的生活成本降幅很大,如巴西的圣保罗、里约热内卢以及俄罗斯的莫斯科和圣彼得堡。③

3. 美国种族关系20年来最差

作为一个移民国家,美国历来被称为文化的熔炉,种族关系也是美国社会以及国际社会普遍关注的问题之一。2015年4月,美国马里兰州巴尔的摩一名非洲

---

① 《全球十大发展最快金融中心》,人民网2015年3月31日。
② 《世界最佳工作地排名,维也纳居生活质量排行首位》,英国每日邮报2015年3月26日。
③ 《全球最贵城市排行:中国城市排名跃升,上海比肩东京》,环球网2016年6月20日。

裔公民因警察暴力执法而死亡,事件发生后引发了大规模的抗议活动。据《纽约时报》和哥伦比亚广播公司最新民意调查显示,在此事件发生之后,六成以上美国人认为美国社会种族关系恶劣,对于种族关系现状的评价跌至20年来最差,61%的美国人认为美国社会种族关系恶劣,仅有34%的美国人认为种族关系总体良好,认为种族关系总体恶劣的白人和黑人分别为62%和65%,这是1997年以来首次出现绝大多数白人和黑人同时认为种族关系恶劣,尽管白人和黑人在种族关系现状看法上趋于一致,他们对于黑人是否是警察暴力执法的最大受害者问题上分歧较大,79%的黑人认为警察更有可能使用致命性武器对付黑人,而在白人中这一比例仅为37%,53%的白人认为,警察并不会针对特定种族使用致命武器,黑人中持这一观点的比例仅为16%。[1]

4. 纽约地区比以往更健康

美国区域规划学会于2016年7月公布了《区域健康状况》研究报告成果,这项研究是在罗伯特·伍德·约翰逊基金会支持下进行的,目标是确定如何将健康在全国范围内纳入城市规划决策,该研究的初步成果认为纽约地区的居民比以往更加健康,当地居民的健康状况与城市规划的形态关系密切。

据报告显示,纽约地区的预期寿命在历史上曾经是低于美国的平均水平的,但如今却出现了反转现象。究其原因,居民的健康在很大程度上受到他们居住、工作和娱乐环境的影响,城市规划目前呈现出智能化的趋势,随着健康意识逐渐纳入城市规划过程,适宜步行的街道和无障碍的公共交通系统已经将城市地区变成一个内置的健身房。说明健康已经融入到纽约的城市日常生活之中。另外纽约市还拥有机动车驾驶频率降低,街道更加安全,机动车事故死亡人数低于美国的平均水平等优势。[2]

5. 唐人街或变鬼城

"鬼城"是快速城镇化过程中的一种现象,因新城规划过度或者不合理而出现的一种"空置"现象,而据国外媒体报道,以往熙熙攘攘的唐人街可能因为人口流失问题而变成另外一种形式的"鬼城"。

据美国《大西洋》月刊网站报道,随着中国的经济繁荣推动着更多高素质高技能也更富有的移民来到美国,美国的唐人街逐渐开始衰落,许多中国移民正在绕过这些传统的"门户"社区,直接"挺进"郊区,许多人希望和许多其他的美国人一样,让自己的孩子上郊区的好学校,享受郊区舒适便利的生活环境,他们似乎更接近自己的美国白人邻居,而非典型的唐人街居民,波士顿马萨诸塞大学副教授安

---

[1] 陆佳飞、关建武:《民调显示美国种族关系现状为29年来最差》,新华网2015年5月12日。
[2] 《区域规划学会新报告显示城市规划和健康之间的联系》,区域规划学会网2016年8月11日。

德鲁·梁(音)说:"这是因为社会阶层不同,大部分新华裔移民认为自己的受教育程度更高。"梁还表示,在东海岸的唐人街,华裔常住人口正变得越来越少,随着更有钱的移民进入郊区,市区的房地产价格更加昂贵,城市中的唐人街面临着变成"鬼城"的风险,美国的"新中国城"本质上来看就是郊区商业区,费城郊外一个名为埃克斯顿的富裕社区就是一个很好的例子,现在那里有很多中餐馆以及华裔开的杂货店,2000年的亚裔还只占埃克斯顿居民的6%,现在已增至20%。[①]

三、城市文化发展

1. 美国亚太裔传统月活动

历史上,美国主要城市的人口有很大一部分来自于移民。从1910年到1990年,移民数量百分比有着明显的减少,而在1990到2000年间则有小幅上涨,主要是底特律和芝加哥的人口增长贡献较大。位于中部的五大湖城市群是接纳大量新移民的主要区域之一。2010年,芝加哥大都市统计区所接纳的新永久性居民是全美新永久性居民的3.37%。截至2000年,该城市群几乎有五分之一的居民是在外国出生的,而其中亚太裔移民占很大比例,随着这些移民的不断融入,美国亚太裔的文化传统以及习惯也日渐受到关注。

据美国《星岛日报》报道,2015年5月亚太裔传统月开锣,1日清晨来自大芝加哥地区的各亚裔小区代表、美华协会(OCA)、白宫亚太裔咨询委员、伊州与芝加哥市政府的亚裔小区助理等上百位嘉宾在市中心的桑达餐馆掀开庆贺活动的开幕仪式,2015年芝加哥的亚太裔传统月庆贺活动由印度尼西亚小区挑大梁,主席为马丁努唐卡(Martino Tangkar),他致辞时表示一年一度的亚太裔传统月,是所有亚太裔族群的骄傲、自豪地介绍其祖国的深厚文化、艺术、历史、饮食、生活习俗的月份,同时也象征着美国主流社会与亚裔小区一同庆贺属于亚太裔的佳节,从5月1日到30日,大芝加哥各亚裔小区都举办不同形式的庆贺活动,芝加哥市长伊曼纽在贺函中表示,2000年的全国人口大普查显示,目前居住在美国的亚太裔族群有1600万人,占美国总人口的5%;居住在芝加哥本土的也有16万名,每个亚太小区都以他们独特的方式为我们的城市作出贡献,亚裔族群在家庭、教育、艺术、特技、文化、饮食等各领域繁荣了城市的经济,丰富了市民的精神文化,代表华裔小区的华埠更好团结联盟主席陈增华在开幕仪式中表示,南唐人街刚庆贺了建埠百年,各项活动丰富多姿,今年8月华端口新图书馆竣工启用,雅珠街桥底下的百年壁画展等,北华埠则有亚偕街商圈的"人车共享"美化工程、处处充满生机和

---

① 丁文蕾:《美国新华裔"挺进"郊区富裕社区,唐人街变"鬼城"》,中国新闻网2016年6月3日。

活力的建设。①

2. 世界历史文化名城的智慧化、创新化和创意化

2016年6月27日,第十五届世界历史文化名城大会在奥地利的温泉小镇巴德伊舍(Bad Ischl)召开。来自全世界39个世界历史文化名城的代表齐聚巴德伊舍,就本届大会的主题"未来世界历史文化名城的智慧化、创新化和创意化"进行讨论,为创造历史文化名城的美好未来而共同努力。

会议提出,我们的城市目前面临着诸多挑战,在为城市居民创造更加宜居条件的同时,还要致力于保护我们的历史遗产,这两方面的需求并不是矛盾的。生活在拥有历史文化遗产的城市,确实存在一些不便,但是可以通过历史文化城市的智慧化、创新化和创意化发展创造可持续的生活方式,与自然和谐相处。首先要提高居民对历史文化名城独特性的认识,尤其是生活在历史文化城市的年轻人,应该创造更多的机会让他们体验文化遗产,除了他们生活的城市,还要组织交流活动和机制让他们体验更多的他乡文化,提升他们对历史文化城市的热情。历史文化名城历来都是国际交流和艺术灵感迸发之地,从这个意义上来讲,旅游业的发展是一个独特的机会,大会将启动一个机制,在旅游业发展的过程中交流我们的经验,在历史文化名城的发展过程中,人类的智慧得以积累,历史和文化古迹是生活在那里的人们的经济基础,任何形式的破坏,甚至是现代化的战争或冲突都有损他们的福祉。我们致力于克服所有种族、宗教、社会结构的差异,创建一个和平、可持续发展和环境友好型的历史文化城市。②

3. 非洲文化创意产业的贫民窟电影节

在当今全球经济普遍走低的大背景下,文化创意产业是提升经济实力、挖掘城市发展潜力的重要途径之一。在发达国家,如伦敦和纽约这样的国际性大都市已经有较为成熟的文化创意产业发展体系。而我国的文化创意产业也是产业转型升级进程中的关键一环。随着2016年8月肯尼亚贫民窟电影节的举行,可以看到文化创意产业已初步成为当地变革创新的方式之一。

根据联合国人居署2016世界城市报告统计,2014年全世界共有8亿8千万人生活在贫民窟,这一数字比14年前增长了28%,第六届创新的肯尼亚贫民窟电影节于整个八月期间在首都内罗毕举行,展映了来自非洲和其他一些地区的当代短片和纪录片,这次独特的电影节受到了联合国教科文组织的支持,参展影片的制作人来自世界各地的贫民窟,用电影的形式讲述自己所在社区的生活,贫民窟电影节是一个基于社区的活动,主要包括电影大赛、由能力建设工作坊和大师讲

---

① 梁敏育:《美国亚太裔传统月拉开帷幕,活动多样精彩纷呈》,中国新闻网2015年5月12日。
② 《第十五届世界历史文化名城大会召开》,历史文化名城联盟网2016年7月1日。

堂组成的电影制作人实验室，以及在内罗毕贫民窟和核心区的录像，电影制作人实验室旨在对从贫民窟选出的青年人进行公民教育、社会融合、善治等方面的培训，并邀请他们就这些主题制作 13 部短片，电影节为社会和经济变革、可持续发展、自由的艺术表达提供了一个独特的平台，其影响力和成功的关键在于聚焦贫民窟的发展、创新和创业精神，以及致力于通过电影动员当地社区。①

4．中国出境游对当地旅游业贡献大

根据 2015 年度中国出境游统计数据显示，我国出境游人数首次超过 1 亿，已经突破 1.2 亿人次。

中国是出境游人次和境外人均消费数额最多的国家，如果中国政府在今后 5 年将国内生产总值翻一番的计划得以实现，民众生活水平相应也会水涨船高，中国出境游人次到 2020 年可能至少还要增加一倍，据统计，每 22 位中国游客就能为旅游目的地国家或地区的旅游业创造一个长期工作岗位，举例来说，意大利和法国 2015 至 2016 年邀请一些中国警察参加大城市旅游景点的街道巡逻，这一非同寻常的举动是为了让远道而来的中国游客觉得更安全、自在，受邀的中国警察熟练掌握当地语言，穿中国警服，便于同胞一眼就能认出以及在必要时用中文求助；此外，仅 2016 年第一季度，赴俄中国游客人数比去年同期激增 80％，尽管赴俄中国游客数量近几年一直在迅猛增长，但 80％的增幅仍是史无前例，这一方面与俄罗斯旅游业大力推广吸引中国游客的政策有关，另一方面是因为卢布不久前大幅贬值，赴俄游对中国人来说变得非常划算；不过，由于英国脱欧之后英镑贬值，英国作为旅游目的地在中国人的流行程度也不断升高，但俄罗斯仍然在吸引中国游客的竞争中获胜，中国游客在俄罗斯的日人均消费约是西方富国游客的 1.8 倍，中国客人还是奢侈品的主要客户，他们对购物和探访名胜的热情一样高；美国也在输掉吸引中国游客的竞争，2015 年，面积不大的意大利接待了 3100 万中国公民，而美国总共才 2900 万，为扭转局面，美国推出了博物馆中文音频导游和中文地图，但效果不尽如人意，赴美中国游客的数量在 2015 年仅增长了 37％，仅相当于中国赴各国出境游人数的平均增长率。②

5．世行报告空气污染的早亡代价惊人

2016 年，世界银行联手西雅图健康指标和评估研究所（Institute for Health Metrics and Evaluation）首次对室内及室外空气污染造成的"人类福祉代价"进行估算，随着发展中经济体的迅速工业化进程，"人类福祉代价"在过去四分之一个世纪出现飙升现象，这些估算还展示了相关国家在寻求应对长期空气污染时面对

---

① 《非洲举办 2016 贫民窟电影节》，联合国教科文组织网 2016 年 9 月 1 日。
② 张程：《俄媒：每 22 个中国游客养活一个旅游目的地从业者》，参考消息网，2016 年 9 月 13 日。

的环境挑战的艰巨性。

　　据估计,2013年(可获得全球数据的最近一年)有550万人死于与空气污染有关的疾病,90%以上的过早死亡病例发生在发展中国家,幼童受到特别严重的影响,暴露于空气污染会增加一个人患病(如肺癌、中风、心脏疾病和支气管炎)的风险,这些疾病及其造成的死亡还导致越来越高的经济成本,1990年,全球空气污染造成的福祉损失达到2.6万亿美元(以2011年美元计算,经购买力平价调整),东亚占其中大约四分之一,导致2013年该地区的损失增至2.3万亿美元,达到原有水平的5倍,这造成了相当大的经济代价,在东亚和南亚,空气污染造成的死亡成本在2013年相当于地区经济产出的7%以上。①

---

① 肖恩·唐南:《世行:空气污染所致早亡代价巨大》,金融时报中文网2016年9月15日。

决策咨询

关于上海放弃使用"大都市"概念的建议

城市定位的核心概念及基本表述十分重要,既是一个城市发展理念、指导纲领与战略意图的集中体现和精华所在,同时也作为文化灵魂而渗透在城市的空间、社会、生活方式和精神生态中。在有媒介社会之称的当今世界,凝练、准确、富有内涵的核心概念及其表述系统,对强化城市的凝聚力和认同感、打造城市形象和提升城市影响力具有重要的作用和意义。

一、从经济中心到国际大都市:新时期上海城市定位的演进

新时期以来,上海一直在寻找城市的定位,"经济中心"和"国际大都市"是两个最重要的表述。1990年代以前,在经济发展上的一度落后,使上海最希望建的是"经济中心"。从1983年《政府工作报告》中正式提出"经济振兴",到1985年2月《国务院批转关于上海经济发展战略汇报提纲的通知》提出"更好地发挥经济中心的作用"及"把上海'国民生产总值'作为首要指标"等,标志着"经济中心"成为此一时期上海界定和表述自身的关键词。浦东开发开放以后,以国际经济、金融、贸易、航运为基本框架的"国际大都市"逐渐取代了功能比较单一的"经济中心"。1993—1994年,由时任上海市副市长徐匡迪领衔研究的《迈向21世纪的上海:1996—2010年上海经济社会发展战略》提出"国际经济中心城市"的新概念。2001年5月,国务院在关于《上海市城市总体规划(1999—2020)》的批复中明确提出"把上海建设成为经济繁荣、社会文明、环境优美的国际大都市"。由于国际大都市概念的层级更高,在内容上可以涵盖前者,所以很快被普遍接受和广泛使用。此后还衍生出一些相关概念,如2007年提出的"文化大都市"和2011年提出的"国际文化大都市"等。

由此可知,经过改革开放30余年的探索,以总体性的"国际大都市"和软实力方面的"国际文化大都市"为代表,"大都市"成为上海城市定位的核心概念和基本表述。

二、"大都市"作为上海城市定位的主要问题

"大都市"(metropolis)的特征是一个大型城市或城市化区域,源自美国20世纪以来作为人口统计标准的大都市区(Metropolitan Distract,或 Metropolitan Area),是指一个大型人口中心及与该中心有较高经济、社会整合程度的社区。由于大都市区在美国一直是"全国所有地区的主要发展模式"和社会生活的主体,并在60年代以后发展为由戈特曼命名的"城市群"(Megalopolis),所以有意无意中成为当今世界城市发展的主流。这是很多中国城市对这个概念特别心仪的根源。但在世界、中国和上海的迅速变化和快速发展中,随着对"大都市"的研究和认识的不断深化,特别大都市发展面临的现实矛盾和困境日益突出,这个概念已明显不适于界定和表述上海的城市定位和未来发展。

第一,从概念起源上看,"大都市"(metropolis)来自希腊词汇,本义是"巨大城市"。在19世纪初期,伴随着西方大城市在工业革命之后的大发展,这个区别于"City"(城市)的概念逐渐流行起来,但同时主要是作为一个负面用语使用,用以批评当时西方大城市在政治、交通、环境、治安、卫生等方面出现的"城市病"。这不是偶然的,因为这个概念本身就是"城市化过度"的反映,是现代大都市被各种"城市病"缠身而难以自拔的表达。随着中国城市化进程的快速发展,"城市病"也成为我国各大城市面临的主要问题与挑战。

第二,从城市发展模式看,大都市作为一种典型的现代城市形态,是工业文明背景下形成的"单体城市"发展模式的代表。如同以"他人就是地狱"为生存哲学的西方现代人一样,现代城市在深层结构上也形成了"单体城市"发展模式,其突出问题有二:一是以"工业化"为生产力代表,恶性损耗了有限的自然与环境资源,使城市深陷于不可持续的巨大困境中。二是以"物竞天择"为社会发展理念,加剧了城市之间的"同质竞争"和城市内部的"恶性搏弈",损害了城市社会的公平、正义及人的精神生态,深度解构了"提供美好生活"的城市本质。这与城市的本质在于提供"有意义、有价值"的生活,与上海世博会提出的"城市,让生活更美好",都是背道而驰的。

第三,从中国城市发展现状看,"大都市"概念已声名狼藉,负面的影响和因素很多。这主要是在1995年至2004年间,先后有183个城市打出建设"国际化大都市"一类的旗号,其中甚至包括三亚、惠州、丹东、珲春、黑河、满洲里等。在2005年城市总体规划修编工作座谈会上,时任建设部部长汪光焘以"国际化大都市"为对象严厉批评有关城市在城市定位上不切实际,盲目追求高速度和高标准。此后很多城市转向"宜居城市""生态城市""文化城市"等。但"树欲静而风不止",由于国际大都市已成为"城市大跃进"的代名词,所以一直是各方批判、声讨的"反面典

型"(如《人民日报》2011年2月14日的整版文章)。我们估计,随着我国"城市病"进入集中爆发期,特别是各种超前规划的后遗症越来越多,对"国际大都市"的批评和声讨在相当长的时期内仍将持续。

第四,大都市模式特有的"自我中心"和"孤芳自赏",与当今世界和国家对上海的关注和希望存在明显冲突。从全球范围看,早在1976年,戈特曼就把"以上海为中心的城市密集区"归入"世界六大都市带"之列。就国家层面看,从1982年国家领导人提出"以上海为中心建立长三角经济圈",到2008年《国务院关于进一步推进长江三角洲地区改革开放和经济社会发展的指导意见》发布,明确提出把长三角建成具有较强国际竞争力的"世界级城市群",可知国家对长三角一体化的关注和战略是持续的和始终如一的。但30年来,之所以"长三角的圈始终画不圆",主要原因是未能培育出合理的城市层级分工体系。而这与首位城市上海选择的"大都市"定位直接相关。简言之,与上海专注于"大都市"自身建设和发展相对应,其他城市必在"上行下效"中集体沦为"单体城市"。由此可知,为实现国家期望中的长三角"一体化",上海有责任率先放弃"大都市"的思维和模式。

三、关于以"城市群"取代"大都市"的对策建议

典型的国际大都市主要是20世纪初的产物,在经济全球化和后工业文明的背景下,不仅如纽约和伦敦等传统国际大都市都已发生巨变,更重要的是,"城市群"概念和模式正在成为当今世界城市化的主流。"大都市"和"城市群"的本质区别在于,前者把城市看作是"一个孤立的存在",重在首位城市的"孤独增长",后者则把大都市看作是"城市共同体的有机部分",重在通过建立区域内城市层级体系实现"联动发展"。就此而言,在上海城市定位上,使用"大都市"还是"城市群",绝不是一个可有可无的概念游戏。因为城市群作为一种理想的城市发展模式,不仅可弥补和治理"大都市"的各种后遗症,也代表了中国城市化的根本利益和基本方向。

基于以上考虑,我们提出以下建议:

一是在上海城市定位上正式以"城市群"取代"大都市"。对外,与戈特曼提出的"以上海为中心的城市密集区",及加拿大学者最新使用的"上海城市群"等相衔接,便于与国际学术界交流,减少概念上的混乱和纠葛。对内为上海超越"单体城市"模式提供新思路,推动长三角区域内"同质竞争"等矛盾关系的解决。具体是以政府文件和主流媒体词汇使用为重点,开展各层面的梳理与规范工作,以核心概念的转换和普及为中心,重构上海城市发展的理念、思维和战略框架。此外,由于刻意强调或突出"大"或"国际化"等标签,会给人底气不足或炫耀之感,而上海国际化和全球性实际上是无须争辩的,因而可考虑同时把"文化大都市""国际文

化大都市"改为更平实的"文化城市""国际文化城市"。

二是以"城市群"为标准名称取代其他的翻译和习惯用法,为上海城市定位提供明确、统一、标准的关键词。"megalopolis"这个西方术语在中国有"都市圈""都市带""大都市圈""大都市带""大都市连绵区"等译名,它们长期以来混杂使用,在学术研究、城市政策和战略规划中产生了诸多的混乱和误导。2005年底,在《中央关于制定十一五规划的建议》中,"城市群"的称谓正式进入国家战略体系,成为标准用法。因而,上海应把城市群作为"megalopolis"的标准名称,以减少不必要的混乱和歧义。

三是以新概念为契机化解上海与国内的"文化矛盾"。古代上海地位不高,借助开埠带来的天时地利人和,上海在近现代迅速崛起。尽管这在客观上无可厚非,但却打破了传统文化中最重要的等级和平衡,加之海派文化特有的比较张扬的个性和不够敦厚的心理,最大的后遗症是上海在中国的社会评价指数偏低,常被等同于"暴发户""新贵"甚至是"小人得志"。轻则是不受欢迎、不被待见,重则是受排挤和容易被孤立。如何更好地融入本土社会和文化中,和其他区域、城市重归于好,既需要有继续做好改革开放的排头兵的硬实力,也需要有足够的"放低身段"的智慧和技术。"大都市"概念明显太骄傲、过于张扬,容易刺激国内和区域内的其他城市,不利于形成平等、友好的文化环境和氛围。在我国区域发展差距与矛盾仍十分突出的当下,以城市群作为上海城市定位的核心概念和基本表述,有助于解决长期以来困扰上海的文化难题,彰显海纳百川、谦和大气的城市精神。

总之,以城市群作为上海城市定位的核心概念和基本表述,既符合当今世界城市发展的主流和大趋势,也有助于解决长三角区域发展的一些深层问题。举一个相反的例子,据称由于不满京津冀城市群规划中的"北京—天津双核城市"概念,北京正准备抛开天津、谋求建立"首都都市圈"。这种"唯我独尊"的做派是对"京津冀城市群"的极大退步,也不利于自身的建设与发展。一个"好概念"可以为城市发展提供理论基础和顶层设计,直接关系到城市的可持续发展及质量水平。以是之故,在上海城市定位及基本表述中以"城市群"取代"大都市",是一件应尽早启动和全面研究的城市文化基础建设工程。

警惕文化产业"浮夸误国"

继上个世纪80年代的"文化热"之后,文化产业成为又一轮以文化之名兴起的经济社会发展热潮。在世界金融风暴的背景下,由于实体经济受到重创,加之快速城市化进程创造的文化消费需求和广阔市场前景,文化作为生产要素、先进生产力代表的地位日益凸显,这是没有任何问题的。但另一方面,从学界、政府到民间,"文化生产力"也存在着被过分夸大、神化的问题,特别是在《文化产业振兴规划》及文化部"倍增计划"出台以后,一些地方和人群甚至错误地形成了"文化产业,一抓就灵"的"文化产业万能论"。而实际上,相对于实体经济,文化产业永远是第二位的。对文化产业的非理性狂热,不仅本身有"避实就虚"、"投机取巧"之嫌,同时也在各地刮起了一种不正常的"文化产业浮夸风"。

一、"夸海口""说大话"的战略规划层出不穷

在"文化产业万能论"的误导下,很多省市或是完全不考虑自身的主客观条件,或是随意夸大有利条件而回避不利因素和风险,纷纷提出根本无法兑现的目标、口号、计划和指标。

据不完全统计,在我国4个直辖市和15个副省级城市中,其"十二五"文化产业规划大都提出了两个目标:一是文化产业增长速度要超过经济增长速度。其中,天津、武汉等提出年均增长速度要高于30%,位居榜首。沈阳、大连、哈尔滨、厦门、重庆等提出年均增长速度高于20%,位居中间。其余城市提出要超过10%。二是将文化产业建设成为国民经济支柱产业,到2015年,大部分城市提出文化产业增加值占GDP的比重要超过10%,北京和杭州则提出要占到15%。(以上数据系笔者据各地文化产业规划内容整理)但问题在于,这些目标值是如何产生的?根据我们对相关规划文件的分析研判,它们既缺乏客观可信的资源与条件支撑,也没有提出切实可行的独特发展路径。其主要依据在于:一是在客观上,各省市目标均不能低于国家文化产业战略的总体部署和要求;二是在主观上,各省市主管和规划部门普遍相信"只要想到,就能做到"。如果说前者主要是出于政绩考量或"政治表态",那么后者则类似于"大跃进"期间的"放卫星"或"人有多大胆,地有多大产"。这些规划在落地实施过程中,是一定会出问题并导致各种后遗症的。

二、"形式主义""数字化"的统计游戏花样百出

随着我国对地方政府考核机制的不断完善和科学化水平不断提高,"说大话不上税"的时代早已过去。为了应对考核,在夸下海口之后,相关人员的主要精力不是放在真抓实干,而是处心积虑地玩弄数字统计游戏,制造"虚假"繁荣表象应付了事。

从表面上看,我国文化产业近年已创造多项世界第一,其中如动漫生产、艺术品交易额、电影票房等。但"盛名之下,其实难副"。首先,这基本上属于"有数量无质量"的增长。如 2010 年,我国动漫生产成为世界第一大国,但整个行业却有 85% 的企业处于亏损状态,业内也流传着"有作品没产品,有行业没产业"的自嘲式评价。其中最突出的问题是以文化产业之名行套取政府资金补贴之实。为鼓励动漫产业,一些政府出台了不少鼓励措施,如到央视播出的动画片一分钟补贴 2000 元钱,出口的动画片一分钟补贴 2500 元钱等,使很多片商不是把主要心思放在产品创作,而是想方设法找关系把粗制滥造的动画片送到高级别的电视台去播放,而统计部门则只问"数据"而不管"虚实",结果就有了我国动漫产业的"世界第一"。其次,即使在"数量"上,也有不少属于"做盈利账"的"统计游戏"。在文化产业中,以小夸大,变少为多,甚至弄虚作假,无中生有地制造"数字"成绩,早已不是什么新闻。这与不切实际的规划有关,因为目标太高、口号太响,实现起来有困难甚至完全不可能,所以就只能在数据统计上做手脚。一些地方政府出于彰显"转变经济增长方式"的政绩需要,甚至把玉器加工、瓷器加工等制造业也列入了统计口径。在一些地方文化产业"一路飘红"的表象背后,上演的不过是"左口袋的钱放到右口袋"的数字游戏。甚至以房地产来充文化产业增加值,实际上只有产业,没有文化。

在各地文化产业"十二五规划"中,由于制定了更高的目标值,可以想见,相关的"统计游戏"也会不断翻新。尽管它们既有表面上漂亮的"形式"又有看似实证客观的"数据",但既无助于实现文化产业成为国民经济支柱产业的目标,也没有给人民群众带来有质量的文化生活,已成为一种"空谈误国"的新形式,对此必须加以重视和防范。

三、我国文化产业应重在"适度"发展

文化产业的发展既涉及众多的领域、行业与部门,同时也深受世界经济社会发展整体状况的影响,不是放任自流地推行文化产业的自由主义,而是需要更加严谨的理论研究与更加复杂的组织管理,才能有效地规避风险,以保证自身的良性与可持续发展。关键在于如何以冷静的理性思考和正确的判断,真正意识到中

国文化产业发展的现实背景,并由此提出和实施切实可行的应对措施。

一是以理论研究为基础的科学决策原则。其中特别要慎重对待两种主流观点,即文化产业"反经济周期"发展和人均 GDP 达到 3000 美元后文化消费进入"井喷"期,这些观点源自西方,在中国缺乏合法性和可比性。文化行政部门对此应有清醒和理性的研判,有意识地引导主流舆论,切忌被舆论绑架和诱拐,尊重文化产业的发展规律,警惕和防范文化产业大跃进思想和一哄而上的"从众"行为。

二是以理性态度为前提的适度发展原则。在经济全球化的背景下,包括文化产业在内的人类社会发展,早已相互渗透、自行组织为一个超级复杂的系统,任何局部的生存与发展都有"牵一发而动全身"的性质。对于文化产业的决策与规划也是如此,既需要以清醒的理性意识把握自身所面对的真实生存世界,也需要以务实的理论研究建构科学发展的路径与技术系统,只有这样才能有效规避风险,切实地提升发展质量。在当下特别需要提倡文化产业发展的理性态度,其核心是确立文化产业的适度发展原则,以"保守换安全"的文化产业发展适度性原则才是明智之举。

三是在具体实践中的精准化战术。有利可图就一拥而上,风险一来就纷纷撤退,已成为中国文化产业发展中极不正常的常态。面对全球经济增长放缓、文化产业竞争日趋酷烈的现实,"精准化"应成为文化产业的首选战术。所谓"精准化"战术,是以严密的理论研究与科学规划为中心,以准确的市场调研和理性的综合判断为前提,在最大限度地减少盲目投入、压缩发展成本的基础上,一步一个脚印,稳中求胜的文化产业操作模式。

关于"中国传统村落"保护发展的对策建议

我国现有设村委会的农村58.9万个,既是大多数新城市人的"乡愁"所系,也是约1亿人实现就近城镇化的"空间"所在,已成为我国新型城镇化建设的矛盾和焦点所在。目前,入选《中国传统村落名录》的全部村落为2555个,涵盖了除台湾、香港、澳门以外的全国各省、自治区和直辖市,已到了"再不保护就悔之莫及"的紧要关头。

2014年,习近平总书记指出:"在促进城乡一体化发展中,要注意保留村庄原始风貌,慎砍树、不填湖、少拆房,尽可能在原有村庄形态上改善居民生活条件。"同年发布的《国家新型城镇化规划》提出"建设各具特色的美丽乡村,保护有历史、艺术、科学价值的传统村落、少数民族特色村寨和民居",为我国传统村落保护确立了基本原则和发展目标。

为做好中国传统村落保护项目实施后的评价工作,上海交通大学城市科学研究院、住房和城乡建设部《传统村落文化特征分析与评价研究》课题组,依据是否符合江南传统村落的环境与建筑形态、是否延续"晴耕雨读"的江南生产生活方式、是否传承以吴风越俗为主体的江南人文文化谱系,从长三角207个"中国传统村落"中选取26个进行调研,梳理分析其存在的主要问题和矛盾,在此基础上对中国传统村落保护发展提出若干对策建议。

一、长三角"中国传统村落"保护存在的主要问题

1. 资金问题。这是普遍存在的问题,需要的投入资金也很大,仅靠乡级、村级的财政支持往往难以支撑,而文保部门、林业局、农委等部门的拨款,则要靠村干部各显神通去奔走争得,加上省级拨款在经费使用过程中往往有诸多限制,不便操作,缺乏专项拨款使保护工作十分艰难。但也有个别村落表示并不缺少保护资金,主要是村干部基本上没有什么保护设想和开展保护工作。

2. 土地问题。因保护古建原有风貌而产生的安置原住民外迁之土地置换需求普遍存在。如上海浦江的革新村,一方面由于"大居"市政配套建设占用了浦江镇12平方公里的建设用地指标,另一方面,对于古村落内占地面积大的文保单位又不允许异地保护,导致了该村对置换用地的需求格外突出。浙江的情况也类似,但个别村落用林地置换建设用地的方式部分地解决了这一问题,如杭州的石

舍村等。江苏的情况不太严重,大部分村落有配套用地指标。

3. 产权问题。大部分传统村落存在着古建的产权分属国有、集体及私人所有的复杂状况,维修与保护时很容易出现纠纷和冲突。上海的三座古村落都存在着这个问题。浙江的后吴村将村内文保单位都置换为集体所有,绍兴县稽东镇冢斜村的主要手段是"集体和住户按比例出资修缮",江苏的明月湾村的产权全部属于私人,但是政府租用、修缮、管理、经营等,因此整村的风貌较完整。

4. 政策与机制问题。近一半的村落负责人表示,没有好的、有效的土地置换政策、文物保护政策及保护资金使用规则等,严重影响了村落保护工作的进行,一些村干部产生了后悔申报传统村落的情绪。由于缺乏后期监管及上级支持,个别传统村落还拆了部分老宅。

5. 观念与态度问题。由于村民缺少主动保护的意愿及村干部受经济驱动导致的传统村落物质文化遗产大量损坏,非物质文化遗产加速消失。在干群关系不和谐的地方,一些村民为了置换房屋故意损坏老宅。许多村落最初以血亲与族亲关系自发筹集保护资金,但随着外来流动人口增多,村民主人意识缺失,参与度与道德感同步下降。非遗类经济效益影响不明显,村干部保护积极性普遍不高。

6. 人才与管理问题。上海的革新村有着丰富的非物质文化遗产,但却面临"政府贴钱办书场,也无市场"的尴尬。浙江冢斜村负责人指出,目前古村保护急缺懂古建修缮的老匠人。还存在村委、区/县建管所、城规处、市政科、房管处、旅游开发公司等多个部门的"多头管理"问题,不利于总体保护发展。

7. 可持续发展模式问题。推动江南传统村落保护健康发展,在根本上涉及的是新农村建设走什么道路。一是和现代城市一样,走工业化、发展乡镇企业,村镇最后都变成了城市。目前受破坏比较严重的都是这种模式,不仅破坏了乡村资源和景观,也牺牲或遗弃了自身独特的文化传统与风俗习惯。二是上海嘉定区的"毛桥模式",是以政府较少的投入、通过改善农民的居住、卫生条件、农业文化保护及推进农村环境的景观化,走出一条经济增长比较平缓、人与环境相对友好、社会进步与文化传统较为和谐的新型发展道路。应该引起重视和关注。

二、开展中国传统村落保护的对策建议

1. 从总体上看,制定目标合理、务实可行的总体战略规划,使目前比较混乱和散乱的保护工作系统化和规范化。

(1) 将传统村落规划纳入《国家新型城镇化规划》的总体框架并给予同等的重视,在整体上和我国实现现代化的总体目标相配合,在2050年力争使现存90%的传统村落得到有效保护。

(2) 建议重点编制"片区性"传统村落保护规划,并侧重对区域文化特色及不

同村落文化个性内涵的保护,实现区域内传统村落的系统性和完整性保护。具体可以江南传统村落为对象,尽快开展长三角传统村落保护规划,获取相关经验,便于推广。

(3)建议对已有的传统村落规划专家评审委员会进行重组,目前规划、建筑、旅游开发等方面专家多侧重于硬件和经济效益,不利于文化保护和传承的教训,建议该委员会应采取多元化、多学科的遴选方式,并对社会学、人文学的专家有所侧重。

2. 针对中国传统村落保护中的"资金与土地"两大重点问题,及时出台新的政策并不断深化改革已有的配套政策措施。

(1)建立健全相关的专项经费。针对传统村落规划编制资金、建筑维修基金、环境整治资金的缺乏,建议由国家和地方政府联合建立专项经费,同时出台资金支持细则,解决上述资金的缺口问题。不建议由社会资金或商业机构主导。

(2)加大县级财政对传统村落保护资金的管理权。县级政府对传统村落的情况比上级部门更清楚,对该投入的比例把握也更加准确。建议将相关经费的审批和使用权下放,上级部门只起指导和监督作用。

(3)尽快出台传统村落保护用地置换政策。在有效保护农村耕地面积的同时,将传统村落居民生活条件的改善作为首要任务,对入选的中国传统村落在旧宅基地置换或新宅基地批准方面给予专项政策,参照城市改造中"新城""老城"分别建设的模式,集中规划新村建设,高效利用置换出来的土地,切实解决传统村落居民的生产生活困难。

3. 从传统村落物质文化保护层面看,重点使用当代高新技术与材料,以切实降低保护成本、提高保护质量。

(1)针对大部分传统村落保护观念落后的现状,植入智慧城市的新理念,以智慧村落建设为中心,运用信息化手段跟踪和即时检测传统建筑和文物的损毁或老化情况,提高传统村落保护的信息化水平,节省人力物力成本。

(2)针对大部分传统村落保护材料原始的现状,结合近年来国内外先进材料科技的发展,在尽可能保护传统村落空间格局、老建筑、文物的物质形态的前提下,研究适合我们不同地区传统村落的新材料目录,通过运用新材料最大限度地实现"修旧如旧",并尽可能延长老建筑和文物的自然损毁进程。

(3)针对大部分传统村落维修技术低端的现状,结合近年来国内外先进建筑技术、工具和方法的发展,在传统村落的空间格局调整、老建筑与文物维修等方面,尽可能运用当代的新技术和新工具,以最小的代价实现传统村落服务功能的现代化,为居民能够安居其中并提高生活质量提供必要的条件和服务。

4. 从传统村落社会文化与人文文化保护层面看,通过重建美丽乡村的生活方式和开展文化乡村建设,提升凝聚力、文化魅力和内生活力。

(1) 针对传统村落的空心化、商业化和虚假化等突出问题,进一步突出传统村落保护中的生活方式和文化主题建设。乡村生活方式和乡村文化,既是我国文化建设中最重要的核心资源,也是我国近年来迅速壮大的各级城市的永恒母体,只有切实保护好这个"根"和"源",才会有真正丰富和繁荣的城市生活方式和文化。

(2) 针对传统村落保护中"硬件"与"软件"的严重不平衡,大力开展"文化乡村"的理论研究和示范区建设。其中,以传统儒家文化为基础重建"尊师重教""敬贤尊老""勤劳朴素"的乡村文化价值观和人生观,对于克服现代城市文化中极端的个人主义、利己主义、"社会解体"等"城市文化病",具有重要的现实意义和深远的文化价值。

(3) 针对传统村落人文文化保护资金匮乏、后继无人的尴尬,建议尽快完善一整套和城市文化政策相平行的农村文化政策和公共文化服务体系,实现从"送文化下乡"这种被动服务到"文化扎根"的自主发展,并在资金、项目等方面给予和城市同等甚至更重要的支持。特别是对于扎根于农村的广大民间文艺爱好者或者民间学者,建议设立专门的科研项目申报通道,给予资金支持。

5. 从提升传统村落保护质量和加强管理的层面,建议研究和建立有进有出的动态管理机制,同时针对传统村落保护现状迅速出台相关"抢救性"措施。

(1) 对以物质文化要素丰富,历史性、延续性、典型性都较突出的传统村落给予重点支持,以尽可能挽救大量濒于消失的传统村落,物质文化要素是传统村落最重要的基础和标志,一旦被破坏或自然损毁就不可能再有。

(2) 对社会文化资源丰富、人文文化要素独特的传统村落,要重点给予保护规划编制、非物质文化认定等方面的支持,使这些依旧活态的传统村落生活方式和文化,迅速与国家已出台的相关政策接轨,并从中获得相关的资金支持。

(3) 对既无成片有价值古建,又无典型地方文化色彩,而仅以文物保护单位为主体申报的中国传统村落,且其作为文物与当地民生、民风并无密切联系的传统村落,建议撤销其传统村落的称号,提高其文保单位级别并统一纳入文保系统加以保护。

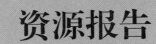

资源报告

长江经济带三大城市群现状与问题研究

2014年,我国沿海经济带的城镇化率已达到68.9%,而沿江经济带的城镇化率只有55.6%,长江经济带低于沿海经济带多达13个百分点。据预测,未来15年长江经济带经济增长速度将超过全国经济的平均增速,到2020年前后长江经济带的经济总量将达到全国的50%。① 从这个方面来讲,长江经济带的开发潜力巨大,其城镇化水平的提高还有很大的空间,特别是中西部的长江中游地区和成渝地区的开发强度还远远不够,长江经济带的集中开发对我国全面推进新型城镇化具有重大的现实意义。

一、研究意义和背景

长江经济带近年来在政策话语体系中备受关注,其发展方向也有很大的连续性和一致性,足可凸显长江经济带的重要战略意义。2014年4月,国务院总理李克强在重庆主持召开长江经济带沿线11省市政府负责人座谈会,9月25日国务院正式公布《关于依托黄金水道推动长江经济带发展的指导意见》(下称"指导意见"),指出长江经济带覆盖的范围涉及长江黄金水道流经的11省市,包括上海、江苏、浙江、安徽、江西、湖北、湖南、重庆、四川、云南和贵州等,目标是将长江经济带建成具有全球影响力的内河经济带、东中西互动合作的协调发展带、沿海沿江沿边全面推进的对内对外开放带以及生态文明建设的先行示范带。2015年,为贯彻长江经济带作为国家重大战略实施并且推动中部地区的发展,国务院于2015年3月26日批复《长江中游城市群发展规划》(下称"规划")。这是继长江三角洲城市群、珠江三角洲城市群和京津冀城市群之后中国第四个国家级城市群规划,也是国家新型城镇化规划出台后官方披露的首个跨区域城市群规划。② 在中国目前发展较为成熟的十余个城市群中,长江中游城市群是国家层面予以认可并且命名的城市群之一,而其他如中原经济区、关天经济区以及海峡西岸经济区均以"经济区"的概念指称,从空间范围来看,长江三角洲城市群和长江中游城市群都处于

---

① 郭家轩、姚永梅:《长江经济带升至国家战略,涵盖沪皖苏湘鄂赣等9省2市,打造经济发展新引擎》,《南方日报》2014年4月30日。

② 周锐:《长江中游城市群有望成为中国核心增长极》,中国网2015年4月10日。

长江经济带中,这从一个侧面可以凸显出长江经济带在我国新型城镇化发展中的重要位置。2016年3月25日,中共中央政治局会议审议通过了《长江经济带发展规划纲要》,提出"坚持生态优先、绿色发展,共抓大保护,不搞大开发"的发展理念。2016年5月11日,国务院常务会议通过《长江三角洲城市群发展规划》,将安徽的8个城市即原江淮经济区所辖城市纳入长江三角洲城市群的规划范围。至此,从国家战略的高度,长江经济带的城市群布局得以基本明确。在国家级政策和规划频发的背景下,毋庸置疑,长江经济带已上升为具有重大发展意义的国家级战略。

从国家政策方面来讲,在"十一五"期间发布的《全国主体功能区规划——构建高效、协调、可持续的国土空间开发格局》中,我国提出以"两横三纵"为主体的城市化战略格局,其中"沿长江通道"是两条横轴之一,所经区域主要是成渝地区、长江中游地区和长江三角洲地区,也就是长江经济带的主要组成部分。2014年召开的中央城镇化工作会议提出要一张蓝图干到底,而在2014年发布的《国家新型城镇化规划(2014—2020)》进一步指出要继续推进"全国主体功能区规划",构建"两横三纵"的城镇化格局,以轴线上城市群和节点城市为依托、其他城镇化地区为重要组成部分,大中小城市和小城镇协调。从这些国家层面的政策和战略来看,长江经济带近年来在政策话语体系中备受关注,其发展方向的制定也有很大的连续性和一致性,足可凸显长江经济带的重要战略意义。

二、长江经济带的城市群格局:以东中西三大城市群为支点构成的城市体系

长江三角洲、长江中游和成渝三大跨区域城市群是长江经济带的主体,占据着长江经济带东中西三段重要的位置。

而具体到三大城市群具体的规划范围,国家已经通过各类政策和规划予以明确。首先是规划范围较大、构成较为复杂的长江中游城市群,2015年的"规划"明确了长江中游城市群所覆盖的范围,是以武汉城市圈、环长株潭城市群和环鄱阳湖城市群为主体形成的特大型城市群,中心城市为武汉、南昌和长沙,而后的2015年4月,国家发改委地区经济司负责人对《长江中游城市群发展规划》进行解读,指出规划范围包括湖北省武汉市、黄石市、鄂州市、黄冈市、孝感市、咸宁市、仙桃市、潜江市、天门市、襄阳市、宜昌市、荆州市、荆门市,湖南省长沙市、株洲市、湘潭市、岳阳市、益阳市、常德市、衡阳市、娄底市,江西省南昌市、九江市、景德镇市、鹰潭市、新余市、宜春市、萍乡市、上饶市及抚州市、吉安市的部分县(区),共31个城市。其次,对于长江三角洲城市群来说,2010年国务院正式批复《长江三角洲地区区域规划》,提出该城市群包括上海市、江苏省以及浙江省的共16个城市,而2016

年的《长江三角洲城市群发展规划》将安徽省的部分城市纳入长江三角洲城市群,目标是将长三角建设成为世界级城市群,规划范围包括上海市,江苏省的南京、杭州、苏州、无锡、南通、泰州、扬州、盐城、镇江、常州,浙江省的湖州、嘉兴、宁波、舟山、绍兴、金华、台州,安徽省的合肥、芜湖、马鞍山、铜陵、安庆、池州、滁州、宣城共26市。而成渝地区的情况则较为明朗,2011年国务院批复《成渝经济区区域规划》,以及2016年《成渝城市群发展规划》的规划范围基本一致,包括重庆市、四川省的成都、德阳、绵阳、眉山、资阳、遂宁、乐山、雅安、自贡、泸州、内江、南充、宜宾、达州、广安共16市。

综上所述,根据2014年《关于依托黄金水道推动长江经济带发展的指导意见》、2015年《长江中游城市群规划》、2016年《长江经济带发展规划纲要》、2016年《成渝城市群发展规划》、2016年《长江三角洲城市群发展规划》,本部分的研究范围确定为长江三角洲城市群的26个城市、长江中游城市群的31个城市以及成渝城市群的16个城市,见表1。

表1 长江经济带三大跨区域城市群覆盖范围:共73个城市

城市群名称	覆盖城市名称
长江三角洲城市群 (共26市)	上海市; 江苏省:南京、杭州、苏州、无锡、南通、泰州、扬州、盐城、镇江、常州; 浙江省:湖州、嘉兴、宁波、舟山、绍兴、金华、台州; 安徽省:合肥、芜湖、马鞍山、铜陵、安庆、池州、滁州、宣城。
长江中游城市群 (共31市)	湖北省:武汉、黄石、鄂州、黄冈、孝感、咸宁、仙桃、潜江、天门、襄阳、宜昌、荆州、荆门; 湖南省:长沙、株洲、湘潭、岳阳、益阳、常德、衡阳、娄底; 江西省:南昌、九市、景德镇、鹰潭、新余、宜春、萍乡、上饶、抚州、吉安市的部分县(区)。
成渝城市群(共16市)	重庆市; 四川省:成都、德阳、绵阳、眉山、资阳、遂宁、乐山、雅安、自贡、泸州、内江、南充、宜宾、达州、广安。

三、长江经济带三大城市群现状的比较

分别考察长江三角洲城市群的26个城市,长江中游城市群的31个城市,成渝城市群的16个城市,共计73个城市,梳理三大城市群在人口与生态、空间拓展现状、经济与产业、社会与文化等方面的基本发展情况,并在城市群理论和实践发展的背景下进行比较研究。需要说明的是,由于本研究中涉及城市范围较大,并且数据层次要求比较详细,以数据的完整性和可靠性为原则,整体数据更新至

2012年。

从总体发展情况来看,在人口总量上,据不完全统计,2012年长江三角洲城市群总人口已经达到1.37亿,而长江中游城市群总人口达到1.30亿,成渝城市群的人口总数达到1.05亿,长江三角洲城市群作为长江经济带的东段,是长江流域人口总数最多的城市群,在人口总量上仍处于优势地位,而长江中游的人口在总量上也接近长三角,从人口总量上来看,长江经济带涵盖的三大城市群总人口均超出一亿,这无论从国际经验比较还是国内其他城市区域系统来看都是罕见的。

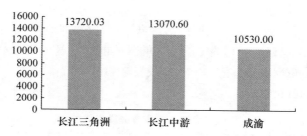

图1　2012年长江经济带三大城市群人口数量
数据来源:相关区域及各省市统计年鉴。

在人口自然增长率上,据不完全统计,2012年长江三角洲城市群的人口自然增长率为1.67‰,长江中游城市群为6.86‰,而成渝城市群为2.97‰,从这个指标来看,三大城市群的差距还是比较大的,最高的是长江中游城市群,其次是成渝城市群,最低的是长江三角洲,最高值与最低值相差三倍左右,因此,三大城市群在人口增长潜力方面较为悬殊,尤其是长江三角洲的劣势很明显。

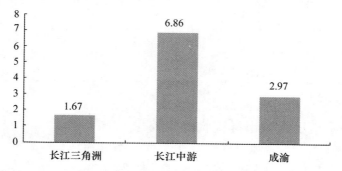

图2　2012年长江经济带三大城市群人口自然增长率(‰)
数据来源:相关区域及各省市统计年鉴。

在生态环境方面,从建成区绿化覆盖率来看,据不完全统计,2012年长江三角洲城市群的建成区绿化覆盖率达到41.25%,长江中游城市群达到41.59%,成渝城市群为40.19%,在这个指标上,三大城市群的水平极为接近,长江中游城市群最高,其次是长江三角洲城市群,成渝城市群偏低,总体上差距不大,因此,从生活生态环境角度讲,三大城市群的水平相对比较高,并且较为均衡。

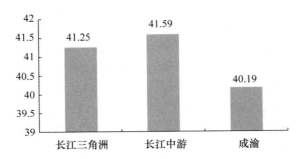

图3 2012年长江经济带三大城市群建成区绿化覆盖率(%)
数据来源:相关区域及各省市统计年鉴。

在所占土地面积上,据不完全统计,2012年长江三角洲城市群的土地面积总计达21万平方公里,而长江中游城市群的土地面积超过34万平方公里,成渝城市群的土地面积近24万平方公里,在所占面积上来看,长江中游城市群占绝对优势,但在开发程度上来讲,成渝城市群还有很大的空间,而长江三角洲城市群的开发则较为饱和。

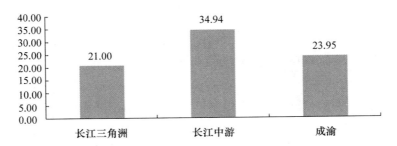

图4 2012年长江经济带三大城市群土地面积(万平方公里)
数据来源:相关区域及各省市统计年鉴。

在人口密集程度上,2012年长江三角洲城市群的人口密度已经达到734.6人/平方公里,而长江中游城市群的人口密度达420.7人/平方公里,成渝城市群的人口密度超过485.2人/平方公里,人口密度上依然是长江三角洲城市群占绝对优势,东段人口密集程度比中段和西段多出近50%,可以反映出东中西三段发展水平的差异和相对情况。

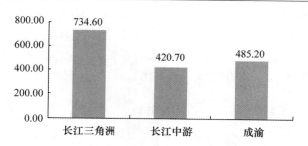

图 5　2012 年长江经济带三大城市群人口密度(%)
数据来源:相关区域及各省市统计年鉴。

在经济发展现状上,据人均 GDP 的不完全统计情况显示,2012 年长江三角洲城市群的人均 GDP 近 7 万元人民币,而长江中游城市群的人均 GDP 为 3.7 万元人民币,成渝城市群的人均 GDP 近 3 万元人民币,从经济社会发展水平来看,三大城市群的差距显著,其中东部的长江三角洲城市群超出西部的成渝城市群一倍多,而长江中游城市群的发展水平也相对偏低。

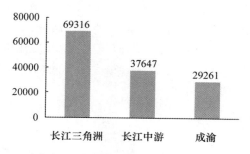

图 6　2012 年长江经济带三大城市群人均 GDP 情况(元)
数据来源:相关区域及各省市统计年鉴。

在经济增长率上,据 GDP 增长率的不完全统计情况显示,2010 年长江三角洲的 GDP 增长率为 13%左右,长江中游城市群的 GDP 增长率为 14%左右,而成渝城市群的 GDP 增长率则超过 15%。成渝城市群的开发程度较低,因此其经济发展的潜力非常大,长江经济带的经济增长率在东、中、西三段基本上是呈阶梯状的布局。

在三次产业结构上,文本用"三次产业对 GDP 贡献率"为指标来初步考察,据不完全统计,2011 年,在长三角城市群,三次产业对 GDP 的贡献率分别是 8%、55%和 37%,在长江中游城市群,三次产业对 GDP 的贡献率分别是 13%、55%和 32%,在成渝城市群,三次产业对 GDP 的贡献率分别是 16%、56%和 28%。在三次产业结构上,基本符合东中西部的梯度分布,长三角在第三产业的发展上比成

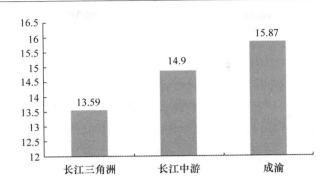

图7 2010年长江经济带三大城市群GDP增长率(%)

数据来源:相关区域及各省市统计年鉴。

说明:2012年GDP增长率部分城市统计不全,考虑到数据的完全性,选用2010年各城市的GDP增长率。

渝高出近10%,而成渝的第一产业仍占较大的比重,当安徽的部分城市纳入长三角城市体系后,第二产业的梯度分布并不明显。

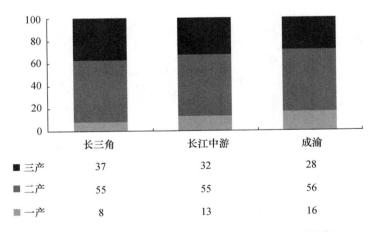

图8 长江经济带三大城市群三次产业占GDP比重(%)

数据来源:相关区域及各省市统计年鉴。

说明:2012年相关数据部分城市统计不全,考虑到数据的完全性,选用2011年数据。

在社会生活水平上,从恩格尔系数来看,据不完全统计,2012年长江三角洲城市群的恩格尔系数为36.26%,长江中游城市群为39.70%,成渝城市群为41.04%,从这个指标来看,基本符合梯度分布的趋势,长三角的家庭收入以及社会整体收入处于最高的水平,长江中游城市群居中,而成渝城市群在这个指标上处于劣势。

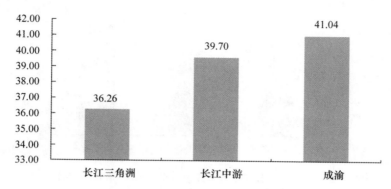

图 9　2012 年长江经济带三大城市群恩格尔系数(%)
数据来源:相关区域及各省市统计年鉴。

在社会和科技创新上,从"科研、技术服务和地质勘查业从业人员数量"来看,据不完全统计,2012 年长江三角洲城市群的科研等从业人员数为 42.41 万,长江中游城市群为 21.75 万,成渝城市群为 17.40 万,因此在社会和科技创新能力方面,仍是长江三角洲城市群占很大优势。

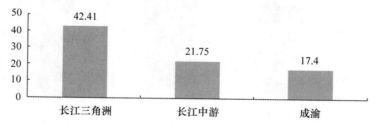

图 10　2012 年长江经济带三大城市群科研等从业人员数(万人)
数据来源:相关区域及各省市统计年鉴。

在文化发展水平上,从公共图书馆总藏量来看,2012 年长江三角洲城市群的总藏量为 17623 万册,长江中游城市群的总藏量为 5747 万册,而成渝城市群的总藏量为 4508 万册,公图总藏量体现的是一个城市或者区域在文化设施及资源供给方面的水平,在这个指标上,长江三角洲城市群占有绝对的优势,是排在第二位长江中游城市群的三倍左右,而长江中游和成渝的差距并不是很大,如果再考虑到长江中游城市群的城市范围较大,那么其文化供给的平均水平就更低,劣势十分明显。

需要说明的是,相关数据是根据城市群的框架和格局进行统计,而在实际发展中,长江经济带黄金水道所覆盖的区域和带来的影响可能更大,实际的发展情

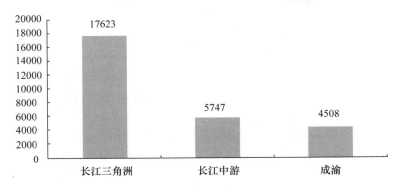

图11 2012年长江经济带三大城市群公共图书馆总藏量（万册、件）
数据来源：相关区域及各省市统计年鉴。

况很有可能超过以上统计数据所反映的情况，因为城市群在发展中有很强的辐射带动效应，在现有中心大城市和主要城市周边会有更多的城镇受益。

通过以上的一些数据和统计，对长江经济带东中西三段区域的相对发展态势有了基本了解：(1) 长三角占有绝对优势，发展空间受限。在三大城市群中，长三角人口总量约为13720万，人口密度约为734人/平方公里，第三产业占比37%，这些指标都位于长江经济带之首，恩格尔系数为36.26%，科研等从业人员约为42.41万人，公共图书馆总藏量为17623万册，在长江经济带三大城市群中也具有相当的优势，因此长三角在人口发展水平、现代产业发展、家庭及社会发展水平、文化硬件发展等方面占有绝对优势，尽管受发展空间有限和开发相对成熟的影响，其经济增长率偏低，但仍是长江经济带未来发展的龙头；(2) 成渝经济增长潜力巨大，有待深度挖掘。成渝的总人口数量为10530万，虽然在长江经济带三大城市群中处于末位，但仅以川渝两省市就集中上亿人口，在我国城市群发展中也处于前列，人口密度为485.20人/平方公里，仅次于长三角，也有一定的优势，目前开发程度较低，但其经济增长率却不可小觑，其GDP增长率为15.87%，高于长三角的13%和长江中游的14%，在长江经济带中是有待深度发展的潜力区域；(3) 长江中游表现平平，急需对策破解。长江中游城市群有一定的发展优势，比如人口自然增长率排在三大城市群之首，为6.86‰，是长三角的四倍多，成渝的两倍多。保守统计其空间面积为34.94万平方公里，在三大城市群中也是最大的。建成区绿化覆盖率为41.59%，以微弱的优势高于长三角。然而，总体看来，位于中段的长江中游城市群在现有人口数量、GDP增长率、社会科技创新潜力、文化设施供给水平方面都表现平平，是急需研究和找到破解对策的。

四、长江经济带发展的主要问题与对策建议

1. 重点发展中游,解决隐形塌陷问题

通过对长江经济带三大跨区域城市群的人口、面积、人口密度、GDP 增长率以及社会和技术创新能力的梳理,各项数据基本呈现出一个阶梯式的结构,也就是说,长江三角洲城市群处于领先位置、长江中游城市群居中、成渝城市群垫后。2014 年的"指导意见"指出,长江经济带发展的战略定位之一是,"东中西互动合作的协调发展带。立足长江上中下游地区的比较优势,统筹人口分布、经济布局与资源环境承载能力,发挥长江三角洲地区的辐射引领作用,促进中上游地区有序承接产业转移,提高要素配置效率,激发内生发展活力"。

综合这两点,我们可以发现现实的发展情况与提出的战略要求是基本一致的,阶梯式的分布与上中下游通过比较优势统筹发展看似吻合,但事实上这里存在一个"隐形塌陷"的问题,中部地区因地缘位置的特殊性,相比东段和西段两个城市群其人口等各项资源都更可能向外流动,如果其自身的经济发展和城市发展不足,这个区域的最终结果可能是"外流"而不是"外溢"。因此,中部地区承担的责任巨大,其需要达到的发展水平和体量绝不仅仅是目前阶梯式结构所反映出的情况,看似正常,实际上是个"隐形塌陷"。面对这一情况,提升长江中游城市群整体的经济发展水平和城市发展水平是关键,需根据城市群内部各个城市的人力禀赋特点,建立就业、产业和基础设施三者的联动机制,朝着人口、经济、环境和文化四者协调统一、相辅相成的方向迈进。通过城市群内部的人力禀赋特点和产业布局的双向互动,逐步调整产业和就业的结构,积极解决就业问题,实现就业、产业和其他基础设施的合理配置。

2. 进行区分处理,明确长江流域布局

从国家政策的范畴看,以合肥为中心的江淮地区城市群归属已经明确纳入长三角城市群,江淮地区因处于长江经济带东中两端的衔接位置,对承接产业转移和生产要素的流动有很大影响,这一区域定位的模糊对长江经济带的整个发展有负面影响。长期以来以合肥为中心城市的江淮城市群都是向"东"发展的,希望更多参与到长江三角洲的发展中,而 2013 年 3 月,长沙、合肥、南昌和武汉四个省会城市达成《武汉共识》,希望将长江中游城市群建设成为我国中部发展的"中四角",以合肥为首的江淮城市群加入长江中游城市群的呼声异常高涨,然而江淮城市群在经过"左摇右摆"之后还是加入了长江三角洲的怀抱,使得长江中游城市群在规模和体量上大大降低。

江淮地区纳入长三角的实质是将外部问题进行了内部化处理,从效果上看,原长三角城市群的外溢功能将有所减弱,而原江淮地区的资源要素流动将更加集

中地指向长三角,其定向性将进一步加强。但由于发展水平以及文化基础的差异,江淮地区从"纳入"到"融入"还有很长的路。尽管在政策层面已经做出了这样的规定,但是在分析长江经济带的具体发展时,仍应在长三角内部进行区分处理,只有这样,长江经济带整体的结构特征才更加准确和真实。

3. 深研长江文明,重建区域文化认同

从2015年的"指导意见"中可知,长江经济带发展的主要工作是围绕"提升长江黄金水道功能""建设综合立体交通走廊""创新驱动促进产业转型升级"展开的,该"指导意见"的基本原则之一是"通道支撑、融合发展,以沿江综合运输大通道为支撑,促进上中下游要素合理流动、产业分工协作"。此外,"指导意见"还指出,"建设上海经南京、合肥、武汉、重庆至成都的沿江高速铁路和上海经杭州、南昌、长沙、贵阳至昆明的沪昆高速铁路,连通南北高速铁路和快速铁路,形成覆盖50万人口以上城市的快速铁路网。"因此,在这一政策环境下,特别是中西部的基础设施建设将掀起一波高潮,尤其是高速铁路建设。

然而,仅仅通过交通和产业来引导长江经济带特别是三大跨区域城市群的发展显得单向化,对于这样一个人口和生产总值均超过全国40%的经济带来说,缺乏的是城市群内部以及整个长江经济带内在的文化一致性和认同感。无论是国际性的城市群建设还是中国古代城市体系构建都与文化息息相关。在国际研究领域,衡量城市群的发展水平较常见的是产业分布和交通设施建设,但很多具有国际影响力的西方学者均表示,城市群或者城市体系的文化共同性是城市群建设的一个深层次因素,具有重要的意义。我国古代的城市群或者城市体系有两种类型,一种是在特定历史条件下为承担一定的特殊功能而诞生,如京杭大运河,但当更为先进的陆路运输方式出现后,大运河以及周边的很多城市都衰落了,虽然运河两岸也曾经出现了一些繁荣的商业和运输文化,但是缺乏内在的深层次的文化一致性和认同感。还有一种是依靠区域内部共同的历史和文化传承孕育而生,在一定的历史机遇下得到了更大的发展,比如以江南文化为基础的长江三角洲城市群,至今仍保持勃勃生机,但是除了长江三角洲之外,长江中游城市群和成渝城市群还没有将其区域文化的共同性和认同感纳入到发展中,整个长江经济带也还没有找到并且提炼出这样的文化一致性。因此,长江经济带特别是其中三大跨区域城市群亟需制定城市群以及整个经济带的文化发展战略,以文化的共同性和认同感作为城市群以及整个黄金水道实现可持续发展的深层基础。

新中国城市化及其政策演变所处阶段与趋势

新中国的城市化进程有新的路径、新的走势,但离不开历史的影响。历史就像土壤,中国的城市化就是在这片土壤里生根发芽,开花结果。新中国成立以前的城市研究渊源很深,从时间范围上界定,可以向上追溯至古代对都城、城市的记录和考察,包括起源、功能、特征,以及中西方城市起源与发展的对比等。

一、中国城市化进程概述

1. 新中国成立以前城市化进程概述

以城市史的角度来看,从秦汉到明清时代,"中国古代的城市性质结构与管理制度基本没有发生什么变化,政治与军事需要是首要目的"①。但是宋朝开始,随着商品经济与资本主义的萌芽,古代城市开始朝着近代城市的结构与功能过渡,市场经济功能开始日渐突出。② 明清时期的城市已经相当繁荣,"市"的作用超过"城"的功能,近代之前,"市镇化"③是中国城市化的一个特点。近代开始,中国城市化道路逐渐转变,在经过商品经济的启蒙后慢慢进入正轨,但随之而来的战争冲击突然改变了中国城市发展的速率,在外力的冲击下中国城市快速变异,与世界接轨。中国城市伴随着中国社会的半殖民地与半封建化开启了近代化历程。

从1840年到1949年的近代百年,欧洲工业革命与中国的鸦片战争是影响世界城市发展进程与旧中国城市化的关键因素,西方世界的工业化、城市化对传统中国城市带来极大的冲击,中国的社会性质在鸦片战争后随着帝国主义列强的入侵发生根本转变,与此同时,中国的很多城市也随之产生了深刻的变化。中国是一个农业立国的国家,进入近代后,以工业、商业、金融、交通、教育为代表的西方文明进入中国,产生了一批近代新型城市,特别是在东部沿海地区。这些新型城市日渐展现出与传统中国城市和农村完全不一样的特征,它们集中了先进的生产力和文化,成为现代文明的标志。并且,此后城市与农村的差距也逐渐拉大。如果说中国古代城市是在华夏多民族不断的战争、交流、融合中发展起来的,那么近

---

① 傅筑夫:《中国古代城市在国民经济中的地位和作用》//《中国经济史论丛》(上册),生活·读书·新知三联书店出版社1980版,第321—386页。
② 熊月之、张生:《中国城市史研究综述(1986—2006)》,《史林》2008年第1期。
③ 同上。

代百年的中国城市发展就是在与西方不断的融合中进行的。

晚清时期,从1840年鸦片战争开始到1911年辛亥革命,一系列通商口岸开启了近代中国城市化之路。费正清以"西方冲击—中国回应"[①]来解释这种以"口岸城市"推动的城市化。从此,中国传统的"市镇化"格局被打破,中西之间,新旧交错构成了近代中国城市的特色。从上海、广州、天津这些早期的开埠城市就可窥见。这中间经历了太平天国起义、八国联军侵华等重大历史事件,连绵不断的战争对城市产生了严重的破坏。以太平天国运动对江南城市长达十余年之久的影响为例,战争以及战后的军事化管理造成了南京(太平天国首都)人口大规模衰减,土地荒芜,城市产业凋敝,导致南京在步入近代之初不仅没有享受对外开放带来的发展机遇,反而原来的优势也遭到重创,久久不能恢复。而八国联军侵华对城市的破坏更是直接,除了政治与经济上的影响,对文化的掠夺和破坏难以逆转。

从1911年到1945年,城市在战火中前行。战火对城市的破坏是灭绝性的,生灵涂炭,民不聊生,城市的经济、人口、文化等都受到不可弥补的损失。另外,该时期地区发展的不平衡性开始凸显,东部沿海的小城镇相对于内陆的城镇变得日趋繁荣,因为近代以来,手工业的衰落使人们的需求日趋转向工业产品,而沿海城镇因为率先接受了西方工业化的洗礼,以及依靠自身通商口岸的优势,商贸业迅速发展,城市规模急剧膨胀。在此过程中,一些当地的士绅和富人也开始投资办厂,由此带动一批新的工矿业小城镇的兴起。"自1876年兴建我国第一条铁路(淞沪铁路)和1913年兴建第一条公路(长沙至湘潭)以后,现代交通在我国便开始有了一定的发展,随之而来的是兴起了一批交通小城镇,这些也在很大程度上促进了城市化发展。"[②]当然,总体上来看,当时我国还是处于小农经济主要影响下。

1949年,随着解放战争在全国取得完全的胜利,新中国成立在即,工作重心转移工作提上日程,从农村到城市的转移是全局性的、战略性的,对城市的管理的成功与否事关重大。面临很多困难挑战,原先在农村行得通的做法、政策和经验,放在城市可能就不能适应了。而了解如何恢复与发展城市经济,稳固城市政治,促进城市社会进步,就成为迫在眉睫的工作。[③]

2. 新中国成立以后城市化进程概述

新中国成立以来的六十多年,我国的城市经济和社会发展发生了巨大的变化,城市化进程快速推进,城市化水平大幅提高,举世瞩目。我国城市个数由建国前的132个增加到2013年的658个,其中直辖市4个,副省级市5个,地级市271

---

① 熊月之、张生:《中国城市史研究综述(1986—2006)》,《史林》2008年第1期。
② 王春光、孙晖:《中国城市化之路》,云南人民出版1997版,第36页。
③ 王海光、李国芳:《走向城市:中共从农村到城市的历史转折》,《东岳论丛》2014年第7期。

个,县级市 368 个。① 城市化水平由 1949 年的 10.64% 提高到 2014 年的 54.77%。改革开放是一个重要节点,1978 年前后,中国的城市化发生转折性的巨变,为世界所瞩目。

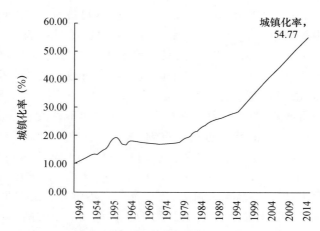

图 1　新中国成立以来城镇化率变化统计(1949—2014 年)
数据来源:国家统计局数据。

改革开放前,从发展速率上来看,城市化前期起步迅速,但后期动荡不定。在 1953 年至 1957 年第一个五年计划实施过程中,伴随着 156 项国家重点工程的实施和推进,城市数量也以"计划"的方式增加,第一个五年计划结束时,我国城市数量由 1949 年时的 132 个增加到 1957 年的 176 个,增长了 33.3%。② 在 1958 年到 1962 年的第二个五年计划时期,其中前三年为"大跃进"时期,我国城市数量继续增加,由 1957 年 176 个增加到 1961 年的 208 个,城市人口快速增长。但是 1962 年开始的国民经济调整,又被迫撤销了一大批城市,到 1965 年全国拥有城市 168 个,与 1961 年相比减少 40 个。③ 主要原因来自国家的行政计划:一是出于政治考虑,人为地将"一五"时期以来设置的"市"又变回到"县"的建制,一些地级市降级为县级市;二是停建、缓建一大批建设项目;三是知识青年、工人"上山下乡"运动如火如荼地展开,城市人口遭到机械性的消减。而接下来的"文化大革命",更是以政治浩劫的形式使我国刚起步的城市化进程受到重大阻滞。

1978 年,十一届三中全会后,中国城市化随着改革开放带来的经济腾飞,进入

---

① 国家统计局城市社会经济调查司:《中国城市统计年鉴 2014》,中国统计出版社 2014 年版,第 3 页。
② 国家统计局城市社会经济调查司:《中国城市统计年鉴 2009》,中国统计出版社 2010 年版,第 10 页。
③ 同上。

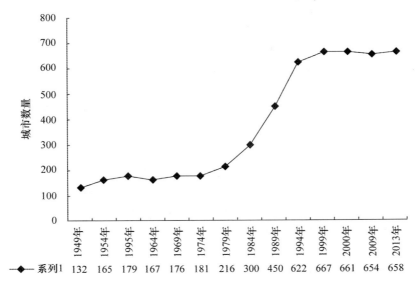

图 2 新中国成立以来城市数量变化统计(1949—2014 年)
数据来源:中国城市统计年鉴。

快速发展阶段。1984 年,十二届三中全会[①]第一次突破了把计划经济与商品经济对立起来的传统观念,大刀阔斧的城市经济体制改革就此陆续展开。需要特别指出的是,1990 年代以后,发展"小城镇"被视为"大战略",随着小城镇的加快建设,各级经济开发区在短时间内普遍建立,另外乡镇企业也如火如荼,这些都在很大程度上带动了城市化提升至一个新的历史水平,经济开发区与乡镇企业带来的不仅是经济基础的变化,更有农民向市民过渡的心理变化。1992 年,社会主义市场经济建设目标的确立给城市建设与发展带来重大利好,新中国城市化随之进入稳定发展阶段。2002 年,十六大提出要走"大中小城市和小城镇协调发展"的"中国特色城市化道路",[②]从此,中国的城市化道路全面打开,城市建设与发展空前活跃,可以说十六大揭开了我国城市建设发展的新篇章,此后十年,房地产市场的火热也侧面说明了城市化的蓬勃之势。2007 年,十七大对"中国特色城市化道路"做进一步补充完善,[③]促进城市规模与结构更加协调发展。

国家统计局数据显示,2011 年中国城镇化率达 51.27%,2014 年为 54.77%,

---

① 决议全称为《中共中央关于经济体制改革的决定》,该决议主要内容是"经济体制改革",改革的中心环节是"增强企业活力"。
② 参见 2002 年 11 月中共十六大报告。
③ 参见 2007 年 10 月中共十七大报告。

而1978年这个数字还是17.92%。对此,我们既要看到数字变化所代表的快速城市化,同时也要看到快速发展所潜藏的诸多问题,经济与社会发展矛盾有加剧之势。2012年,十八大后提出"新型城镇化",在未来城市化发展方向上释放出了"转型"的新信号。新型城镇化的核心是人的城镇化,要求是不断提升城镇化建设的质量内涵。与传统提法比较,新型城镇化更强调内在质量的优化,可以预见,如果政策实施稳健有序,中国的城市化速度与质量将会有更大幅提升,未来中国的城市化水平值得期待。

二、中国城市化及其政策演变所处阶段的基本判断

中国城镇化率与其他新兴市场相比明显偏低。根据一般性国际经验,城镇化率达到70%才会稳定下来,因而可推测中国城镇化仍会在一段时间内保持增长。理解城市化内涵的演变以及当前中国城市化所处的阶段,对于中国未来的城市发展之路有重要意义。

1. 城市的功能内涵与政府职能转变

要真正看清目前中国城市化在历史发展中所处的阶段,首先要对城市化与城市功能的内涵有进一步的理解。城市是由多种复杂系统所构成的有机体,城市功能是城市发展的动力因素。过去六十多年,我们看到的城市发展历程是充满政治与经济色彩的,主要的功能也表现在生产管理、协调集散等。但是城市毕竟是人的城市,是社会的城市,人们生活在城市中除了从事政治、经济相关的活动,还包含社会与文化相关的活动。城市必须发挥它在社会与文化发展上的功能作用。

十八大提出的"五位一体"总体布局也给城市建设与发展提供了科学的思路。国家的建设与全面的城市建设是异曲同工的,所以城市的功能内涵应该也包含政治、经济、文化、社会、生态文明。需要特别指出的是,城市内涵的界定也受制于当时所处的政治经济形势,在改革开放以前,城市就是"生产城市"与"政治城市",改革开放刚兴起时,城市就是"经济城市",城市内涵也存在一个历史演变的过程。

根据这样的功能内涵再理解,可以理解当前国家所大力提倡的政府职能转变对城市化进程、政策、模式的研究非常重要,甚至是一个基础条件,决定了日后城市化模式的转变。政府职能由计划、管控向服务转变,一方面说明市场的作用将进一步放大,另一方面也说明政府将更加以人为本,社会服务意识更加强烈。

政府职能转变主要是破除原先计划经济时代遗留的僵化落后体制机制。当前来看,主要的职能转变体现在协调政府和市场的关系。中国的生产力水平与西方国家相比并不高,并且区域差别与城乡差别很大,发展不平衡,在"最大的发展中国家"这样的基本国情之下,很多现实问题摆在国家面前,不能单纯靠自发形成市场,必须要借助政府的指挥调控。如果没有政府的组织与管理,很多地区就会

因为市场机制的选择而被抛弃,生产力要素就无法得到发育,地区差距会越来越大。政府在职能转变的过程中经历了几个阶段,一开始是初期的"政府管市场",主要是基于行政力量打造并管理市场。随着市场的逐渐形成和自我完善机制确立,政府和市场之间的矛盾就开始显现,进入新的阶段"政府服务市场",主要是为市场的有序运行提供公平、有保障的平台,政府搭台,企业唱戏,把更多的主动权交由市场。

同样,政府职能的转变也体现在处理社会与人的公共事务上,随着公民权利意识的逐渐增强,政府正由"权力本位"向"责任本位"转变,由"管理意识"向"服务意识"转变,这是社会进步的体现。

城市化是一个综合系统,其中既包含政府和市场的关系,也包含政府和社会、政府和公民的关系,总体呈现的就是城市化进程中政府职能的转变。了解了政府职能转变的历程与趋势,对于我们预判未来中国城市化政策的发展趋势有重要帮助。

2. 当前中国城市化所处的阶段

基于对中国城市化相关政策内容的分析,结合城市的功能内涵演变,纵观新中国成立以来的中国城市化进程,从内容所反映的时代特征上,本文将中国城市建设与发展概括划分为三个阶段:

(1)"军事化治理"阶段

从1949年到1978年,中国城市化虽有所发展,但这三十年由于受多种因素的干扰,特别是政治因素影响,总体上看城市化发展速度迟缓,过程动荡曲折。从治理方式上看颇像"军事化管理",城市建设与发展在方式上以行政命令为主,在内容服务军事与政治,再加上当时从中央政府到地方政府的官员,很多都是当时革命战争年代的老将功臣,治理方式延续了在战争年代的理念。

1949年新中国成立后很长一段时间,由于发展需要、计划经济、领导人偏好和政治博弈等多重原因,特别是东西方长达30年的军事对峙与意识形态冷战,"使政治需要仍在很长时间内一直成为新中国的头等大事,因此对中国城市化进程产生了各种各样的复杂影响"[①]。国家因此曾走过封闭、集权、权力不受制约、法治不够健全的历史时期。有"军事化管理"的影子。比如,人为控制的城市化政策,通过建立户籍制度,严格限制人口由农村向城市和城镇转移,资源高度集中的计划分配体制。从对历史政策的分析看,这个时期城市化总体是服务于政治需要,服从于国家战略目标,包括前期的由工业化带领,以及后期在动荡不安中被动发展。

---

① 刘士林:《文化城市与中国城市发展方式转型及创新》,《上海交通大学学报》(哲学社会科学版)2010年第3期。

这样的模式本质上是一种服从于国家政治利益与意识形态需要的城市化模式。这样的城市治理模式是由当时的国内外大环境所决定的,有一定的历史合理性。

（2）"工程师与经济学家治理"阶段

改革开放后的三十多年,一直到十八大之前,经济建设是城市化的主题,也就是"经济型城市化"阶段。市场经济模式正式确立、城市经济体制改革、第三产业迅猛发展构成了"经济型城市化"进程的基本特征。①

这个时期,中国通过扩大投资、促进出口、鼓励消费"三驾马车"极大地支持了"以经济建设为中心"。基础设施建设投资支持了中国的快速城市化,出口政策使中国成为名副其实的"世界工厂",鼓励消费的政策有力地扩大了内需,支撑了经济持续高速发展。快速的城市化不仅使城市面貌日新月异,对中国深层社会结构的优化更新也起到了重要的推动作用。可以说,改革开放后的 30 多年是"经济学家"与"工程师"的时代。这一阶段的城市管理我们形象地称之为"工程师与经济学家治理"阶段。

（3）"制度治理"阶段

经过三十多年的改革开放,中国的经济实力和人民生活水平大幅提高,但同时也面临前面三十多年所没有的、更高层面上的问题与困惑,最大的一点就是体制进步跟不上经济发展。未来三十年,中国的城市建设与发展之路与国家的发展之路是一致的,那就是要注重制度建设。城市化的管理是融合了经济、社会和人的综合系统,为了实现城市现代化,制度建设与创新迫在眉睫。

从现代化进程来看,中国目前正处于从"物质现代化"到"制度现代化"的交界处。十八大以后,国家通过高强度的反腐工作,以及成立全面深化体制改革小组,已经取得了很多的成就,但是这些成就要想长久保持下去,保证执政成果不因执政领导人的更替而消失,不因时代的向前而弱化,就必须建立稳固持久的制度,来保证政治体制机制充满持久活力,并有力地约束权力。十八届四中全会也通过了全面依法治国的决定,未来三十年,中国不仅需要工程师与经济学家继续进行经济建设,更需要有法制理念与人文理念的主政者坚持制度建设与创新,让中国在未来能够持续保持前进的动力。所以未来很长一段时间,我们形象地称之为"制度治理"阶段。

综上所述,当前中国的城市化所处的阶段就是由"物质现代化"向"制度现代化"过渡,城市化政策的内容在经历了"政治型城市化"与"经济型城市化"之后,正在向"社会与人文型城市化"转变。所以,就本研究的主题——政策内容而言,社会与人文就是未来城市化相关政策的制定的主要趋势,就是"以人为本、全面、协

---

① 刘士林：《新中国的城市化进程及文化城市战略》，《文化艺术研究》2010 年第 2 期。

调、可持续"的城市化,以制度建设进行城市建设成为城市治理的主要方式。

3. "社会与人文"作为政策未来趋势

中国已进入城市化稳定发展阶段。城市化既是经济问题又是社会问题,甚至是政治问题。未来城市如何发展涉及城市的本质问题,到底是为了政治、经济、还是人?

现代型的城市化定义强调人口转移、职业转移和产业集中,重点在人口和经济职能。后现代型的城市化定义强调和突出了生活方式的转变和都市文明的渗透等更深层的内涵,包括社会文化和价值观、人的态度和行为等方面,甚至对以前城市化定义中所强调的人口、地域、生产要素等集中的必要性提出了质疑。后现代的这一定义代表了一种与传统定义有别的新的城市化的研究取向,更是城市化相关政策制定应该关注的未来趋势。

在过去西方主导的全球秩序中,经济全球化是不可避免的趋势,未来全球一体化也不会停止,但是随着多极化的全球新格局日渐建立,特别是中国的地位明显上升,中国的价值观输出与国家形象也变得日渐重要。未来的全球化将是中国文化的全球化,中国文化与中国的价值观将在全球格局与实务中发挥重要作用,而这一任务的完成需要中国文化有所作为,实现大繁荣、大发展。而这一目标承载到城市化进程中,落地到城市建设与发展上将有的放矢。2014 年国家新型城镇化规划在定义新型城市建设时,专门提出了要"注重人文城市建设",这对中国未来的城市化政策发展趋势有重要的指导作用。首先,"人文城市"意味着中国城市在未来发展会进行结构调整与经济发展方式转变,更加注重创新驱动。其次,"人文城市"建设意味着文化将成为城市建设的重要内容,要改变以前只重形式,没有内涵的城市建设弊病,将更加注重中国价值观的塑造与传播。中国历史文化悠久,各地文化资源极大丰富,但是地方政府缺乏重视,缺乏开发的创意。再次,"人文城市"意味着城市建设与发展更加注重民生,更加有人文关怀,更加以人为本。注重人文城市建设不等于忽视城市经济建设,"人文城市"是基于经济基础的城市,"人文城市"也是城市经济发展的一种方式,可以实现经济的跨越式发展。①

同时,十八届三中全会以全面深化改革为主要议题强调"推进以人为核心的城镇化",十八届四中全会在强调"法治",十八届五中全会讨论通过的关于"十三五"规划的建议②更是提出"人民主体地位"的原则,以及对"人民生活水平质量""国民素质和社会文明程度"等目标作出具体要求,特别是"各方面制度更加成熟

---

① 刘士林:《文化城市与中国城市发展方式转型及创新》,《上海交通大学学报》(哲学社会科学版)2010年第 3 期。
② 全称为《中共中央关于制定国民经济和社会发展第十三个五年规划的建议》,2015 年 10 月 29 日中国共产党第十八届中央委员会第五次全体会议通过。

更加定型"的提法让人期待。

纵观这些密集的政策信号,不难推测未来城市发展政策的内涵走势,"社会"与"人文"的发展趋势将取代"政治型"与"经济型"的城市化进程模式。2015年底中央城市工作会议提出,城市的可持续发展需要充分统筹改革、科技、文化三大动力,调动政府、社会、市民三大主体积极性,足以证明在全面深化改革的保障下,社会力量与人文力量所蕴含的巨大潜力。需要指出的是,结合本文对第三个三十年——"制度治理"阶段的研判,"社会"与"人文"作为未来城市化进程的趋势,包含了"主体"与"客体"两方面的内涵,一方面是在政策内容的制定上将更加关注社会性和人文性,另一方面政策的制定也需要更多人文社科领域的主体参与。

三、第三个"三十年"展望

城市作为一个实体,政治、经济、社会、文化、建筑、生态,无所不包。这一特性,决定了城市政策研究既有艰巨性又有吸引力。到2049年,即新中国成立一百周年时,中国即将建成富强、民主、文明、和谐的社会主义现代化国家,这是中国共产党在我国社会主义初级阶段的奋斗目标。那在实现这样宏伟目标的历史过程中是否有规律可循?回顾历史与展望未来我们该坚持什么样的具体策略?从政策内容角度分析,到2049年,中国的现代化进程史可以分为三个阶段,即"军事化治理"的30年,"工程师与经济学家治理"的35年,和从2014年开始的35年,也可以简称为"三个三十年"。

第一个"三十年"从1949年到1978年,主要是为了巩固政权,建立新秩序,比如1953年提出的公有化改造,又称"一化三改"。在这个过程中,由于我们建设社会主义国家缺乏经验,完全是摸着石头过河,所以走了很多的"弯路"。这三十年主要围绕社会主义制度与国民经济基础的建立进行,城市与社会发展并未得到重视。政治主导了经济体制,而城市发展也服从于政治与计划经济,这是由当时的国情与历史任务所决定的,具有一定的历史合理性。

第二个"三十年"从1979年到2014年,是邓小平的35年,是工程师与经济学家治理的时代,主题是从事经济建设、基础设施建设。自1978年十一届三中全会改革开放以来,中国经历了举世瞩目的高速发展,成就斐然。城市化进程也在这三十年里实现了跨越式发展,幢幢高楼拔地而起,2014年末城市人口达到7.49亿人,城镇化率由1978年的17.92%,到2014年实现54.77%。

第三个"三十年"将是"制度治理"的时代,坚持依法治国,以人为本,关注制度建设、民生建设与人文建设。经济建设上要坚持创新驱动,转型发展,积极响应供给侧结构性改革,城市化进程上要坚持人的城镇化,在做好制度创新的同时,关注民生,增加人文关怀。

当前中国深化改革和扩大开放步入新阶段，经济发展进入"新常态"，但是中国的发展眼光要足够长远，不能畏惧并妥协于眼前的困难。新型工业化、城镇化、信息化、农业现代化和绿色化协同推进，孕育着巨大发展潜能，要坚持制度建设与创新，保证政治、经济、社会、文化、生态健康持久地发展。如果中国能够平稳地度过这第三个"三十年"，势必会走向真正的繁荣与富强。

传统村落保护的动态监控体系建构研究

　　为更好地保护中国传统村落,住建部、文化部、财政部三部门开始组织对我国传统村落进行评选,截至 2014 年底,已有 2500 余处具有地方风貌、鲜明特色的村落入选"传统村落"名录,显示了国家对于文化传统的殷切关注。传统村落存在的意义也逐渐为全社会所普遍认同,但如何令其长期留存,却还需要更为具体、细致且繁重的工作展开,面对诸如如何保护、怎样发展等一系列问题,尤其是承担管控保护工作的主管部门,如何让这些村落在保持其原有风貌的前提下完成经济社会发展,是目前必须考虑的重要命题。本文提出了传统村落保护动态监控理念,建构了传统村落保护动态监控体系,希望能够对当前传统村落保护与建设管理提供参考。

一、传统村落保护面临的问题

1. 如何处理村落保护与发展的关系

　　城镇化建设为传统村落的保护与发展带来了空前的机遇,但是不容忽视的是,一方面部分地方领导急功近利的思想导致传统村落重发展轻保护,造成传统村落的严重破坏和消亡,另一方面一些开发商或者民间机构杀鸡取卵的"保护"方式,在某种程度上变相地对传统村落造成了更大的破坏。如张家港恬庄举政府之力对恬庄中街进行了全面的整修,但是由于大量使用现代材料、工艺及元素,甚至是采用在砖房外铺贴木板等"表皮化"方式来达到"保护效果",导致了街巷实质界面的变化,同时为追求土地利用率,将原来 1—2 层建筑普遍改为 3—5 层建筑,又造成了街巷形态的破坏,原来的传统街巷风貌及尺度消失殆尽,与保护相对较好的恬庄北街形成了鲜明对比,在整体上导致整个村落风貌不伦不类(图 1)。

　　而由开发商或者民间机构投资保护的古村落往往为了发展旅游,会与传统村落争地、争资源而导致传统村落出现令人哭笑不得的改造,如张家港金村在整修改造中新建了宽阔的金村广场,而且还在控保清代建筑园茂里前修建一座风貌格格不入的现代雕塑(图 2),更有甚者会导致村落生态环境发生变化。对村落发展中建设性破坏的及时管控与修正是传统村落保护监控体系建构的必要性之一。

图1 a：张家港恬庄村恬庄中街改造后实景

图1 b：张家港恬庄村恬庄北街改造后实景

（资料来源：笔者自摄）

图 2　a:张家港金村改造兴建的宽阔广场

图 2　b:张家港金村控保清代建筑园茂里前的现代雕塑
(资料来源:笔者自摄)

2. 村落居住环境与村民改善居住空间需求的矛盾

传统村落是农耕文化时的产物[①]，存在诸如环境脏、乱、差，民居内缺少必要的卫生设施等与现代生活不和洽之处[②]。此外，还有诸如传统大家庭生活方式与现代小家庭居住的矛盾，单层或二三层建筑与提高土地利用率的矛盾等[③]。村民出于改善空间需求的意愿往往会在旧宅基地上新建房屋或者在村落周边建4—5层及以上的新民居，这些钢筋混凝土结构的新住宅外墙贴着瓷砖、安装铝合金窗户等与传统村落整体风貌极不协调，如吴江南厍村离吴江城区较近，属于近郊型村落，经济发展速度相对较快，民居改建从上世纪80年代初已展开，目前已经形成了清末传统建筑、上世纪50—70年代一般建筑及上世纪80年代后新建筑三个年代建筑混杂的村落风貌（图3），传统村落中村民自建房在目前的建设管理行政体系中基本是盲区，改造之类更是自主实施，这是村落保护部分失控现象出现的原因之一，也是传统村落保护监控体系建构的必要性之一。

图3　a：吴江南厍村南厍港河北侧风貌

---

① 冯骥才：《传统村落的困境与出路——兼谈传统村落是另一类文化遗产》，《传统村落》2013年第1期。
② 罗长海、彭震伟：《中国传统古村落保护与发展的机制探析》，《上海城市规划》2010年第1期。
③ 戴志坚：《闽文化对福建传统民居的影响》，《南方建筑》2011年第6期。

图 3　b:吴江南厍村南厍港河南侧风貌

（资料来源：笔者自摄）

　　村民想改善居住生活空间无可非议,但是由于政府缺乏资金,无法把所有住户计划性地迁至新村,也无法整体性系统性地解决村落环境卫生问题,只能任由村民乱拆乱建乱搭,导致传统村落风貌遭受破坏的现象进一步加剧加速。同时由于资金缺乏,往往村落保护进程滞后于村落的自然损害速度,当有财力来整治维修时,村落的整体格局形态已经发生了变化,大量的传统建筑或已破损严重或已完全消亡,原来的院落肌理、特色构件等已经破坏且不可恢复了。如常熟李市古村由于距城区较远,大部分村民已经外迁①,而木结构的房屋在抛空且无人居住的状态下,其自然性损坏破败反而会进一步加快,屋顶长草、瓦垅漏水、梁架坍塌(图4)。空心村现象是传统村落急剧衰落的一大原因,而村落环境的空心化更会导致村落文化的断代和消失,监控体系的建立将有助于传统村落及其文化的记载及延续。

---

　　①　祖苏、王志强:《关于苏州市古村落保护利用情况的调研报告》,《常熟理工学院学报》(哲学社会科学)2013 年第 5 期。

图 4　a:常熟李市村已破败的历史街巷

图 4　b:常熟李市村空置的传统建筑

(资料来源:笔者自摄)

二、"动态监控"理念的提出

1. 对"动态监控"的理解

"监控"于今人应已十分熟悉,因为在身边就能看到诸如"道路监控""治安监控"之类的设施,其大致流程是通过散布在各处的探头采集大量的动态信息,经终端汇总之后分析可发现问题,然后探讨解决的方案,其本身就具有"动态"的含义,相比于"监测","监控"同样注重"管控"的含义,即管理和控制。

目前,人们为了解决工程及其他需要,已经广泛地开展了监测工作,如苏州虎丘塔监测、浙江宁波江北区的保国寺大殿监测及苏州园林监测等①。对于至今留存的传统村落,主要是因为促使其曾经繁荣的因素在进入当代之际突然消失,所以其旧时风貌依然保留,同时这些村落又为当代的发展所忽略,因此在经历了数十年的风雨侵蚀及过度使用之后显得陈旧甚至破败,如今将其纳入被保护的行列,并非要通过外力,使之按照普通村庄发展的轨迹赶上或超过周边的其他村庄,而是希望让它们的固有形态和风貌继续留存,同时传统村落依然属于当地村民生活和生产的场所,绝非单纯的静态遗存点,所以在其存续期间必然会变化发展,而单纯的监测并不能完全适应这一过程,而"动态监控"即动态的监测与持续的管控是传统村落保护所需要的流程,虽与"道路监控""治安监控"等同为监控,但因对象、目的的不同,其方式也会有所区别而不能简单"套用"。

2. 传统村落保护动态监控

按照今天常见的方式,一旦某处村落被确定为保护对象,随之而来的就是将其修葺一新,但这种方式其实很值得探讨,因为若一位年已古稀的老者,可能浑身都被疾病所困扰,作为医生首要的任务是全面了解其身体状况,帮其消除病痛,而不该是整容或涂脂抹粉,因为这不仅与恢复健康无关,而且也会将容貌改变得十分奇怪,医治之后还需要时时回访,以便再有病患时及时诊治。借助这样的医疗常识来反思传统村落的保护,似会感到有了调整的方向,即尽可能早地对传统村落进行动态监控,实时了解其变动的趋向,从而引导其向有利于风貌保持及优化的方向发展,及时控制甚至终止某些可能会影响或伤害风貌环境的行为,而在进行保护修葺时,又可以通过监测数据深入细致了解其历史、现状、风貌特征以及存在的问题,有利于将村落特征及差异性针对性的落实到其后的保护修葺设计中即"治疗"之中,也有利于在保护修葺后的持续长效管控,即对传统村落保护进行动态监控及持续管控,通过监测的手段达到控制的目的。

---

① 吴美萍、朱光亚:《建筑遗产的预防性保护研究初探》,《建筑学报》2010 年第 6 期。

三、传统村落保护动态监控体系构建

1. 传统村落保护动态监测体系

首先,对所要监控的传统村落进行深入细致的调研,对监控村落的了解一方面是动态监控的出发点,另一方面有利于对保护状况不同的村落采用相对应的手段,从而使监控更为有效。如苏州政府部门公布了17处传统村落进入名录,但这些村落的风貌保存状况并不相同,其中有保存比较完整的,也有新老建筑交织的,有业已颓坏的,也有修缮过度的。若能够清晰地了解这些村落的保护发展现状,就能制订有针对性的监控策略。

其次,对所要监控的传统村落的价值要素进行分层,由外及内考察传统村落形态,会发现传统村落价值遗存并非一目了然,而是有层次、呈序列地展现出来,呈半网络化结构[①](图5)。

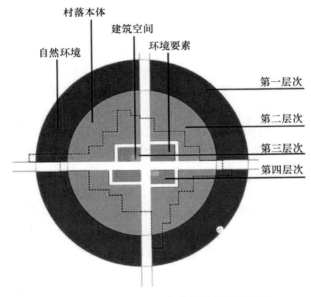

图5 传统村落价值遗存半网络化结构层次

第一层次为传统村落周边的四至自然环境,包括山体、水系、植被及耕地等。一方面这是过去村民生产的场所,是传统村落的重要组成部分,另一方面,基于村落发展的角度,村落周边的田野、山林等其实也是一种资源,自然环境的改变会对村落本体带来巨大的影响;第二层次为村落本体,监测要素包括村落布局、街巷格

---

① 彭松:《从建筑到村落形态——以皖南西递村为例的村落形态研究》,硕士论文,东南大学,2004年。

局、河道分布、空间形态及肌理等；第三层次为具有时代特征的各类型建筑，首先是村落中的传统建筑，需要对构架、墙体、屋面、门窗等建筑构件的变化予以监测；对于上世纪50年代到70年代的一般建筑及上世纪80年代后的新建筑，监测其尺度、方位及造型等主要视觉风貌。设置这样的监测内容，主要因为传统建筑需要进行严格保护，必要时应予以修葺，而其他建筑在不影响村庄整体风貌的情况下可允许更新、翻建，但是要防止出现更新、翻建后的二次破坏；第四层次为村落中井台、更楼、桥头及古树等各类型的空间环境要素。由此，传统村落动态监测体系由4个层次构成，即自然环境层、村落本体层、建筑空间层及环境要素层（表1）。

表1 传统村落动态监测体系

监测层次	监测要素
自然环境层	村落四至自然环境，即山体、水系、植被及耕地等
村落本体层	村落布局、街巷格局、河道分布、空间形态及肌理等
建筑空间层	传统建筑（构架、墙体、屋面、门窗等建筑构件），上世纪50年代到70年代的一般建筑及上世纪80年代后的新建筑（尺度、方位、造型、色彩等视觉风貌）
环境要素层	井台、更楼、桥头及古树等各类型环境要素（数量、完整度等）

同时，监测层次的不同监测方法与监测周期也有所区别。如四季自然环境变化的长期监测可以利用卫星地图，短期监测可用定位照片；村落本体除特定区域外，若治安监控设施已延伸至村落，其图像数据可以共享；而传统建筑及环境要素的监测则需要布置更为密集的监测点，遵循"定人定时定仪器定监测站和定监测点"五定准则[①]，以便能全面地了解其发生的变化，最简单的可以采取定期定点定人对传统建筑及环境要素进行全方位的立体式拍照监测。

2. 传统村落保护持续管控体系

动态监测只是为持续管控提供实时变化的数据，传统村落保护工作的重心则是在获取数据之后的分析、判断以及及时采取相应的措施。传统村落首先是一个当地村民聚居的场所，有变化是必然的，过去控制乡村发展的是严厉的等级制度、经济水平及建筑材料等，所以在千百年的演化进程中其风貌始终延续。如今这些无形或有形的控制力几乎全都已经不存，而村民生活需要却在与时俱进，所以发展无序、风貌混乱也就在所难免，出于保护传统村落的需要，应该建立一套长效的管控体系（表2）。

---

① 吴美萍：《预防性保护理念下建筑遗产监测问题的探讨》，《华中建筑》2011年第3期。

表 2　传统村落持续管控体系

指标	内容
数据汇总	及时合理汇总动态监测数据,形成动态监测数据台账,应依据监测对象分短期、中期和长期三个周期进行汇总
整理判断	整理已汇总的动态监测数据并萃取和提炼有用的信息,找出内在的变化规律并作出判断,有助于传统村落的预防性保护
定期报告	阶段性自我监测的检测,目的在于通过阐述动态监测数据分析结果,将村落维护状况予以说明,增强透明度和公众信任,有利于提高村民的文化自爱与自信
专家意见	聘请长期从事传统村落保护研究的专家参与到数据判断之中,并为管理、决策提供有益的意见

首先,应对动态监测的数据进行及时汇总,形成动态监测数据台账,同时由于传统村落的变化由发展建设、翻建改造、不当使用、自然老化、突发灾变等众多原因引发,因此数据汇总应分为短期、中期和长期三种。对于像开发建设、老屋翻建或突发的自然灾害需要及时汇总,而像村落四季的变化、村庄形态的监测则可以半年予以汇总;

其次,应对汇总数据进行深入的整理与判断,将看似杂乱无章的动态监测数据集中,萃取和提炼有用的信息,以找出内在的变化规律,有助于传统村落的预防性保护;

第三,通过定期报告进行阶段性自我监测的检测,目的在于通过阐述动态监测数据分析结果,将村落维护状况予以说明,必要时可以形成规范性、公开化的监控报告,定期实时公布,以增强透明度和公众信任,有利于提高村民的文化自爱与自信[1];

第四,因社会分工,从事传统村落保护的工作人员未必能对相关的专业问题有深刻的理解,而专家的介入可以很好地弥补这一短板。聘请长期从事传统村落保护研究的专家参与到数据判断之中,并为管理、决策提供有益的意见,其实这也是提高监管部门专业素质的一种途径,不应让他们仅仅停留在填表、打分的层面。

3. 传统村落保护动态监控组织

传统村落保护动态监控组织涉及村落价值要素本身的特殊性、复杂性与专业性,也涉及监测的科学性、针对性与管控的公正性、实效性。基于此,笔者认为应及时将已命名的传统村落作为监控对象,同时因为传统村落数量的有限性,应将其纳入日常的建设管理体系中,同时以第三方机构作为监测主体,其主要作用有

---

[1] 周海炜、罗佳明:《论建立我国世界遗产管理监控体系》,《西南交通大学学报》(社会科学版)2004年第5期。

三点:

首先,第三方机构应是长期从事村落保护与发展的专业性机构,由各类相关专业人员组成,拥有相对丰富的针对村落保护与发展的研究经验,以满足村落价值要素自身的科学性、专业性要求;

其次,第三方机构应是一个独立经营的实体法人机构,以区别于行业管理主体选择专家对村落保护从各自的角度进行评价,虽然选用专家评价符合村落价值要素监控的专业性要求,但不容忽视的是这样的专家选择机制无疑使村落监控无法获得应有的客观公平性,导致管控带有主管部门的选择性、倾向性意见;

第三,第三方机构的工作应逐渐以可操作、易实施的标准化作为基础,而标准的形成是社会相关方面共同努力的结果,因为随着社会信息化、知识化的发展,大量的中介组织越来越成为社会管理的重要力量,这是一个普遍的发展趋势。

同时,基于传统村落管理的角度,管控体系的建立是为了保证传统村落保护和发展的协调,管控过程应以村落管理部门为主体展开,以便于优化资源配置及管理调整,必要时应建立信息系统[1],以增强与规划部门、住建部门、文广部门及环保部门等相关管理机构的信息沟通[2]。

四、动态监控与村落日常建设管理

1. 作为村落修缮建设的依据

某一区域内的传统村落在风格、特征上具有高度的一致性,但具体到每一个村落、每一幢建筑上,几乎都存在着或多或少的差异。从前对于古建筑的建造、修缮都由同体系、同地域的工匠完成,以确保建筑技艺的纯粹性与建筑特征的特色性,但随着交通的便捷、信息传递速度的加快及对修缮建设资质的要求,时常会出现能做、会做的工匠缺少资质,而有资质的工匠不会做的错层现象,传统的工匠体系也在日渐模糊与衰落,容易出现张冠李戴的例子,如吴江黎里镇在传统村落建筑的修缮中不论是民居还是厅堂均用了清一色的张口哺鸡脊,殊不知历史上张口哺鸡脊是用于富甲一方且为官的大户人家厅堂之上。而动态监控定期报告所陈述的监测数据和病情诊断结果,可以为设计施工单位在进行必要的维修工程时提供具体的建筑构件、材质色彩等方面的科学指标和判断依据,有助于管理人员、设计施工人员及村民三方对村落的参与式保护。

2. 作为管理机构保护行动的依据

传统村落保护管理机构一般熟悉了村落现状,能把握村落保护的目的和意

---

[1] 胡明星、董卫:《基于 GIS 的古村落保护管理信息系统》,《武汉大学学报》(工学版)2003 年第 3 期。
[2] 邹霆:《浅谈如何做好项目前期工作》,《世界华商经济年鉴·城乡建设》2012 年第 7 期。

义,如对村落进行保存、维护、经营等,但对村落动态趋向变化的临界点等掌握较少,动态监控可以准确地对村落的变化作出判断,一方面可以通过科学的数据分析结果,修正相应的管理计划,督促直接管理者改善管理方式,也可提请监管部门作出修缮决策,从而科学有效地实现古村落管理目标;另一方面可以作为管理机构提供未来行动的依据,将过去被动式的监管转化为主动的引导和干预。

3. 作为传统技艺传承的依据

传统村落中的地方材料和工匠技艺是地域文化、传统风俗及民间约定形成的建筑要素。在先进科学技术的冲击下,砖石混凝土逐渐取代了传统木材,师徒制的传承承受着工业生产及现代教育的挑战。部分的老工匠技艺难以传承,仅仅依靠书本或者想象难以满足延续传统技艺的需要,村落动态监控可以持续记载传统建筑构件、材料及色彩等的自然变化过程,其本身就是一个逐渐了解认识消化传统技艺过程,更为后人吸取传统技艺、传承传统技艺留下了"活化石"式的依据。

五、结语

传统村落保护监控体系的建构,是希望让这些村落的发展能够被纳入到有序的轨道之中,让我国那些经历了久远发展之后依然保持着传统风貌的村落能够继续留存,这既是传统村落保护的要求,也是可持续发展的需要。这套操作体系利用当今的技术手段,可以降低相关的主管部门因需要实时了解传统村落变动而耗费的大量精力,让为保护而展开的分析、研究更为深入,并将其纳入科学化的管理体系,从而提高管控合理性。

(本文在写作过程中得到了苏州市规划局徐克明总规划师、苏州市规划局村镇处张杏林处长、苏州市规划编研中心副主任卢波博士、苏州科技大学建筑与城市规划学院雍振华教授的宝贵建议,在此表示感谢。)

国外小城镇建设模式及其对国内的启示

国外小城镇经过几百年的发展,业已形成自身模式,尤其是英国、法国、德国等部分欧洲发达国家的小城镇,都已基本实现现代化,国家的城镇体系建构和城市化发展中发挥着重要的结构性作用。从历史上看,18世纪工业革命后,欧洲各国即开始出现农村人口急剧向大城市转移的现象,随之城镇数量和城镇人口大量增加,已成为现代性城市化浪潮中的普遍现象。我国同国外相比,在实际情况上有较多差别,但仍会面临城镇数量和城镇人口大量增加的现实,研究国外小城镇发展模式将有助于加快我国小城镇建设的历史进程。

一、国外小城镇建设的主要模式与特点

第二次世界大战后,在欧美国家十几万人口及以下的中小城市与小城镇得到了快速发展。有资料显示,19世纪全球城镇人口只有3%,20世纪增长到13%左右,至20世纪末已达到48%[①]。虽然20世纪遭遇了两次世界大战,城镇化进程几乎停滞,但是从工业革命开始的城镇化速率并没有受到影响。二战后,世界城镇人口的增长一路高歌猛进,诸多发展中国家人口增加,直接导致从1995年的7.5亿激增至2014年的39亿。

人口的急剧增长是大城市数量剧增的主要原因之一。据人民网报道,联合国发布的《世界城镇化展望(2014年版)》中显示,世界超千万人口以上的超大城市已有28个,其中中国占据6席。虽然大城市发展很快,而且规模越来越大,但是报告显示接近一半的城镇居民住在人口小于50万的城市里,只有约八分之一的城镇人口居住在28个人口超过1000万的巨型城市中。可以说,小城镇仍然是目前城镇人口聚集的主流。纵观世界城镇化发展的历史,欧美等发达国家因为起步早,城镇化水平最高,其次是前苏联、中美洲等国,较低的是中国、东南亚和非洲各国。以下论述主要以发达国家为主。

1. 英国小城镇发展中的"新城模式"和"田园城市模式"

英国是工业革命的诞生地,距今已有300年历程,比美国、法国、德国等发达

[①] 王锋:《西部小城镇发展潜力与生态经济效应及相关政策研究》,博士论文,西北农林科技大学,2005年。

国家早了100年左右,比绝大多数发展中国家早了200年左右。英国目前城镇化率已高达95%以上①,除伦敦和其他几个老的工业城市人口较多外,大部分城市的人口均在10万以内,属于小城镇范畴。

(1) 英国小城镇建设的发展历程

英国是城镇化开始最早、历史最漫长的国家,英国的小城镇发展历程,大致可以分为三个阶段:

第一阶段从18世纪中叶到19世纪50年代,这一时期英国的小城镇发展较快且分化剧烈。18世纪60年代开始的工业革命和15世纪开始由英国纺织工业引发的圈地运动是英国小城镇发展的两把利剑,工业革命以前乡村田园般美好生活被彻底改变。圈地运动剥夺了农民的土地,从农村中释放出来的大批劳动力被迫转入城市,为城市提供了大量的廉价劳动力以及坚实的经济基础。圈地运动持续了四个世纪,到工业革命来临时直接助推了一批较大的村庄演变为小城镇。资料显示,1801年,英国5000人以上的城镇数量为105座,到1851年增加一倍。②

第二阶段是从19世纪50年代到20世纪30年代,随着城镇化水平的不断提高,开始出现城市病。早期对城市病的危害并没有引起足够认识,继续剥夺农业,扶持工业的发展模式,使得城镇化步伐持续加快,最终加重城市病,严重阻碍了小城镇的发展。居住环境的恶化,传染病频发,社会道德沦丧,大量年轻人不得不回到乡村,年轻人的出走一方面使小城镇人口开始减少,同时又导致了老龄化现象的加剧。小城镇发展进入了冬眠期,且数量有所减少。

第三阶段是20世纪30年代至今,随着英国政府出台的一系列政策和措施,小城镇开始慢慢恢复活力并逐渐繁荣起来。首先,英国开始实行农业保护政策,促进农业生产,恢复了小城镇的经济基础,也使得国内农产品供给情况得以改善。其次分别在1945年、1947年颁布《工业配置法案》和《城乡规划法案》,用以改变城市过渡膨胀和地区分布不均的问题。到1974年约有2.6万个工作职位从伦敦迁出,1967年至1969年三年间,工业项目平均占地面积从465平方米降至93平方米③,进一步促进了小城镇的发展。再次是随着公共交通的改善,汽车工业的发展,一些对城市依赖度不高的企业纷纷迁入小城镇,城市人口的外流促进了小城镇发展。第四是来自"新城运动"的影响,英国以新城规划理论为指导,利用自身区位和资源优势,充分按照市场运作,在小城镇基础上发展为工商重镇,并进一步升级为新城。如米尔顿·凯恩斯新城就是从3个小镇和13个村庄发展而来,利

---

① 王卫华,陈家芹:《国外小城镇的发展模式》,《中国农村科技》2007年第7期,第54—55页。
② 王锋:《西部小城镇发展潜力与生态经济效应及相关政策研究》,博士论文,西北农林科技大学,2005年。
③ 同上。

兹、伯明翰和谢菲尔德等小镇也是典型代表。

（2）英国小城镇建设的"新城模式"

英国经济高度发达，早期其小城镇发展直接与工业发展挂钩。工业革命带动了乡村工业的发展，形成了小城镇内部的经济动力，从而使小城镇得以迅速发展。随着工业化的深入，英国城镇人口比重到 1930 年时达到了 80%。然而工业的发展是以牺牲农业为代价的，英国在高度城镇化的进程中，其本国的农业萎缩，劳动力流失，粮食依赖国外进口。直到 20 世纪 30 年代以后这种情况才稍微缓解。

早期小城镇在依靠工业发展获得的短期迅猛发展所引发的一系列灾难性后果，造成了严重的城市病，甚至威胁到国民生产和劳动力再生产的程度。19 世纪末，英国规划大师霍华德创建了"田园城市理论"，他提出要建设环境优美生态和谐具有城市和乡村优点的小城镇构想。这一思想对英国的城镇规划具有深远的影响。二战以后英国政府把新城建设纳入国策就是基于霍华德田园城市思想，通过新城运动以期达到疏解人口、缓解中心城市压力的目的，同时在环境和建筑上严格把关，力图给人们提供一个更为舒适的居住环境。1946 年英国政府出台了《新城法案》给予"新城运动"许多优惠政策以鼓励新城的建设。比如规定新城建设公司可以在规划区内以农业用途的优惠价格得到土地，在基础设施和其他建设资金上也可以从财政部获得为期 60 年的贷款等。① 由此，英国开始进入了由大城市辐射带动小城镇，两者平衡发展，优势互补，共同繁荣发展阶段。

英国的新城建设主要有两个方向：一是建立城乡要素结合的"田园城市"，二是建设卫星城。其主要目的就是从原先的"集约型城镇化"转为"分散型城镇化"。共在总体规划上经历了三个发展阶段：

第一代新城是单核心城市。特点是依据各功能区块使用景观带来进行区分，各区域间通过道路连接，住房按邻里单位布置，各自有相应的配套设施。城市中心建有商业娱乐等建筑群。莱奇沃思是世界上首座田园城市，他的建设特点充分符合第一代新城的主要特征，但由于莱奇沃思是由公司负责经营管理，免不了以股东的利益为出发点，违背了霍华德"人民城镇"的初衷。

第二代新城的特点是通过道路分层次和独立步行系统来满足小汽车的增长需求，建筑密度低且形式较为统一。朗科恩是第二代新城的代表，邻里单位的中心被城市公交干道串联起来，打破了上一代邻里单位被道路区隔的做法。其"8"字型来组织道路形态也被证实是经济有效的方式。

第三代新城的特点在于公共交通和私人交通的平衡使用。"米尔顿凯恩斯"是第三代新城的代表，它也是英国历史上规模最大的新城项目。它在建设过程中

---

① 新玉言编：《国外城镇化比较研究与经验启示》，国家行政学院出版社 2013 年版，第 153 页。

引入了美国的网格道路模式,将每个社区作为一个网格,既有效地避免了交通拥堵,又便于社区管理。经过四十多年的发展,该城从原有的4万人口发展成拥有20万人口的经济重镇。吸引了28个国家一万多家公司在此设立办事处,城镇失业人口长期保持在低水平,约75%左右的人口从事服务业。①

在新城的三个发展阶段中,功能分区越来越弱化,第一代新城明确的邻里单位和居住的内向性,后期则朝着完全相反的方向发展。新城的城市中心大多建成了商业购物中心和办公场所。城市的中心感随着人流的剧集,建筑的大体量,空间的多样化越来越突显。

2. 美国小城镇建设的"郊区化"与"自由市场化"模式

美国是一个高度城镇化国家,85%以上的人口都住在城市中,小城镇组成了美国城市体系中的很大部分。美国幅员辽阔,全国由51个州和1个直辖特区组成,州以下设县3043个,市、镇35153个。人口在3万以上的城市有1100个,占城市总数的90%,10到20万人口城市131个,占比6%。② 在美国的城镇化进程中,人口十万以下的城镇始终占据着重要地位,其比重一直稳定在50%左右③,而像纽约、洛杉矶这样的人口特大型城市并非美国的主流。

(1) 美国小城镇建设的发展历程

美国城镇化进程起步于19世纪20年代,共经历四个阶段,至20世纪60年代实现高度城镇化。

第一阶段是内战以前,美国东部英国殖民地区受到英国本土的影响,其城镇化率从1810年的7.3%上升到1860年的19.8%。这一时期的发展较为局限在某一特定地域,而不是全国范围。

第二阶段开始于19世纪70年代到20世纪20年代,美国迎来了城镇化发展的第一次高潮。自南北战争以后,黑人农奴的劳动力得到解放,生产水平大大提高,城镇化率从1890年的35.1%提高到1920年的51.2%④,初步实现了城镇化。

第三阶段从20世纪50年代开始,美国迎来了第二次城镇化高潮,到了60年代为了分流大城市人口,美国开始实行"规范城市"试验计划,大力发展小城镇,小城镇人口比重显著上升并达到顶点。

第四阶段从20世纪70年代开始,美国出现了"郊区化"现象,延续上一阶段的人口外迁,在大城市周边形成了众多卫星城,这种趋势越来越严重,大量人口从大

---

① 新玉言编:《国外城镇化比较研究与经验启示》,国家行政学院出版社2013年版,第156页。
② 施文鑫:《基于产业集聚视角的西安都市圈小城镇发展研究》,博士论文,西北农林科技大学,2009年。
③ 闫恩诚:《小城镇规划建设问题与对策研究》,硕士论文,武汉理工大学,2002年。
④ 胡际权:《中国新型城镇化发展道路》,重庆出版社2008年版,第51页。

城市流向中小城镇和乡村地区,甚至导致了"逆城市化"现象。据统计,至 20 世纪 70 年代末美国 50 个城市人口下降了 4%,而小城镇人口增加了 11%。① 但由于政府早期管理的不成熟,这种无节制地向乡村扩张造成了耕地浪费和环境破坏,导致了"过度郊区化"的弊端。

(2) 美国小城镇建设的"自由市场模式"

美国的城镇化建设主要是依靠市场经济的推动。首先在人口政策上早在 1864 年美国移民局成立伊始就开始采取预借路费、降低运费、优惠贷款、来去自由、免予征兵和给予公民权等措施,鼓励外国移民进入,这批移民大都来自欧洲,他们带来了先进的欧洲技术。这种自然的技术引进满足了小城镇发展对劳动力的需求,而且容易吸引高素质的人才聚集。

在美国,小城镇是一个地理或者社会的概念。只要符合社区三分之二的居民同意且能财政自理,居民户数达到 500 以上的均可向州政府提出请求成立的申请。从成立之初在财政方面就被赋予的自由使美国小城镇在后期的财政管理相对独立。而政府的资金来源主要是依靠房地产的税收。在美国,工商企业的营业税和销售税是由联邦政府和地方政府收取,所以小城镇政府只能多吸引开发商到城镇投资房地产项目,吸引中产阶级到城镇购房以增加城镇的税收。

美国小城镇的建设资金并非全部依赖开发商一方,而是由联邦政府、地方政府和开发商三方共同承担。联邦政府主要是负责城镇间高速公路等大交通的建设,而州和小城镇地方政府则负责小城镇内的污水、供水、垃圾处理。小城镇内的生活配套设施比如水电、通信、社区道路等则由开发商负责。

3. 德国小城镇建设中的"生态保护"与"人文主义"模式

德国是一个高度工业化的国家,也是欧洲人口较稠密的国家,拥有 8200 多万人。德国百万人口以上的大城市有 4 个,50 万以上的中等城市 10 个,10 万人以上的小城市 70 余个。十万以下的小城镇超过 13500 个。德国小城镇星罗棋布,像繁星般璀璨的小城镇形成了德国一道独特的风景线。据统计,有 4600 万人左右的人口生活在两千到十万人口的小城镇里,约占总人口的 58.23%。② 德国的小城镇构成了全国城市和乡镇结构的基础。

德国各地区之间的经济发展相对平衡和合理,中小型城市的基础设施完善,人口流动自然呈现多向性,农业人口的转移也并未出现过分集中的局面。其人口分布特点可能也与德国的法制体系有关。

---

① 李建钊编:《小城镇发展与规划指南》,天津大学出版社 2014 年版,第 28 页。
② 丁声俊:《德国小城镇的发展道路及启示》,《世界农业》(环球瞭望版)2012 年第 2 期//尹成杰编:《"三化"同步发展在工业化、城镇化深入发展中同步推进农业现代化》,中国农业出版社 2012 年版,第 540 页。

(1) 德国小城镇建设的发展历程

德国的小城镇发展同样由工业革命作为驱动力，从 19 世纪开始的城镇化大体经过了三段进程。

第一段是 19 世纪中叶，小城镇的兴起阶段。这一时期德国农村人口依然占据着很高的份额。但随着农业生产水平的提高，农村剩余劳动力开始向城市转移，大城市人口迅速增加，当时柏林人口已增加到 17 万左右，汉堡 13 万左右。

第二段是 19 世纪中后期，城镇化的迅速发展阶段。这一时期工业发展集中的城市为农村流动人口带来了大量的就业机会，这些城市不断地向外扩张，功能也不断增多。城镇中聚集了大量产业和人口。

第三阶段是从 19 世纪后叶开始，城镇化的繁荣阶段。这一时期德国的人口从 1851 年 4110 万人增加到第一次世界大战前的 6490 万人。在一万人口以上的小城镇居住比例从 1871 年的 12.5% 增加到 1910 年的 34.7%[1]，增加的人口大部分都居住在小城镇里。同时，为了加强城镇管理开始对城镇功能进行区分，越来越凸显的多功能属性促使一部分小城镇发展为大城市甚至是大都市。

第四阶段从 20 世纪 80 年代开始，为避免更多的农村人口涌向城市，德国政府提出改造和建设好小城镇，把农民稳定在小城镇，制定促进农业发展法律和政策，改善农民的生产生活条件。德国政府在《农业法》的基础上颁布了一系列保护农业用地和支持农产品价格的法规。在国家投资的农业项目中政府承担其中约 70% 左右的费用，农民自己只要承担剩余的 30%。政府资金投入力度的增加，使小城镇建设得到了更快的发展。

(2) 德国小城镇建设的"人文主义模式"

一是建筑和环境的人文主义氛围。目前在德国仍保存着两万多座古城堡，这些古堡风格各异，独具特色。到处可见的古堡宫殿展现了德国小城镇发展的悠久历史。德国人对这些历史建筑和古迹的保护也体现了德意志民族浓厚的人文主义情怀。德国政府明确规定历史在 200 年以上的建筑必须列入保护范围，并专门拨款用于古建筑和老街道的修缮。在小城镇改造中，非常注重原有老建筑的艺术风格和老街的空间形态，尽可能对老建筑进行保护性改造以适应现代生活的需要。另外德国人也非常注重环境保护，村落在建设时要与周边自然环境巧妙地融合，新建的建筑自然淳朴并富有特点，使整体景观协调统一又与众不同。能做到这一点主要是依靠法律规范来保证。比如每个建设项目都要保证绿地总量的平

---

[1] 丁声俊:《德国小城镇的发展道路及启示》,《世界农业》(环球瞭望版) 2012 年第 2 期 // 尹成杰编:《"三化"同步发展在工业化、城镇化深入发展中同步推进农业现代化》,中国农业出版社 2012 年版,第 540 页。

衡,50 人以上的村庄必须进行污水处理等,在建设的全过程中都体现对环境和自然生态的保护。

二是在生活上注重社会服务设施的完善。德国拥有浓厚的人文主义思想传统,所以在德国的小城镇建设上处处渗透着"以人为本"的理念。他们的规划更加贴近生活,会充分考虑到各类人群的需求。如残疾人的无障碍通道,马路上的自动收费设施,即使是百年以上的老屋内都安装有现代化的卫生设施和供暖设施。整个城市几乎看不到警察也没有监控摄像头,居民生活极其便利又安全和谐。政府除了重视社会服务设施和各种公益事业的完善以外,这种以人为本还体现在政府对民生的关切。德国约 35 万个农业类企业,其中大部分分布在乡镇。一方面这些企业为小城镇当地人口提供了就业岗位,另一方面政府通过建立农产品展销会、农产品价格保护等管理方式,为农产品消费者提供购买的便利,同时也使当地农民们获得收入,小城镇的消费稳定也促进了小城镇生活体系逐渐形成,也使之更加繁荣。

4. 日本小城镇建设的"一村一品"模式

与欧美国家相比,日本是新兴的发达国家。日本的国土面积狭小,只有 37 万平方公里,全国由北海道、本州、四国、九州四大岛及 7200 多个小岛组成。日本总人口约 1.26 亿,人口密度非常高,本国资源匮乏,城市化起步较晚。但是随着经济与科技的发展,日本逐渐摸索出一条适合本国发展的城镇化道路。从明治维新开始后的一百年内,日本的城市人口从 1898 年的 533 万增加到 2005 年的 1.1 亿,城市化率从 11.75% 提高到 2008 年的 86.3%。[①] 随着城市化的稳步发展,城镇化也在迅速提高。农村的城镇化率从 1990 年的 88.5% 增加到 2000 年的 91%。[②] 已经达到高度城镇化水平。

(1) 日本小城镇建设的发展历程

日本的小城镇发展是在较高水平上逐步推进的,总体历程大致可以分成以下四个阶段:

第一阶段是明治维新到 20 世纪 20 年代,这是日本小城镇发展的早期阶段。日本明治时代是日本现代化开始的时代。早期日本工业化带来的机器生产的兴盛逐渐呈现集中趋势,为了顺应这一经济发展的趋势,日本政府进行了包括废藩置县、实行市町村制等一系列城市改革,加速了城市的人口激增和经济繁荣。一些原先以手工业发达的小城镇也向机器生产中心转型,一些旧的城下町也转为了地方中心城市。经过几十年的工业化进程,人口逐渐向城市集中,农村数量从

---

① 新玉言编:《国外城镇化比较研究与经验启示》,国家行政学院出版社 2013 年版,第 42 页。
② 汤铭潭等编:《小城镇发展与规划概论》,中国建筑工业出版社 2004 年版,第 285 页。

1888 年的 58433 个减少到 10796 个,但是农村人口仍然占总人口的 82%。①

第二阶段是从二战后到 20 世纪 60 年代,这是日本小城镇发展的重建阶段。二战的爆发中断了日本的城市化进程。为了躲避战祸,许多人都逃到乡村。战争结束后,大量房屋被炸毁致使很多人无家可归。日本的城市人口急剧下降,相反的农村人口剧增。1940 年日本的城市化水平为 37.73%,到 1947 年只有 33.11%②,倒退到七年前的水平。

第三阶段是从 20 世纪 60 年代后期到 70 年代,日本进入了城市化的快速发展期,相反的小城镇发展处于停滞阶段。经过两次世界大战后,日本经济飞速发展,1956 到 1973 年期间,工业生产年均增长达到 13.6%③,工业产值超过农业产值。这一时期形成了东京、大阪和名古屋三大都市圈,吸收了全国近一半的人口。农业劳动力开始大规模向城市转移,城乡差距开始加大,小城镇的发展基本处于萎靡期。

第四阶段是从 20 世纪 80 年代开始,进入了城市化后的完善期。1980 年开始日本的城市化速度开始放缓,城市人口达到饱和状态。由于人口的过度集中,人们开始往大都市外的区域性城市转移。与此同时,日本政府调整了农村有关政策,包括《过疏地区活跃法特别措施法》《半岛振兴》《山区振兴法》等,对农村的基础设施建设予以重视,到 80 年代中后期,已接近城市水平。1978 年到 1987 年十年间,日本建成各类小城镇 430 座,1985 年 0.5—10 万人口的小城镇已占全国总人口的 40.9%。④ 由此可见,小城镇开始恢复发展,并在往后日本的城镇体系中占据主导地位。

(2)日本小城镇建设的"一村一品"模式

日本历来对本民族的乡村文化非常重视,在小城镇建设中一方面保留传统,一方面利用现有的地方文化资源,开发特色小镇,以提高农民收入,振兴农村经济。最具代表性的是 1979 年日本大分县前知事平松守彦先生发起的"一村一品"运动,大分县在实行"一村一品"运动后农民收入持续增长,成为农村开发的典范。

所谓"一村"不局限在乡村,可以扩展到"一镇""一县"甚至"一国",所谓"一品"也不只有农产品,还包含历史遗址、文化活动、旅游项目等。"一品"的"品"字更突出这些产品的规模、品质、品味和品牌。

在"一村一品"模式中主要突出三个核心理念。

---

① 新玉言编:《国外城镇化比较研究与经验启示》,国家行政学院出版社 2013 年版,第 43 页。
② 新玉言编:《国外城镇化比较研究与经验启示》,国家行政学院出版社 2013 年版,第 44 页。
③ 盛来运:《大国城镇化新实践新探索》,中国统计出版社 2014 年版,第 109 页。
④ 王锋:《西部小城镇发展潜力与生态经济效应及相关政策研究》,博士论文,西北农林科技大学,2005 年。

一是立足本地,放眼全球。大分县在生产本地产品的过程中,不仅注重国内市场,也在着力打开国家市场,力争成为国际品牌。如大分县的香菇和麦烧酒在日本市场的占有率位居第一,麦烧酒的全国份额从1975年的1‰上升到2003年的30.7‰[1],而香菇的出口量占全国生产额的20%。大分县的香菇和麦烧酒不仅在国内市场站稳了脚跟,在亚洲和欧美等国同样也打开了销路。

二是注重创新,挖掘特色。如津久见市,当地虽生产橘子,但因为橘子品质差没有销路,于是开发了一种名叫"山魁"的新品柑橘,大受欢迎。又如大分县的汤布院镇每年都会举办两场特别的活动,分别是"在一个没有影院的镇举办电影节"和"在一片布满星辰的天空下举办音乐会"。这种特色鲜明的旅游活动每年吸引380万游客前来,而且其中60%为回头客。

三是针对不同人才进行培养和保护。人才是农村持久发展的根基。大分县依托政府农业改良普及机构和各级农协从1983年开始开办了人才培训讲习班,到2005年累计培养了2000多名优秀人才。这些讲习班也各具特色,如针对农业生产者开设的"21世纪大分农业讲习班"、为肉牛生产者开办的"丰后牛饲养讲习班"、为林业生产者开设的"丰后林种植讲习班"等等,针对性很强。当这些人才毕业后又会作为各地的带头人将"一村一品"运动传播出去。另外那些身怀技艺的传统文化传承人被日本视为国宝,政府会下拨专项资金来保存这门"绝技",并资助他们培养传人,改善他们的生活条件。

经过一村一品运动的开展,日本的许多村镇焕发了活力,提升了知名度,更振兴了地方经济。1982年到1999年汤布院镇的工业品上市额从12.52亿日元增至93.21亿日元,增长6.4倍;农业生产额增长26.8%,零售业增长86%,批发业增长157%。[2] 可以说"一村一品"运动为当地社会经济发展作出了巨大贡献。

二、国外小城镇建设对国内的启示

1. 注重小城镇建设的科学规划和民主管理

(1) 科学规划小城镇建设

发达国家在小城镇建设中有一个共同特点即将规划放在首要位置。规划内容包括人口发展、土地开发、基础设施和产业发展等,通过这些规划来控制建设用地、保护农业,改善人居和投资环境。

首先,小城镇的规划期一般有十几年的跨度,所以必须有高瞻远瞩的眼光。

---

[1] 任荣、杨映辉:《日本"一村一品"运动的主要做法与基本经验》,北京农村经济(环球博览版)2007年第4期。

[2] 杨书臣:《日本小城镇的发展及政府的宏观调控》,《现代日本经济》2002年第6期。

如美国的小城镇在规划中非常注重长远性,为今后可能出现重建或扩建的项目留下发展余地。

其次,小城镇的规划是一个复杂的系统工程。比如日本政府制订的村镇开发计划涵盖多种层次多种类型。这些计划分为全国计划、大城市圈整备计划和地方城镇开发促进计划等三大类,十四小类,共二百余项计划。在这些计划中,值得一提的是日本的村镇综合建设规划,这是一个总体规划。这个规划由国土厅统筹并发放经费,由农林水产省指导具体村镇示范工程的实施。日本政府要求实施示范工程的村镇必须编制综合建设规划,内容包括村镇建设的设想、未来前景展望、产业的振兴、生活环境建设等。综合建设规划制定以后,还要制定村镇示范工程实施规划。包括工程实施的地区范围、建设目标、施工计划、实施主体、实施费用、费用负担方式等。为了便于操作,日本政府确定了工程项目实施"菜单",地方政府可根据当地情况从"菜单"中选择适合的项目。目前,村镇综合建设项目的指定"菜单"有 22 种,村镇示范工程有 13 种。① 此外,像韩国的《城乡均衡发展、富有活力、舒适向往的农村建设》计划,涉及 4 大领域、14 项主题和 139 项具体实施计划。② 小城镇规划的复杂性可见一斑。

最后,在规划制定时要重点突出对具体问题的关注。比如日本内阁会议提出的全国第三次综合开发规划设想,其中就将乡村国土整治列为重点,要求对全国 3000 多个农村镇中的 1000 个进行试点建设,建成高质量、高标准的农村环境。③ 日本政府在开展具体的整治行动之前,对乡村现状进行了翔实的调查分析,最后才开始着手从区域到城镇的系统规划。英国小城镇因为规模限制,其发展规划只能围绕居民生活和建设中的重点问题来制定,比如居民的住宅数量、就业岗位数、资金渠道及资金量等,往往非常具体。而关于城镇的性质、职能、规模就不太涉及。政府只为小城镇发展提供必要的宏观调控并创造有利条件,其余的就交由市场经济来支配。

(2) 小城镇建设立法先行

为了保证规划的权威性,强有力的政策措施和法律法规是小城镇建设的重要保障。早在 1909 年英国政府就颁布了世界上第一部关于城乡规划的法律《住宅、城镇规划条例》。二战后,英国又颁布了《城镇和乡村规划法》,第一次将城乡一体的统筹规划建设以法律的形式固定下来,对土地占用补偿及在这一过程中产生的矛盾提出了综合性的解决办法。④

---

① 贾敬敦等编:《中国乡村社区发展与战略研究报告》,北京交通大学出版社 2013 年版,第 197 页。
② 李建钊编:《小城镇发展与规划指南》,天津大学出版社 2014 年版,第 28 页。
③ 许玲:《大城市周边地区小城镇发展研究》,博士论文,西北农林科技大学,2004 年版,第 13 页。
④ 新玉言编:《国外城镇化比较研究与经验启示》,国家行政学院出版社 2013 年版,第 152 页。

同样,日本也制订了许多相关法律将小城镇建设的过程法律化。日本的立法有三个特点,一是日本法律对城镇建设目标规定明确。如在扶持山区或人口稀少地的法律有《过疏地区活跃法特别措施法》《半岛振兴法》《山区振兴法》《大雪地区对策特别措施法》《离岛兴法》等;确保就业和招商引资的法律有《向农村地区引入工业促进法》《新事业创新促进法》《关于促进地方中小都市地区建设及产业业务设施重新布局的法律》等。① 二是每隔十年政府会根据实际情况对相关法律进行一次修改,以满足现代的需要。三是日本政府在立法时,不仅会制定鼓励性法规,同时会制定限制性法规。无论内阁如何替换,都要求执政者必须承认和遵守法律规定。这是城镇化稳步发展的重要基础。

韩国在制定小城镇建设法是也非常具有针对性,如先后出台了《国土建设综合计划法》《地方工业开发法》《有关产业区位及开发法》《有关趋于均衡开发及地方中小企业培育法》《岛屿开发促进法》《边远地区开发促进法》《农渔村发展特别措施法》和《农渔村整治法》等一系列法律法规。② 这种做法保障了小城镇的长远发展。

(3) 有效监管小城镇建设

在小城镇建设的招商引资过程中,各地政府为了谋求自己的利益,暗箱操作,相互压价,导致城镇间形成恶性竞争关系。为此,澳大利亚政府建立了专门的协商机制和经济委员会来避免此类问题的出现。这类委员会通过经常性的会议,交流经验,分享信息,共同商讨如何应对投资商的策略。在州政府层面,上级政府没有干预下级政府的权利。州政府会派人参加各地政府招商引资的会议,出面调停相关矛盾。各地政府在建立联盟的基础上,使各自的招商引资政策渐趋一致,避免了恶性竞争,并且根据具体城镇的特色,调整政策方案,从而达到多方共赢。

(4) 在小城镇规划中注重"政府主导、公众参与"

在国外小城镇规划建设中,一些大型的基础设施和总体规划主要由政府主导并建设。在德国,联邦政府负责统筹包括全国范围内小城镇的规划目标及规划标准,并根据各地的实际情况来调整规划实施的进度和整体布局。美国政府则奉行"三分建设、七分管理"的理念,在控制中心城市扩展方面发挥了重要作用。

在政府进行规划的同时,公众始终参与其中。比如在德国申请小城镇建设项目必须先经过民主讨论通过。由相关居民组成的委员会及12人左右的理事会共同讨论决定项目是否立项。项目通过后,还必须由理事会来组织协调规划、招标

---

① 杨娜:《促进我国小城镇健康发展的对策研究》,硕士论文,东北师范大学,2002年,第30页。
② 施文鑫:《基于产业集聚视角的西安都市圈小城镇发展研究》,博士论文,西北农林科技大学,2009年,第25页。

等事宜。

在规划的编制中,国外政府仍然会充分听取当地居民的意见,鼓励人们共同参与,尽可能地满足居民生活便利,尊重当地的生活传统,尽可能地保护环境。在反复地听取意见后修改规划。虽然这在一定程度上延缓了规划编制的时间,但是由于听取了公众的意见,从而确保了规划的严谨性与科学性。

国外还有完善的法律机制来保障公众权益不受损害。在德国,若规划不遵守程序规定,公民可以对规划方案进行起诉。在证据确凿的情况下,法院会判定规划无效。在确定好规划之后,政府会严格按照相关的法律规章,对违章建设严格执法。即使居民要改建自己的住房,也需得到邻居的同意。正因为从前期规划到后期管理都尽可能地科学和严格,国外的小城镇总给人一种整洁优雅的感觉。

2. 协调小城镇建设的内外部环境保护

(1) 小城镇基础设施和社会服务设施建设

衡量小城镇建设的质量和水平的关键在于创造一个比大城市更加优美适宜的生活环境的生态居住环境。许多国家围绕这一目标致力于完善基础设施建设,其中包括交通和通信、供水、污水排放和垃圾处理的设施。

首先,便携高速的交通和通讯网络已经彻底改变了旧的时空观,可以降低大城市对工业的聚集力,使规模较小的小城镇也可以获得经济增长的利益,对于缩小城乡差别,助推小城镇的发展有着巨大的影响。美国交通非常发达,高速公路遍布全国,航空也很便捷,像洛杉矶、华盛顿、纽约等大城市都有2到3个机场。因为小汽车的普及,45%的美国人居住在郊区[1],城乡界限越来越模糊。

其次,农村供水也是各国小城镇建设中的一个重点。发达国家大多数只用管道系统供水,人口较少较分散的地区则采取水井供水。这个比重在葡萄牙的村庄中占到94%,西班牙占到60%。[2]

在污水和垃圾的处理上各国也采取了各种手段。如德国政府规定50人以上的村庄必须设置污水处理设施,澳大利亚的墨尔本市和罗根市将垃圾清理承包给私营的垃圾清理公司,意大利通过引入ISO4001环境体系来治理环卫,都取得了显著的效果。

随着小城镇与大城市的关系日益密切,居民对享有公共服务设施的需求也与日俱增。完善的公共服务配套设施是保证小城镇居民日常生活的基础,也是吸引人们到小城镇定居的动力之一。例如美国的富乐顿小镇,无论是基础设施、还是文化服务,各种配套一应俱全。德国小城镇的医疗保健系统和教育系统与大城市

---

[1] 杨娜:《促进我国小城镇健康发展的对策研究》,硕士论文,东北师范大学,2002年。
[2] 汤铭潭等编:《小城镇发展与规划概论》,中国建筑工业出版社2004年版,第27页。

几乎没有差别,特别是教师岗位,与政府官员等同待遇,工资收入高、工作稳定,所以小城镇的师资力量非常强,教育质量甚至高于城市。

为了提高居民生活舒适度,生态环境建设也是国外小城镇建设的一个重点。比如居民点的布局尽量依山傍水,有优美的自然环境,建筑物周围通常有小型的花坛或者被花丛覆盖。过境交通一般不穿街而过,进村的道路也有一定弯曲度,迫使车辆减速,避免干扰居民。像德国等国家,不仅生态做得好,而且对宝贵的历史文化遗产也予以很好保护,并使之成为小城镇的特色。

(2) 小城镇产业转型中既工农业并重又主导产业鲜明

在小城镇的产业发展上,需重视一、二、三产业的聚集、关联和协调发展。小城镇的农业是发展的根本,工业是城镇化的前提,由此带动第三产业的增长。

美国之所以支持小城镇的发展源于其对农业的支持,自20世纪40年代起,美国就开始纠正偏重大城市的政策倾向,重视提高农业生产率。在小城镇高度发展以后,逐渐形成了城镇集群,在大城镇周边建立起了一批农业生产加工基地。从种植、采集、加工甚至采购的全过程实现一体化,从而成为大城市的农产品供应链中的一环。这样高度集中的农业生产基地不仅整合了原先分散的农业生产分布,对促进小城镇的经济发展及城乡协调和可持续发展具有重要作用。

当农业发展起来以后,也在一定程度上促进了工业生产。1860—1920年,美国耕地面积从67万公顷增长到160万公顷,涨幅达到24倍,人均粮食产量也从800公斤增长到1200公斤。① 耕地和粮产的增加为工业生产提供了原材料,美国的高度工业化也是得益于政府支持农业生产的基础之上。

同样的法国和荷兰作为世界第二、三大农产品出口国,因为农产品加工业的发展彻底改变了两国农业产业的结构。两国出口的农业产品并不是以初级产品为多,而是以经过加工的制成品和半制成品占多数。法国葡萄酒的附加值是原材料的几十倍甚至上百倍,葡萄酒加工业是附加值最高规模最大的一个产业。1996年法国的全国农业增加值为1821亿法郎,农产品加工业吸纳了70%以上的农产品,农产品加工业的增加值为2172亿法郎,超过农业增加值19.27%。② 食品工业对GDP的贡献几乎是汽车工业的两倍。③

工业的高度发展是小城镇发展的物质基础和前提,也是带动第一、第三产业快速发展的重要力量,特别是对第三产业对人口吸纳能力的促进。比如法国汉斯市以酿制香槟酒著名,该市的几家香槟加工企业将香槟加工业与旅游业结合起

---

① 新玉言编:《国外城镇化比较研究与经验启示》,国家行政学院出版社2013年版,第159页。
② 杨娜:《促进我国小城镇健康发展的对策研究》,硕士论文,东北师范大学,2002年。
③ 国务院研究室农业培训考察组:《荷兰、法国农业产业化经营与农业宏观管理》,《农业经济》2000年第4期,第198页。

来,作为景点每年吸引了大量游客所产生的经济效益,大大增加了农产品的附加值。

此外,主导产业鲜明也是小城镇在产业发展和协调中需要重视的方面。许多小城镇就是围绕主导企业发展起来的。日本一个叫"举母"的小镇,原本以养蚕为主,自从丰田公司进驻后吸引了大批配套企业迁入。在美国的林顿镇,飞机制造业提供的产值和就业就占30%以上。① 美国另一个只有6万人左右的小镇帕洛阿尔托,依靠附近斯坦福大学的科技地缘优势,集聚了一批高新技术产业,成为世界上最有创新活力的小城镇之一。

(3) 注重保护小城镇的传统与特色

国外许多国家在小城镇建设中对具有一定历史价值的古建筑或者原生态的生活方式予以维修或保护。为了留下原有的艺术和历史的真实性,一些国家并不会轻易用现代材料去对建筑物损坏的部分进行修补,而是大力研究新的保护技术使其尽量保持现状不变。

在英国对古建筑实行成片保护而非单体保护,尽量将整个街区完整保存下来。英国政府规定50年历史以上的建筑一般不允许拆除,无人继承的则由国家接管。日本为了保留传统建筑,建立了专门的建筑博物馆。比如"四国村"就是一个展示民居为主的博物馆,"明治村"则是一个展示明治时期建筑的博物馆。

国外很重视古建筑保护的原因主要是对本国本民族历史的保护,是一种文化水平的体现。同时也是为发展旅游观光提供基础,有助于大家更好地了解地方文化和古代文明。当然在保存传统文化之时其实也需要与现代文明衔接。许多英国的小城镇都具有较高的历史文化价值,现代和古代建筑交相辉映,不但没有突出,反而成为英国的一种特色。美国在古建筑的外观和内饰上注重保留传统,但是同样会在科学的规划指导下去布置和设计特色,所以它能做到保护传统的同时,突出个性特色。

3. 注重完善小城镇的布局结构体系建设

(1) 适度规模是小城镇建设的重要内容

欧盟认为,适度规模的小城镇既可获得规模经济效益,同时又可避免城市人口过多在环境和经济社会方面过渡膨胀压力过大的特点。在欧洲已经形成一个较为密集具有一定规模的小城镇网络,这些小城镇在整个城镇体系中起到了承上启下的作用。虽然在空间上,其辐射范围有限,但为大城市消解了不堪重负的人口压力和产业集聚,也为规模较小的乡镇和农村地区聚集人气和提供沟通渠道。在整个城镇体系中起着平衡作用。

---

① 李建钊编:《小城镇发展与规划指南》,天津大学出版社2014年版,第28页。

在发达国家的大都市周围聚集着众多具有一定规模的小城镇,从而形成了都市绵延带。在美国,早在20世纪60年代就已形成了波士顿—华盛顿、芝加哥—匹兹堡、圣迭戈—旧金山三大大都市绵延带。如波士顿—华盛顿绵延带内有200多座中小城市,集中了全国70%的制造业①,那些规模适度的小城镇承担着主要的制造业功能。德国的鲁尔地区内有100多座城市,区域内钢铁产量占全国70%②,其中基本没有大城市,主要以规模适中的区域性中心城市为主。

(2) 以合理的功能分工构成有机整体

不同城市与小城镇之间的功能、特色差异,不仅表现为各具特色的市容市貌和历史文化遗产,更主要的还是不同的功能作用及管理方式。

从英国到法国、德国,从大城市到中小城市和小城镇,不同地区、不同类型、不同规模的城市或小城镇之间,功能各异、特色鲜明。如作为国际大都市的伦敦,不仅是英国的政治、经济、文化教育中心和世界艺术之都,还是著名的商业和金融城市,其GDP的40%以上和30%以上的就业机会③,依托于商业和金融服务业。

相反的,荷兰西部著名的兰斯塔德马蹄形环状城镇群的特点是将一个综合性国际大都市的多种功能分散到具有一定规模的小城镇中。这一城镇群中分布着具有一定规模的三座城市,分别是阿姆斯特丹、海牙和鹿特丹。海牙是全国的政治中心,中央政府所在地。阿姆斯特丹是全国金融中心,鹿特丹以进出口为主等。这些功能不同的小城镇分工合作,形成了一个有机整体。

(3) 注重小城镇与周边区域的综合发展

在一个结构完整的城镇体系中,大、中、小城市都有其互相不可替代的功能地位,应制定相应的政策措施,在尊重客观规律的基础上,促进三者协调发展。

韩国从1972年开始实行"小城市培育事业"计划,把小城镇培育为周边农村地区生活、文化和流通中心,担当起准城市职能,缩小城乡差距。日本则将小城镇发展包含在大中小城市发展之中,如在日本的《整备计划》中共选取大约108个农村小镇,其中五日市镇等53个镇纳入"近郊整备地带",内原镇等55个镇则被纳入"都市开发区域"。这些小城镇依靠政府出台的优惠政策取得了长足的发展。如被纳入首都圈的日本群马县大泉镇,1995年时的工业品上市额为8296.8亿元,到1998年时增加到8417.6亿元,从镇村前60位排序的第4位跃居为第一位。④

此外,奈良县的"南和广域市镇村联合"也是小城镇与中小城市联合共同发展

---

① 汤铭潭等编:《小城镇发展与规划概论》,中国建筑工业出版社2004年版,第281页。
② 阎敏:《全球经济调整与中国经济发展方式转变研究》,西安交通大学出版社2014年版,第90页。
③ 《江苏人口发展与城市化道路研究》,《江苏省城镇体系规划成果(2011—2030)》,第57页。
④ 新玉言编:《国外城镇化比较研究与经验启示》,国家行政学院出版社2013年版,第164页。

的一个典型代表。从 20 世纪 90 年代开始,日本政府为实施《第四次综合开发计划》,在全国范围内圈定了 44 个定住圈。奈良县南和定住圈包含一市三镇十村,面积达到 2347 平方公里,人口约 10 万人左右。[①] 这个定住圈设定后,圈内的吉野、大淀、下市三镇的经济实力得到稳步增长。

---

① 隆少秋编:《中心镇发展研究》,华南理工大学出版社 2006 年版,第 244 页。

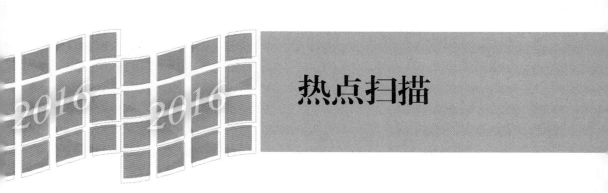

全景展示中国新城新区发展进程

日前,由冯奎先生任主编、闫学东和郑明媚任副主编的《中国新城新区发展报告:2016》由企业管理出版社出版。该书以广义的新城新区为研究对象,在新区方面涉及国家新区、经济技术开发区、高新技术产业开发区、保税区、边境经济合作区、出口加工区、旅游度假区、物流园区、工业园区、自贸区、大学科技园等,在新城方面涉及产业新城、高铁新城、智慧新城、生态低碳新城、科教新城、行政新城、临港新城、空港新城等,同时将在功能上与新城新区相近或相关的海绵城市、"特色小镇"也纳入其中,内容质实,层级丰富,体大思周,是一本基于我国城市化战略大局和丰富的城市化实践经验,既有宏观战略视野和鲜明价值导向,也有重点战略分析和具体战术策略的重要研究成果。

作为一本全景式展示中国新城新区发展进程的智库类产品,该书以新城新区的概念界定和研究范围划定为基础,以新城新区发展现状的总体把握和重点规划建设案例梳理为主体,深入分析和探讨了我国新城新区发展中出现的问题和矛盾,并从促进我国新城新区健康和协调发展的角度提出若干切实可行的对策建议。具体说来,一方面,梳理了我国新城新区的现状、问题、布局和规模,特别是依托自身优势采集了最新的发展数据,积累了一批具有文献价值的规划建设案例,初步形成了以自贸区、智慧新城、海绵城市、交通枢纽型新城及相关准新城新区为主体的分类框架,有助于新城新区研究摆脱界定模糊、现状不清、缺乏理论指导和战略趋势研判的现状,为正确认识和深入研究提供了资料的富矿和理论的指导;另一方面,提出确立了以国家级新区为龙头、高新区与经开区为骨干、各类功能性的新城新区为支撑体系的新城新区体系,并从规划、定位、功能、产业、房地产开发、工程技术、管理运营、投融资、创新资源转化、环境与文化保护等九个方面对我国新城新区存在的主要问题进行分析诊断,建构了以"创新"为灵魂、以五大发展理念为总体框架体系的认识和评价标准,为国家规范治理新城新区规划建设和各地新城新区转型创新发展提供了依据和参照。

我们知道,新城新区主要依托于我国大中城市,并集聚了我们城市发展最重要的资源和最有活力的要素,不仅是推动整个城市转型发展的引擎,也是我国开展新型城镇化建设的主力军,因此说,准确地把握其现状与意义,客观地认识其问题与趋势,对落实我国新型城镇化战略的总体部署及推进各城市健康和新旧城区

协调发展意义重大。从深入推进我国新城新区研究的角度,我还想提出几点建议,供大家参考:

一是关于新城新区的理论与现状研究方面,要进一步开展概念和范畴体系研究并不断强化共识,在此基础上建设基于大数据技术和数据标准化的数据库,为各项研究提供准确的数据和案例。原因在于,我国的新城新区研究在概念界定、统计标准等方面还存在着一些不同的看法,这也是不同研究者在数据统计等方面不能取得一致意见的主要原因。在理论研究上以界定新城新区内涵为重点,在数据统计上以数据的标准化为重点,不仅有助于解决人们在认识和评价上的混乱和模糊,总结和探索我国新城新区的发展规律和特点,也可以为国家出台规范治理文件提供更科学可靠的理论与数据支持。

二是关于新城新区的方法与评价方面,鉴于目前我们的新城新区研究方法主要是参照欧美经验,对中西新城新区发展在背景、阶段、形态和功能等方面的差异重视不够,因而在新城新区的方法与评价方面,要特别注意研究西方理论与方法的局限性,并特别关注我国新城新区建设在阶段上的特殊性和在背景上的复杂性,逐渐形成比较成熟的中国新城新区理论与方法,为把握我国新城新区的规律和特点提供总方法论和权威评价框架体系。原因在于,中国城市化有着独特的背景、问题、需求和机制,它的新城新区与西方也有很大的差异,如果不从西方方法和框架中超越出来,就很难找到自己真正的问题、了解自己真正的需要、正确评价我国新城新区的建设实绩并引导我国新城新区走出一条自主创新之路。

三是关于新城新区的政策与战略方面,要切忌犯各种"罗曼蒂克"和"幼稚病",重点是结合我国城市化的资源家底和环境条件,政策制定要本着"管用"而不是"好不好看",战略设计要本着"解决问题"而不是看谁"高大上",以此来引导我们新城新区规划建设的健康发展。此外,由于城市化涉及每一个人的切身利益,对城市发展具有重大影响的新城新区尤其容易成为舆论舆情的中心漩涡,从目前看是负面性质的东西偏多,这不利于新城新区的发展,因此,如何使我们的研究成为一个发布准确信息、正确引导舆情的公共文化平台,这也是在今后的研究中需要充分考虑的。

气候适应性城市与人文城市的殊途同归

2016年2月4日,国家发展改革委与住房城乡建设部联合印发《城市适应气候变化行动方案》,提出要在全国建设30个气候适应性城市试点。即使是对气候和城市毫无研究的普通民众也会从这则消息联想到近年来我国城市化进程中出现的雾霾、内涝等各种问题,但估计很少有人会想到气候适应性城市与人文城市之间的关系。

国内外研究城市的学者分为很多流派,有社会学派、规划学派、生态学派、人文学派等等,其中人文学派的代表人物之一简·雅各布斯在《美国大城市的死与生》一书中提出了城市保持活力的三大原则:公共空间、多样性和人本尺度。无独有偶,国内人文城市研究者也指出城市发展的"罗马化"是城市"物质建设上的最高成就和社会人文中的最坏状况",一个城市无论怎样富有,如果丧失了精神本质,必然要走向解体和死亡。[①] 不幸的是,中外多数城市的发展历程证明,物质极度富裕和精神极度贫乏的罗马化城市比比皆是,"在过去的50年里,美国的经济和社会却是在'多即是多'以及'以大为美'的逻辑下运转的:更大的住宅、更大的后院、更大的车、更大的引擎、更大的开支、更大的机构,以至于寻求更大的能源"[②]。新世纪以来,中国城市化进程进入快车道,城市发展的很多领域也出现了"罗马化"趋势,例如新城新区建设中的贪大求洋现象,上海交通大学城市科学研究院发布的《中国大都市新城新区发展报告2015》显示,截至2013年底,中国12座大都市共规划和建设新城新区130座左右,其中新区17座,新城117座(包括自贸区1个),总建设面积为14900多平方公里。从规模和面积角度看,地方政府建设新城新区往往"贪大求洋",中国12个大都市规划建设的新城新区人均面积大多数都在国家规定的100平米/人以上。这些物质上极度富裕的"罗马化"城市不仅仅是以牺牲公共空间、抹杀文化多样性和违背人本尺度为代价,而且其高能耗、高排放、高污染的粗放发展模式也是气候变化的主要推手。人文学者的前瞻性思想本是城市研究的理性光辉,但并未照进城市发展的现实。

或许,气候适应性城市是人类转变城市发展方式、建设物质生产与精神生产

---

① 刘士林:《大城市发展的历史模式与当代阐释》,《江西社会科学》2009年第8期。
② 〔美〕彼得·卡尔索普:《气候变化之际的城市主义》,中国建筑工业出版社,2012年10月,第11页。

均衡的人文城市的最后契机。目前世界一半以上的人口居住在城市,到 2050 年这一比例将上升到 2/3;城市消耗了 60%—80%的全球能源,是温室气体排放的主要源地;城市是各种要素高度集聚的空间,高度依赖于一个综合复杂的网络体系以支持其交通、通讯和贸易,这些因素加大了城市对极端气候和其他气候变化的脆弱性。因此,城市在减缓气候变化和适应气候变化方面都应当积极作为。减缓气候变化主要是节能减排、控制进而降低碳排放量,适应气候变化则应该从城市规划和生活方式入手,彻底抛弃"摊大饼"模式带来的城市区域无序蔓延和以汽车为导向的规划理念,倡导紧凑型、高密度的文化多样化、公共空间丰富和人本尺度的城市空间开发模式。站在何去何从的十字路口,人类必须放弃一个万能的科技创新会解决所有问题的幻想,关于碳排放问题再绿色环保的新科技、新能源都不如步行解决得彻底。城市研究人文学派巨匠刘易斯·芒福德曾经把无序蔓延的巨型城市称为"暴君城""死亡之城",他认为解决城市"罗马化"的方法就是"灵妙化",即"以小为美",不幸的是过去一百年里城市越长越大,各种"城市病"也接踵而来,如果不能抓住"气候适应性城市"的机遇,我们的城市可能真的踏上了不归之路。

最后必须要强调的是,城市的伟大不在于其低碳环保或者经济发达,而在于它对人类心灵的塑造和提升,体现在城市规划领域就是多样化、公共空间和人本尺度。让人始料未及的是,城市适应气候变化也提出了同样的要求,二者可谓殊途同归。

工业遗产资源的文化价值及管理

工业遗产具有建构在社会脉动之上、反映民众工作生活的意义,多表现为构成一组生产方式与社会组织等脉络关系的构造物,而不一定是单栋精美的建筑体。不同类型的工业遗产帮助我们拼凑出整体工业文化的图像,以及了解一个地方与社会的发展史。从管理模式和实施路径的角度对城市工业遗产资源的研究、保护、活化和再利用进行探索,为多元化资源管理的实现、规划指导的加强及以健全城市工业遗产资源管理保障制度为目标的法规建设寻求发展方向。

一、工业遗产资源的基本认识与特点

《国家新型城市化》提出"注重人文城市建设",城市工业遗产是城市文化建设的重要内容。伴随着国家和政府相关政策与措施的推出,近年来已经有越来越多的工业遗产开始被纳入保护之列,但工业遗产的保护面对的境遇依然严峻。一方面,大部分城市尚未将对工业遗产资源实施整体评价纳入议事日程,反映在一些传统工业城市依然未将工业遗产纳入文化遗产保护的范围;另一方面,城市化步伐逐步加快所带来的对与工业遗产拆与保、遗弃与利用等观点之间的激烈碰撞在全国范围内始终普遍存在。值得关注的是,我国社会对工业遗产资源的历史、社会、科学、经济、情感、美学价值缺乏认识,以至于长期以来工业遗产资源被社会所忽视。如果任由其蔓延,城市的根源和肌理、城市的个性和特征都将因为工业遗产的灭失所必然导致的城市文化遗产的断层而对城市文化的演化与发展带来难以弥补的伤害。[①]

工业遗产具有建构在社会脉动之上、反映民众工作生活的意义。工业遗产资源与以往所认知的文化资产或古迹有所不同,在人类的文明发展史中,生活生产由原始简单的采集,到新石器开始在不断被发明出的工具的支持下逐步演化出了渔猎、农耕、工业等社会形态,随之而来的则是陪伴着产业活动之变迁而不断演化的社会组织和聚落型态。

近年来由于信息通信技术的快速发展,一方面产业结构与生产组织变化快速,产业寻求转型而旧产业设施和机具设备渐渐无法满足新机能要求;另一方面

---

① 曹玲娟:《工业遗产保护——与时间赛跑》,《人民日报》2009年6月17日。

产业自有其生命周期,一些传统产业随着国家产业发展进程,加上全球化背景下的比较利益生产原则,旧产业设施和机具设备遭受闲置废弃或拆除的命运也是必然。

工业遗产作为实质环境的物质化史料的另一特点是其在建构地域性特征方面的意义。一种产业的兴起取决于自然条件和人为条件的配合。当燃煤蒸汽成为动力来源后,原本了无人烟的产煤地区因采煤产业而蓬勃,不断吸引着怀抱梦想的开拓者们的到来,渐渐形成一座由采矿发展出来的市镇或聚落,当地人口结构必然有很大成分为矿工所组成的家庭,当采矿没落之后自然也带走这群人,而留下坑道、机具、厂房和矿工住宅等产业实质环境的遗留物,它们凝缩了一段采矿的集体记忆与生活经验,并且由此建构出其地方产业景观,形成地方特色。

工业遗产资源多表现为构成一组生产方式与社会组织等脉络关系的构造物,而不一定是单栋精美的建筑体。其资源价值并非是来自于可见的建筑本身的艺术成就或建筑样式的重要性等评判标准,而是其作为我们社会发展过程中影响至深的工业化过程中的一个明证或注记。同时其历史意义的表述对象往往是具有相关情感依附或是劳动者生活记忆的民众,而非政治精英阶层。工业遗产象征着过去一段时期的社会文化,特别是工业化影响下的社会、技术与经济变化,不同类型的工业遗产帮助我们拼凑出整体工业文化的图像,以及了解一个地方与社会的发展史的线索和依据。

二、工业遗产资源的价值与意义

1. 文化价值。借着文化资产类型的多样性与历史解释的多元化,工业遗产渐渐被视为文化资源,许多国外案例将这些工业遗产以博物馆、艺术展演、档案资料馆等文化教育性质的形式进行再利用。事实上许多产业即使生产组织已改变,但是依然存在于人们的生活中,产业建筑或设施在建设时的理由或许是物质功能上的需求,然而历经岁月的累积,这些产业建筑或设施已成为反映过去产业的某种意象、引发地方认同感的标识和承载共同记忆的场所载体。

2. 经济价值。工厂设施建造的目的在于通过制造以获取利润,当功能消退,旧的机器厂房价值也跟着消退。工业遗产资源的"新资产化"概念是一种重新思考工业遗产价值与再利用的概念。其所阐述的"新资产化"包括五个向度:知识再生产、经济再生产、事业再生产、品牌再生产以及能力再生产,强调的是资产的再生产性的意义与社会实践,同时可转化被企业视为老旧负担的工业遗产成为促进产业再发展的新资产。

"新资产化"概念特别强调在经济维度上让老旧资源产生新机能,例如经营服务业等新事业为其带来经济收益。也可借助相关保存与修复计划以恢复工业遗产独特的魅力,吸引观光人潮。观光策略所带来的经济潜力亦不容小觑。在欧洲,工业遗产的"新资产化"早已带动起一股文化旅游的风潮。在那些长期持续推动工业遗产保存与再发展政策的地区,观光旅游已经为当地带来了相当正面的回报。工业遗产资源的保存促进了地区文化符号化、特征自明性以及地方再发展,在许多欧洲有着产业历史的地区,通过对地方显明的工业文化自明性的推动,促进了当地再发展目标的实现。某些地区还尝试通过对当地的工业遗产进行串连演绎,来发展与强化地域文化独特的标签,探索与展示当地产业对于社会发展的意义。一个典型的案例是美国的工业遗产景观"国家遗产廊道",其已成为对工业遗产进行观光旅游应用这一再资产化途径探索的范例。总体而言,对工业遗产资源实施改造性再利用的途径多见于旅游和服务产业。

3. 环境价值。人类创造物质文明的过程,也是人类塑造环境与影响地貌的历史,产业景观以动态的方式随时间变化,反映出人类创造景观模式的价值运作,工业遗产见证了这段环境景观的变迁,但也可能同时突显出环境遭不当使用的污染与破坏问题。因此从可持续发展观点来看待相关工业遗产保护与再利用策略,除了人文资源方面的考虑之外,更应该结合生态环境意识,整合工业遗产资源本身所连结的资源网络,从原料来源、物流系统、自然条件等产业发展要素进行维护改善,将资源经营策略从一般化的点位思考延伸为网络化的、兼顾历时与共时维度的全面性思考,以发挥工业遗产塑造都市风貌、改善环境质量以及带动区域再发展的环境资源潜力。

4. 教育价值。工业遗产资源的教育价值不仅仅在于以实物证据让人了解人类活动中特定的工业制造的实施机制,而且由于工业遗产承载了历史沿革过程中生产力与生产关系变迁的大量信息,因而还是当代社会鉴往知来、自我反省的重要资源,这一特点尤为重要,往往被当前工业遗产管理理念和行动所忽视。

三、工业遗产资源的管理现状与建议

兼顾工业遗产对于城市记忆的不可替代性和对工业遗产资源进行合理利用并探索其可持续发展的观点已经在工业遗产资源管理领域广受认同。"改造性再利用"(Adaptive Reuse)是目前工业遗产资源管理理论上越来越受到重视的一种途径。1979年8月19日澳大利亚编制并在澳大利亚南部城市巴拉批准实施的《保护具有文化意义地方的宪章》(《巴拉宪章》)明确提出了"改造性再利用"的概念。[1] 该宪章指出:"改造性再利用"关键在于为某一建筑遗产找到恰当的用途,这些用途使该场所的重要性得以最大限度地保存与再现,对重要结构的改变降低到

---

[1] 林兆璋、倪文岩:《旧建筑改造性再利用》,《建筑学报》2000年第1期。

最低限度并且使这种改变可以得到复原。①②

目前，在工业遗产资源管理上，主要存在四种模式。③ 一是将工业遗产改造成为用以展示现代艺术、大型雕塑、装置艺术等艺术作品的创意产业园、现代艺术区。二是根据工业遗产的原生形态与功能定位建立相应的主题博物馆。在博物馆中通过向受众展示一些历史时期的工艺机制和生产过程，在活化并营造工业遗产的历史感和真实感的时空中激发受众的历史认知、社会参与感和认同感。三是改造为城市开放空间，让工业旧址成为人们休闲和娱乐的场所。四是和文化旅游业开发结合起来，改造为旅游度假地。但其中普遍存在着几方面的矛盾：

一是城市的建设发展与工业遗产的保护之间的矛盾。由于城市发展的阶段性原因，中国近现代工业企业大都占据城市交通区位较为优越的区域，这种优越的区位条件是工业遗产区别于古代文化遗产的一个重要特征，但它所带来的工业遗产资源的保护与城市建设、发展之间的矛盾也成为工业遗产研究、保护、活化和再利用的难点和重点。④ 老厂房的巨大存量及其在城市中占据着经济价值优越的区位作为新型城市化过程中的一对矛盾体，客观上引发了城市化建设过程中关于工业遗产保护与建设之间不同观念的冲突与纷争。

二是工业遗产全面、整体的保护与工业遗产资源的多头管理之间的矛盾。⑤ 当前我国工业遗产管理困难的一个原因在于多头管理，工业遗产的保护是一项系统工程，涉及从国有资产管理到城市规划建设、从土地资源使用到文化遗产保护等的方方面面，与众多的管理部门形成了千丝万缕的联系。

三是工业遗产保护的客观需求强烈与主观动力缺乏之间的矛盾。工业遗产的保护与利用受机制、环境和政策的影响，动力明显不足。比如在工业遗产保护与利用方面的政策扶持力度不够、鼓励和支持不足，对工业遗产实施保护与利用所涉资金的融资渠道狭窄，应用形式和手段比较单一，保护资金严重短缺，税收优惠政策等也未能得到很好的落实；其次，社会重视程度不高，参与工业遗产保护与利用的意识不强并缺乏前瞻性，在推动社会参与工业遗产的保护与利用方面缺乏思路，国家、社会和个人的力量缺乏融合的机制；第三，在保护工业遗产的完整性与原真性存在困难的情况下，如何做好散落各处工业遗存的充分利用和有效整

---

① 《国际古迹遗址理事会澳大利亚国家委员会"巴拉宪章"》（全文），国际古迹遗址理事会西安国际保护中心网 2010 年 7 月 22 日。
② 徐震、顾大治：《城市产业类建筑遗产改造性再利用模式的生成语》，《工业建筑》2011 年第 41 卷第 6 期。
③ 谢嫣婧、谢红彬、张智峰：《国内外工业遗产再利用比较研究》，《世界地理研究》2013 年第 2 期。
④ 曹玲娟：《工业遗产保护——与时间赛跑》，《人民日报》2009 年 06 月 17 日。
⑤ 刘苗卉、李芮、闫祥岭、魏宗凯、付昊苏、张建、魏飚、姜伟超：《拯救中国"工业印记"》，瞭望观察网 2014 年 7 月 28 日。

合,缺乏一个合理的整体安排。①

四是工业遗产的集体记忆场所属性与改造性再利用的新空间属性之间的矛盾。新空间的生产在历史沿革性与内容依存性方面缺乏深入的考虑。当前我国在工业遗产再利用方面进行了大量探索,所反映出来的问题众多,但其中一个不容忽视的问题是新空间内容雷同。实际上,每一处工业遗产都是独特的记忆场所,需要不同的规划方案,以延续文化脉络、演绎当代对历史的传承。

基于《国家新型城镇化规划(2014—2020年)》,发掘城市工业文化资源,建构厚重的历史底蕴与鲜明的时代特色共存的人文魅力空间,在城市建设中注重保护工业文化遗产,促进功能提升与文化文物保护相结合,平衡好新城新区建设与工业遗产要素和原有城市自然人文特征之间的协调关系,是实施工业遗产资源管理基本原则。②

针对现实情况与发展目标,我们认为,第一,应对工业遗产资源的概念与内涵进行统一界定,并据此对我国工业遗产资源现状进行梳理。其次,要形成完善和明确的指导工业遗产资源管理的思想与观念,确立基本原则。第三,要探索城市工业遗产资源管理中研究、保护、活化和再利用的模式与实施路径,加强规划指导,实现多元化资源管理。第四,从法规层面健全城市工业遗产资源管理的保障制度,减少管理职责的含混不清和灰色地带。第五,运用各种先进的理念和先进技术,科学管理和利用工业遗产资源。通过这些措施和行为,使我们宝贵的城市工业遗产得到良好保护和再生利用。

---

① 济南市政协文史资料委员会:《对我市工业遗产保护与利用工作的几点建议》,《济南文史》2008年第1期。
② 《国家新型城镇化规划(2014—2020年)》,新华社2014年3月16日。

关于城市文化政策与跨文化研究的对话

编者按：2016年6月7日，法国驻华大使馆文化教育合作处文化教育合作参赞、北京法国中心主任罗文哲就文化政策制定与跨文化政策研究、城市与区域文化政策制定、文化遗产保护与社区改造的中国经验、中外文化艺术创作的基金支持等问题，与上海交通大学城市科学研究院城市战略咨询部主任、专职研究员王晓静博士、上海交通大学城市科学研究院博士研究生孔铎博士等进行对话交流。

一、中国文化政策制定与跨文化政策研究问题

罗文哲：文化政策研究在当下是国际文化研究重要的热点问题，经过文化政策的跨国比较研究，我们发现各个国家的文化政策各具特色，均有所偏好。可是在国际社会中中国文化政策研究的声音还比较弱。由于大使馆的工作，我们比较熟悉中国的高等教育和大学的相关政策，请王晓静女士介绍一下中国文化政策的制定主体及主要内容。

王晓静：感谢您对于国际研究状况的介绍。就中国的情况来说，文化类事务在中国由文化部主管，每一级政府部门都设有政策研究室，负责起草相关的政策法规，但是在制定重要的政策，比如五年计划纲要时，政府部门也会聘请高校等研究机构参与政策制定工作。

需要注意的一点是，由文化部门出台的文化政策其实并不占多数。由于中国的国家发改委有"组织拟订区域协调发展的战略、规划和重大政策"的职能，所以当我们研究区域性的文化政策时，因为区域本身是没有"文化部""发改委"的，因此，常常会以"自上而下"的形式由国家发改委制定区域发展规划，指导区域内各城市的发展，包括文化发展等内容。具体到城市的话，市人大、市政府一般是发布此类文件的主体，但是制定或参与拟订甚至是发布单位却有可能是"文化局""文物局""建委""财政局""规划局""建设局"等部门。

关于文化政策的主要内容，由于较多地牵涉到"意识形态"，文化政策的编制会有更多的限制条件，但"内容雷同"也是文化政策编制过程中的普遍问题。我们在研究中发现，"建设社会主义核心价值体系、拓展群众性精神文明创建活动、营造良好的社会文化环境、创新文化内容形式、深化文化体制机制改革、大力发展文化事业、加快发展文化产业"等内容，几乎是各地文化政策文件的编制模板。如何

在国家宏观政策的指导下,结合各地的具体情况制定出更符合地方需要的文化政策,是当下和未来需要探讨的。

二、中国的文化遗产保护与社区改造问题

罗文哲:数年前北京市对前门大街附近进行了整体性拆迁,将其改造为以传统仿古建筑为文化特色的商业街区,但是从现在的效果来看,这种整体性搬迁的方法扼杀了这一地区固有的活力,新入驻的商铺并不景气。在第15届威尼斯建筑双年展上,中国展示了用新方法改造而成的白塔寺。这一方法有四个特点,一是不完全拆除,二是不完全赶走本地居民,三是不大规模建设旅游项目,四是争取将现代建筑进行融入,激发整个社区的活力。为什么同样是以"文化"为由的地产开发项目,却产生了不同的结果?

王晓静:在改革开放初期,中国在城市建设的潮流中曾掀起"明清一条街"的建设潮流,其特征是将原有的真古董旧街区拆掉,改建新的仿古街区。上世纪末,中国意识到这一方式对于城市可持续发展的严重破坏,出台了大量政策制止"大拆大建"的行为。21世纪以来,中国在文化遗产保护方面也有了较大的改善,开始由保护物质遗产转变为物质遗产和非物质遗产共同保护,希望能够以保留原住民的方式保住原有的生活方式和空间场所。而为什么同样是以"文化"为"噱头"的地产开发行为产生了不一样的结果,可能与"文化搭台,经济唱戏"的老路子有关。仿古街的最大失败就在于没有保留活化的生活方式,将老街区的生命从根部掏空,没有"人""情",也就没有了"生命力"。而近几年比较流行的"保留街区原始面貌,不改变建筑外立面,仅以新材料改善内部居住空间,同时留住原住民"这样的城市改造方式,则显示出延续城市文化生命力的强大效应。

三、中国文化艺术创作的官方支持情况

罗文哲:在欧洲,传统艺术的形式的边界与概念基本已经较淡,艺术普遍突破了单纯的绘画、雕塑等具体形式,开始以"视觉艺术"为概念推动多种艺术形式的综合发展与交融。法国、德国、比利时对艺术资助活动都比较重视,也有很多企业设立了各种基金对艺术活动进行资助。其形式主要有三种:其一是成立艺术中心,其二是向艺术家下订单,规定某种主题进行创作,其三是直接购买艺术家的作品。后两者的资金来源一般是国家和地区的资金,请问中国有何最新举措?

孔铎:中国由于特殊的历史原因,文化部各种艺术奖项与艺术资助基金的设立很大程度上还是以传统的艺术分类方法分领域进行的,这就造成了一个尴尬问题:当代艺术由于其特有的混合型特点而造成了在奖项与类型参与上遇到了"到底该往哪个门类上申报"的问题。近期中国政府已经意识到了这一问题,在原有

门类的基础上增设适合当代艺术的门类,为艺术家提供合适的舞台。

王晓静:中国的文化系统根据文化艺术的门类设立了数十种奖项,并对所有的文化艺术从业者开放,借助这一平台,艺术家可以通过自身实力获得资金与更多的机会,这是政府促进艺术创作、支持艺术家的一大方式。

此外,通过梳理这几年各地出台的文化政策,我们也发现"发展文化产业"已经成为几乎所有城市的文化工作重心,并依此制定了许多配套支持措施,这一行为直接导致各种各类文化企业的诞生。依靠政府在资金、土地、税收等方面的优惠措施,文化企业投入更多的资金支持文化艺术的创作活动,从而实现企业盈利,艺术家获得市场认可的双赢模式。但不可否认的是,中国的区域发展还存在着不平衡的问题,区域经济社会发展水平的不平衡也就自然而然地导致了不同区域对待文化发展的重视程度,因此,我们常常感觉到像上海这样的沿海发达城市,在文化建设方面的成绩堪称优秀,但是中西部地区虽然也出台了大量的文化政策,然而,政策或规划又往往成为"墙上挂挂"之物,究其原因,一方面与当地的经济发展水平有关,另一方面也与中国官员异地任职的传统有关,从他处调任的城市管理者,由于对地方事务的不熟悉与对地方文化的陌生感,很难让他们投入大的精力去研究没有短期效益的文化政策,也不愿意把钱花在看不见的文化艺术建设与投资上。

城市社区治理应深挖文化内涵

社区是城市社会的微缩版。大跨步、大规模和大体量的城镇化进程带来了"城市病",而这同样反映在社区体系之中。由于在一定空间范围内,社区人口的密集程度和同质性较高,因此社区所引发的问题可能更加突出。

城市社区治理是一个综合性体系,通过一定的设计,社区服务中可以整合多元化元素。具体来看,在信息化水平及智慧社区发展的背景下,构建城市社区治理体系,可以文化为核心,通过以下三种方式提升综合治理水平。

一是挖掘社区文化内容,释放社区中不同领域和资源的协同作用。在城市社区治理中,社区治理与创造力、社会凝聚力、知识经济及体验经济的关系颇受关注。在现代城市社区治理体系中,市政投资以及公共与私人领域的合作是重要因素。传统的社区服务和规划正在转型,特别是在一些新建社区和历史文化街区,挖掘文化内容已经成为社区整体发展框架设计的重要一环。

目前,一般的城市社区治理和历史街区保护过程中基本还只用到文化的"公共记忆"等功能,以此来唤醒社区居民特别是老居民的"文化印象"。事实上,帮助社区居民构建整体的社区文化形象和景观,还有很大的应用空间,需要政府、公益及企业各方资源的协同作用。

二是在政策关联的基础设施建设中,通过文化语境进行策略性引导。在社区建设和服务中,基础设施建设是一个根本性载体。面对快速城市化和社区大规模建设及更新的挑战,资金短缺是一个主要问题。通过文化语境进行社区整体情况和需求分析之后,可以起到可行性与否和决定建设先后顺序的作用,按照社区居民对设施需求的轻重缓急来安排。

城市社区治理由城市社区管理演变发展而来。在这一转变过程中,传统的政府单方面规划正逐渐转变为多方参与的体系,成为一个经过授权的多级体系,其中包括政府之外的企业化诉求。文化语境是一个很好的平衡环境,对多种利益诉求进行策略性引导。

三是在城市社区治理过程中,通过文化进行协调与沟通。城市社区治理是一个协调各方面空间规划和服务供给的过程。从社区空间的构建和治理上来讲,需要满足社区居民对于吃、住、行、娱的基本需求,同时反映社区特有的历史、环境和文化特征。而从社区服务供给方面来说,重要的是及时把握社区居民构成的变化,了解社区环境的发展趋势。

这在本质上是社会过程,是一个不断协调的动态演变过程。文化在其中的一个重要作用,是帮助减少协调沟通中可能出现的冲突,准确把握社区治理体系中的关键问题和障碍,达成社区内部的一致性,以取得各方共识。

学术史料

建设中国城市科学,服务人类城市时代

——上海交通大学城市科学研究院建院 5 周年纪念(附二则)

当今世界是城市的世界,到 2050 年全球城镇人口预计达到 64 亿,人类将从 21 世纪初的"半城半乡"形态彻底演化为"城市人类"。改革开放以来的中国正迅速成长为"城市中国",但与此同时,在环境、交通、公共服务等方面日益突出的城市病,也在考验着规模快速扩张、"内养不足"的中国城市。树立科学的城市观并普及正确的城市知识,已成为当下最需要的精神觉醒和文化自觉。2010 年以来,上海交通大学秉持"天地交而万物通"的人文精神,充分挖掘工科为主"新综合大学"的特色和优势,瞄准中长期国家和区域发展重大战略需求,率先提出并着手建设城市科学新型交叉学科,致力于为我国城市化进程提供科学的理论、方法、战略框架及应用方案,努力建成一个服务国家城镇化战略重大问题的研究咨询机构,以及一个普及和传播城市科学理论及价值观念的公共文化平台。

一、城市科学,我国新型城镇化战略的经世之学

城市化进程是当今世界和中国发展面临的具有普遍意义的严峻挑战,但我国的城市理论研究长期以来滞后于现实的需要。主要原因在于,一方面,受农业文明或低城市化社会形态的影响,过去那种简单朴素的思维方式、封闭固化的研究方法以及在总体上倾向于保守而不开放的价值观念,使一些学科门类与新世纪以来高速推进的城市化进程出现了不同程度的脱节;另一方面,过于专业化与精细化的现代人文社会学科架构,也无法有效解释在形态上以多元性和异质性、在功能上以世俗化和消费化为主要特征的当代生活世界,这就有必要以当代城市发展中的重大问题与关键矛盾为研究对象与范围,凝聚和集成各民族、各地区、各历史阶段的知识、方法、思想、理论和智慧,探讨和建立一门新型交叉学科——城市科学,以应对当今世界城市化进程带来的海量问题与超级挑战。

这一理论意识的觉醒和学科战略的选择,基于上海交通大学在城市研究方面积累的成果。交大很多部门与专业建设与城市发展的相关度很高,并潜在形成了跨学科开展城市理论与应用研究的基本架构。为进一步集聚优势学术资源,提升

服务国家战略能级,为国际城市提供中国经验和范式,2011年5月,交通大学以《中国都市化进程年度报告》入选教育部哲学社会科学发展报告首批建设项目为契机,组建了文科专项特色研究基地——城市科学研究院,确立了在未来十年内创建"城市科学"新型交叉学科、基本建成国家城市化高端智库的战略目标,为我国新型城镇化战略提供比较全面的理论指导和应用服务。

经过五年来的努力和建设,我们目前已建成包括城市科学研究部、战略咨询研究部、智慧城市研究部、城市规划设计部、数据信息管理部、社会发展部、北京研究部、城市公益事务部、智慧城市研究中心(交大和上海斐讯数据通信技术有限公司共建)、城市文化软实力分中心(交大与国家文化软实力协同创新中心共建)、城市工程应用研发中心(城研院与上海交大规划建筑设计院共建)等在内的较完备的研究部门,形成了城市理论与战略、城市政策与机制、城市规划与设计、城市标准与评估、城市文化与传播、智慧城市等稳定研究方向,并初步形成了学校文、理、工、农、医等跨学科研究城市问题的良好态势。一方面,文科借助理工科的强大科学技术研发优势,目前已建成《全国新城新区数据库》《中国城市群数据库》《世界城市群数据库》《中国大都市数据库》《全球城市科学研究数据库》《中国城市设计案例库》等10余个数据库。第一手的丰富数据、案例和扎实的文献积累,为城市科学团队的战略研究、决策咨询提供了精准和可靠的信息支撑。另一方面,以文科院系的城市战略与规划研究为顶层设计,以理工科院系的相关关键技术与先进产业集群为支撑,我们开始有意识地推进具有多学科协同作战的智慧城市研究,定位是在国家新型城镇化和信息化战略框架下,以智慧城市的基础理论与发展战略、政策咨询与大数据服务、关键技术与设备研发、规划编制与创意设计、建设标准与指数测评为主要领域,建构具有交大自主知识产权的智慧城市模式与标准,为我国智慧城市建设提供示范和路径。

二、顶层设计,学科理念的确立与理论体系的构架

城市科学不是无本之木,与两百年来的现代城市化进程相呼应的是,一些城市科学分支已培育得较为成熟,同时,为适应近年来我国城市快速发展的现实需要,与城市发展密切相关的新理论、新学科也在不断涌现。这说明经历了改革开放三十余年的探索,提出和建设城市科学体系的基本条件已经具备。以城市科学的基础理论研究与学科框架建设为中心,推动城市研究的学科整合与视界融合,使处于潜在形态的城市科学成为现实中有强大生命力的科学理论,为新型城镇化提供基础性的科学方法、理论体系与价值理念,已是大势所趋。

万事开头难。对于中国城市科学学科建设而言,一是起步晚,在很大程度上受制于发展在前的西方理论与话语影响,"生吞活剥""生搬硬套"等问题与症状相

对突出，本土化的理论研究成果还比较欠缺；二是城市研究不仅涉及的领域、学科、层次过于复杂，同时作为一门实践性强、有着迫切现实需求的应用性学科，注定不会允许人们从容淡定、"今日格一物，明日格一物"地研究和建设。面对这种现状和问题，我们在国内外率先提出了"中国式城市化"理论，严格区分了它与欧美模式和拉美模式在形态、功能与模式上的差别，认为改革开放以来的中国城市，不仅在逻辑上迥异于西方理论的假设和推理，在现实中也走出了一条和世界其他国家很不相同的道路和模式，并到了该认真总结经验和确立中国城市发展自信的历史时刻。当今世界是城市世界。当代中国已由传统的"乡土中国"转型为"城市中国"。在经济新常态的背景下，作为经济发展核心的城市同样迎来了自己的新常态。随着城市建设和经济增长同步减速，城市人口、土地及金融税收等政策红利逐渐减少，过去在快速发展中被掩盖的问题和矛盾正迅速浮出水面。在这种历史紧要关头，特别需要"理论先行一步"。

在"大处着眼"的同时，更重要的是"小心求证"。按照"提升传统理论、规范新兴理论、创建基础理论"的原则，我们在2011年初步完成了中国城市科学的顶层设计。首先，对传统的城市地理学、城市规划学、城市人类学、城市社会学、城市经济学等展开内涵建设，主要是围绕着基本概念、范畴体系和逻辑架构展开的审查与重构，完成这些传统城市理论的知识更新和系统升级，有助于更好地适应当今都市化进程的现实需要。其次，对近年来一些初具规模的新理论和新学科——城市生态学、城市设计学、城市管理学、城市文化学、城市史学、城市美学等——进行梳理和规范，主要是明确这些新理论、新学科的基本理论问题、研究对象与范围，推动这些新知识、新理论、新学科的可持续发展。再次，从未来学科建设的角度，提出和推进建设一批具有基础构架和重大现实需要的新理论，如城市科学理论、城市环境科学、城市交通科学、城市信息科学等，为在城市科学整体框架下改造旧学科、建设新学科提供可靠的基础与原则。在开展理论研究的同时，我们还十分关注中华民族的城市启蒙问题，旗帜鲜明地认为不可以逃避城市和城市化。在当下中国普遍需要的是树立正确的城市观，在这个基础上重建当代中华民族的感觉、意识、思维方式、价值观念、心理结构和审美趣味。一言以蔽之，"城市启蒙"已成为我们民族在当下最需要的理论探索和文化自觉。

恩格斯说："社会一旦有技术上的需要，则这种需要就会比十所大学更能把科学推向前进。"以中国城市科学理论研究与建设为指导，以数据库建设和实地调研为基本工具，以中国城市化的基本国情和特色道路为价值指引，我们主持发布有《中国都市化进程年度报告》《中国城市群发展年度报告》《中国大都市新城新区发展报告》《中国智慧城市发展战略研究报告》《全球城市科学研究水平发展报告》《中国丝绸之路城市群发展报告》《中国工业设计发展报告》等研究报告，在解读国家城市和文化政策、引导社会和大众舆论、传播城市科学知识等方面发挥了弘扬主流文化的重要作用。同时,我们还自主研发了《中国城市群发展指数框架》《中国大都市发展指数框架》《新城新区认定方法及统计标准》《区域城市规划实施评估指标体系》《智慧城市规划方法及标准系统》《中国传统村落评估认定指数系统》《江南传统村落评估认定指数系统》等标准体系,为我国的新型城镇化建设提供了应有的支持。

三、文化学派,全球城市研究的中国人文话语

就目前的城市研究看,全球已形成了四大显学,一是研究城市的未来发展、城市的合理布局和综合安排城市各项工程建设的城市规划学(urban planning);二是研究城市(镇)的形成、发展、空间结构和分布规律的城市地理学(urban geography);三是研究城市在产生、成长、城乡融合的整个发展过程中的经济关系及其规律的城市经济学(urban economics);四是以城市内社会结构、社会组织、社会心理、社会问题、社会发展规律等为研究对象的城市社会学(urban sociology)。这些学科提出的范畴、概念、方法、模式和价值判断,深刻影响了全球的城市化进程和城市生活方式。

《文心雕龙》说"文变染乎世情,兴废系乎时序"。传统的四大城市显学,也有一个突出的问题,就是不同程度地忽视和背离了"城市的本质是文化"。正如"城市让生活更美好"所昭示的,提供一种"有价值、有意义、有梦想"的文明生活方式,是城市从起源到今天永恒不变的"本质"。基于这一学科反思与自觉,结合国家新型城镇化规划首次提出的"人文城市",以我院牵头、协调国内多位专家、"八年磨一剑"完成的国内首部《都市文化原理》为契机,上海交通大学城市科学研究院率先提出创建中国城市文化学派的战略设计,先后提出和阐释了"城市文化病""文化城市""文化城市群""文化型城市化"等系列范畴,主要原创学术成果包括都市文化学、文化城市理论、文化型城市化理论、文化型城市群理论、人文型智慧城市理论、文化型传统村落理论等,同时也在长三角城市群、京津冀城市群、北部湾经济区、中原经济区、成渝经济区等地的城市规划和评估中展开实验,取得良好效果。

在理论上我们提出:文化城市本质上是一种不同于"政治城市""经济城市"的新的城市发展模式。文化城市是一种以文化资源和文化资本为主要生产资料,以服务经济和文化产业为主要生产方式,以人的知识、智慧、想象力、创造力等为主体条件,以提升人的生活质量和推动个体全面发展为社会发展目标的城市理念、形态与模式。文化城市在更高层次上阐释了城市文明与社会的本质,超越了城市原始的防卫、商业等实用功能,突破了古代以"政治"为中心、现代以"经济"为中心

的城市发展模式。它既超越了人类城市原始的防卫、商业等实用功能,也不同于新中国成立以来前30年的"政治型城市化"和改革开放30年来的"经济型城市化",作为一个衡量城市发展的新尺度,它揭示出城市发展的目的,不是城市人口增加,也不是经济总量与财富的聚集,而在于城市是否提供了一种"有价值、有意义、有梦想"的生活方式。同时,基于我国城市化环境与资源条件日趋短缺、历史文化资源存量巨大的现状,我们认为中国的城市必须走"人文城市"、城市群必须走"文化型城市群"、新型城镇化必须走"文化型城市化"道路。

"济济多士,秉文之德。"(《诗经·周颂·清庙》)自盛公宣怀创立南洋公学,120岁的交通大学秉承"实心实力求实学,实心实力务实业"(1909年重拟校歌)的办学理念,以现代科学技术解决人与自然的矛盾,推动了现代中华民族的现代化和世界化进程。斗转星移,在21世纪的世界舞台上,要想全面践履唐文治校长1930年提出的"第一等学问""第一等事业""第一等人才"和"第一等品行",必须更关注社会问题和文化领域,以此去影响和引导未来社会生产和人类生活方式。这是城市人类时代为交通大学人文精神传承与文化价值创新提出的新课题,也是年仅5周岁的交大城市科学研究院希望努力承担的职责与使命。我们愿意和所有关心人类福祉和命运的友人一起携手努力,为一个"有价值、有意义、有梦想"的城市家园而略尽绵薄之力。

附一 《中国城市群发展报告2016》发布反响情况

报告发布后,在光明日报、新华社的报道后,各地媒体和社会各界反响很大,主流媒体、地方媒体、各种新媒体争相报道并转载,截止至2016年5月5日,上了五个头条,相关转载难以确切统计,主要情况如下:

一、五个头条

1. 光明日报城乡调查研究中心、上海交通大学城市科学研究院:《聚焦"十三五"开局看中国城市群10年历程》,《今日头条》,2016年4月26日。

2. 新华社:《"十三五"开局看中国城市群10年历程》,《今日头条》,2016年4月27日。

3. 新华社:《"十三五"开局看中国城市群10年历程》,《规划头条》,2016年4月29日。

4. 刘士林、刘新静、盛蓉、苏晓静、王晓静、张懿玮、谈佳洁、王日玥,《城镇化"主体形态"如何协调发展》,《东方头条》,2016年5月4日。

5. 刘士林、刘新静、盛蓉、苏晓静、王晓静、张懿玮、谈佳洁、王日玥,《[专题报告]城镇化"主体形态"如何协调发展》,《微头条》,2016年5月4日。

二、主流媒体

1. 陈雪:《专家学者座谈中国城市群发展》,《光明日报》,2016年04月27日。各大门户网站及地方网站转载。

2. 刘士林、刘新静、盛蓉、苏晓静、王晓静、张懿玮、谈佳洁、王日玥,《城镇化"主体形态"如何协调发展——我国城市群的发展现状与对策》,《光明日报》第10版,2016年5月4日。各大门户网站及地方网站转载。

3.《"十三五"开局看中国城市群10年历程》,新华社客户端,2016年4月27日,三日内点击量超过50万。

4.《"十三五"开局看中国城市群10年历程》,新华网,2016年4月27日。各大门户网站及地方网站转载。

5.《"十三五"开局看中国城市群10年历程》,《瞭望东方周刊》,2016年4月28日。各大门户网站及地方网站转载。

三、地方媒体跟进报道及引用(直接转载除外,不完全统计)

1. 刘士林、刘新静、盛蓉、张懿玮,《山东半岛城市群的发展潜力与赶超优势》,《大众日报》第10版"思想纵横",2016年5月4日。

2.《中国城市群发展2016报告显示四类 中原经济区居三类》,眼遇,2016年4月29日。

3.《发展速度和发展质量均滞后》,南昌新闻网,2016年4月27日。

4.《中国城市化进程窘境:巨型城市恐惧症》,一点资讯,2016年4月30日。

附二 上海交通大学城市科学研究院简介

上海交通大学城市科学研究院成立于2011年5月,原名都市文化与传播研究院,是一个通过整合国家城市政策研究、规划编制部门及高校专家,以服务国家城镇化战略重大问题为宗旨的研究咨询智库,也是一个普及和传播城市科学理论及价值观念的公共文化平台。

城研院系上海交通大学与国家发展改革委地区经济司、国家发改委城市和小城镇改革发展中心、国务院发展研究中心社会发展研究部、国务院发展研究中心信息中心、教育部社会科学司、新华社瞭望周刊社等签约共建的智库机构。下设城市科学研究部、战略咨询研究部、智慧城市研究部、城市规划设计部、数据信息管理部、社会发展部、北京研究部、城市公益事务部等。所属中国城市发展数据库由交大与国务院发展研究中心信息中心共建、智慧城市研究中心由交大和上海斐讯数据通信技术有限公司共建、城市文化软实力分中心由交大与国家文化软实力协同创新中心共建、城市工程应用研发中心由城研院与上海交大规划建筑设计院共建，数据信息管理部由城研院与上海交大图书馆共建。是"光明系智库"光明日报城乡调查研究中心等的重点参与建设单位。城研院院长、首席专家刘士林教授系国家"十三五"发展规划专家委员会委员、文化部文化产业专家委员会委员、光明日报城乡调查研究中心副主任。

城研院以城市理论与战略、城市政策与机制、城市规划与设计、城市标准与评估、城市文化与传播、智慧城市为学术研究和政策咨询的重点领域，主要原创理论成果包括都市化进程、中国式城市化、都市文化学、文化城市、文化型城市化、文化型城市群、人文型智慧城市、文化型传统村落等，是"中国人文城市学派"的首创团队和研究总部。主持有教育部《中国都市化进程年度报告》，发布有《中国城市群发展年度报告》《中国大都市发展指数报告》《中国大都市新城新区发展报告》《全球智慧城市发展态势研究报告》《中国智慧城市发展战略研究报告》《全球城市科学研究水平发展报告》《中国城市科学研究水平发展报告》等。重要著作包括《都市文化原理》《中国脐带——大运河城市群叙事》《中原文化城市群建设研究》《广西北部湾经济区文化发展研究》《中国丝绸之路城市群叙事》《江南城市群文化研究》等；自主研发有《中国城市群发展指数框架》《中国大都市发展指数框架》《区域城市规划实施评估指标体系》《文化强国建设标准及评价体系框架》《江南传统村落评估认定指数系统》等。研究报告多次得到国家领导人及上海市主要领导重要批示。

城研院以"谨言慎行"为院训，以"天地交而万物通"为理想，立足于"城市科学"交叉学科的理论研究，培养符合国家战略需要的城市研究和管理人才；致力于中国特色新型城镇化智库的建设，为中国城市发展提供具有自主知识产权的理论、方法、应用对策，引领高校哲学社会科学的创新和转型发展，建成兼备全球视界、中国话语和交大特色的中国人文城市学派。

联系人：
国内：王晓静博士，E-mail：13585828563@139.com
国际：Sheng Rong Ph.D（盛蓉博士），E-mail：shengrong@sjtu.edu.cn

后　　记

在对本书作最后校订时,时光已到了2016年寒露日。

春华秋实,这是上海交通大学城市科学研究院团队推出的第9本关于中国都市化进程的年度发展报告。其中甘苦冷暖,非亲历者不能知之。

自2007年推出首个报告以来,我们团队的阵型一直保持得比较好。由于各种原因,尽管有一些变化调整,但从未伤筋动骨过。这在当今社会是很不容易的,也是我内心一直引以为荣的。由于太年轻时就接触了庄子,我对各种成败得失很少在意。因此每看到同行对城市兴衰大惊小呼,我本人总是颇不以为然,觉得一切没有什么不正常的。世间万物,本就有春有秋,有兴有衰,这是宇宙永恒的规律。个人如此。社会如此。城市亦如此。

但是,既然做了这样一件事,该交待的还是要交待一番。关于本书研究的内容和价值,自有读者与后人评说。我作为主其事者,在此只简单地列叙各篇作者之名。具体如下:

全面深化改革重塑中国城市(刘士林)

五大发展理念引领上海全面和更高水平发展(刘士林)

2016中国大都市发展指数报告(刘士林、刘新静、孔铎)

2016中国大都市治理与公共政策报告(唐亚林、于迎)

2016世界设计之都创新发展报告(张立群、谢敏、梁田、钟柯)

2016智慧城市全球发展态势分析报告(汤莉华、杨翠红、黄文丽、李泳涵、马君、宋海艳、张亮)

2016上海城市区域创新创业生态指数报告(桑大伟、于晓宇、张杰盛、邹叔君、牛旼、丁嘉敏、郭超、陈颖颖、陈依、杏雅洁、陶向明)

2016上海市都市旅游品牌资产评估报告(苑炳慧、张媛、殷晶)

2016世界都市文化发展报告(盛蓉)

关于上海放弃使用"大都市"概念的建议(刘士林)

警惕文化产业"浮夸误国"(刘士林、刘新静、孔铎)

关于"中国传统村落"保护发展的对策建议(刘士林、苏晓静、王晓静)

长江经济带三大城市群现状与问题研究(盛蓉)

新中国城市化及其政策演变所处阶段与趋势(张书成)

传统村落保护的动态监控体系建构研究(王军)

国外小城镇建设主要模式及对国内的启示(谈佳洁)

全景展示中国新城新区发展进程(刘士林)

气候适应性城市与人文城市的殊途同归(刘新静)

工业遗产资源的文化价值及管理(张立群)

关于城市文化政策与跨文化研究的对话([法]罗文哲、[中]王晓静、孔铎)

城市社区治理应深挖文化内涵(盛蓉)

建设中国城市科学,服务人类城市时代(刘士林)

在本书编写过程中,刘新静、孔铎做了大量的组织管理和协调事务。孔铎承担了日常的组织联系及全书的校对、规范、润色等工作。此外,刘新静、张懿玮、孔铎、谈佳洁、周继洋、王日玥、徐晨阳等参与了《2016中国大都市发展指数报告》与《中国大都市数据库》的数据采集、数据清洗建库、数据计算等工作。

古人认为,寒露有三候:一候鸿雁来宾;二候雀入大水为蛤;三候菊有黄华。其中还有一句,"草木皆华于阳,独菊华于阴"。直到今天,我一直喜欢《诗经》中的"鹤鸣于阴,其子和之"。因为学术事业是寂寞的,不会有太多鲜花和掌声。但今天早晨,我突然发现这两句话的异曲同工之妙。在这个熙熙攘攘的世界,在这个滔滔者天下皆是的学界,我们团队好像注定要走一条"不华于阳而华于阴"的道路。但如果这是冥冥中的注定,至少我个人不会以不恭的方式却之。几天前,孔铎问我要不要写本书的后记,我说算了不想写了。但因为今天的这一点感触,我又拉里拉杂写了上面的话,请作者诸君和读者朋友一笑。

刘士林

2016年10月8日晨于沪上春江景庐寓所